Dieter Schenk • Wie ich Hitler Beine machte

cbt

DER AUTOR

Dieter Schenk war bis 1989 Kriminaldirektor im Bundeskriminalamt. Auf eigenen Antrag schied er vorzeitig aus dem Polizeidienst aus und arbeitet seither als freier Publizist, vorwiegend zu Themen der Inneren Sicherheit, der Menschenrechte und des Nationalsozialismus.

Dieter Schenk ist Gründungsmitglied des Arbeitskreises Polizei bei amnesty international und Vorstandsmitglied des gemeinnützigen Vereins Business-Crime-Control (BCC). Seit vielen Jahren schreibt Dieter Schenk Romane, Jugendbücher, Sachbücher, Kurzgeschichten, Hörspiele, Fernsehdrehbücher (z. B. Soko 5113) und politische Gastkommentare in Tageszeitungen. Bekannt wurde er durch den Tatsachenroman »BKA – Die Reise nach Beirut«. Für sein Buch »Die Post von Danzig – Geschichte eines deutschen Justizmordes« wurde er in Polen und in Deutschland mehrfach ausgezeichnet. Die Stadt Danzig ernannte ihn zum Ehrenbürger. Seit 1998 ist Dieter Schenk Honorarprofessor der Universität Lodz mit einem Lehrauftrag für Geschichte des Nationalsozialismus. Für sein herausragendes Engagement für Demokratie und Bürgerrechte und für seine Verdienste um die deutsch-polnische Verständigung beschloss die Humanistische Union, ihm den Fritz-Bauer-Preis anlässlich des hundertjährigen Geburtstages von Fritz Bauer im Juli 2003 zu verleihen.

www.publizist-schenk.de

Dieter Schenk

Wie ich Hitler Beine machte

Eine Danziger Polin im Widerstand

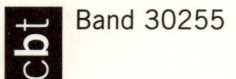 Band 30255

cbt – C. Bertelsmann Taschenbuch
Der Taschenbuchverlag für Jugendliche
Verlagsgruppe Random House
München Berlin Frankfurt Wien Zürich

www.bertelsmann-jugendbuch.de

Umwelthinweis:
Dieses Buch wurde auf chlorfrei gebleichtem
Papier gedruckt.

Originalausgabe Juli 2003
Gesetzt nach den Regeln der Rechtschreibreform
© 2003 cbt / C. Bertelsmann Jugendbuch Verlag,
München
in der Verlagsgruppe Random House GmbH
Alle Rechte vorbehalten
Herausgegeben und lektoriert von Marion Schweizer
Umschlagbild: Atelier Langenfass, Ismaning
Fotos: © Hauptkommission zur Erforschung
von NS-Verbrechen, Warschau; AIZ, 1932, Nr. 41
Umschlagkonzeption:
init. büro für gestaltung, Bielefeld
Satz und Layout:
Agentur Marina Siegemund, Berlin
Druck: Clausen & Bosse, Leck
ISBN 3-570-**30255**-5
Printed in Germany

10 9 8 7 6 5 4 3 2 1

Für Budzimira Wojtalewicz-Winke
aus Danzig, die in Polen
gegen Nationalsozialismus und
Stalinismus kämpfte.

Vorwort

Drei meiner Bücher haben die Zeit des Nationalsozialismus in Danzig zum Thema. In dem Sachbuch »Die Post von Danzig – Geschichte eines deutschen Justizmordes« (1995) untersuche ich, wie 38 patriotische polnische Postbeamte am 1. September 1939 ihr Postamt gegen deutsche Angreifer verteidigen, vor ein deutsches Feldkriegsgericht gestellt und als angebliche Freischärler zum Tode verurteilt werden. Das Buch führte zur Wiederaufnahme des Verfahrens im Jahre 1998. Das Landgericht Lübeck kam zu dem Urteil, dass die damaligen Nazi-Juristen, die nach dem Krieg steile Karrieren machten, das Recht gebeugt und einen Justizmord begangen hatten. Den Angehörigen der Opfer wurden Entschädigungsansprüche zugesprochen.

Die Biografie »Hitlers Mann in Danzig – Gauleiter Forster und die NS-Verbrechen im Reichsgau Danzig-Westpreußen« (2000) dokumentiert nicht nur die Lebensgeschichte des Gauleiters, sondern auch den Gesamtumfang der NS-Verbrechen in der Zeit von 1933 bis 1945 in seinem Zuständigkeitsbereich.

Dass allein in den Monaten September bis November 1939 im Raum Danzig zwischen 52 000 und 60 000

Menschen von Nazi-Schergen ermordet wurden, kann man mit normalem Verstand nicht begreifen. Deshalb möchte ich mit dem vorliegenden Jugendbuch an einem Einzelschicksal veranschaulichen, wie es zu solchen Verbrechen kommen konnte und wie sich junge polnische Menschen gegen diese unfassbare Entwicklung wehrten. Diese Geschichte soll meine ›Danzig-Trilogie‹ vervollständigen.

Das Buch folgt in großen Zügen der Biografie von Frau Buzimira Wojtalewicz-Winke, die mir ausführlich ihre Lebensgeschichte erzählte, wofür ich ihr herzlich danke. Allerdings ist Ewa, die Heldin der Geschichte, nicht in allen geschilderten Zusammenhängen mit Frau Wojtalewicz-Winke identisch, weil auch andere Zeitzeugenberichte und historische Hintergründe eingeflossen sind, von denen die echte Buzimira damals nichts wusste oder in die sie gar nicht verwickelt war. Überdies habe ich meiner erzählenden Phantasie Raum gegeben, was aber die Authentizität dieses Buches nicht einschränkt. Fast alle Ereignisse trugen sich tatsächlich so oder so ähnlich zu; in zahlreichen Details stütze ich mich auf Archivmaterial, Dokumente und Fotos.

Für Hinweise auf historische Begebenheiten danke ich ehemaligen Danziger Bürgern, die mir geschrieben haben. Mein Dank gilt ferner Frau Wanda Tycner, Dr. Winfried Höhn und Ulrich Mawick für Zeitzeugen-Gespräche sowie Dr. Dieter Hofmann, Ernst Klee, Prof. Dr. Witold Kulesza, Dr. Herbert Schäfer und Prof. Dr. Kurt Schneider für vielseitige, freundschaftliche Ratschläge zur Konzeption. Der Lektorin und Herausgeberin Marion Schweizer bekunde ich Dank für ihre professionelle Unterstützung in allen Phasen der Entstehung des Buches, wie ich auch meiner siebzehnjährigen Tochter Marlène Dank sage, die das Manuskript aus der Sicht einer Leserin geprüft hat.

Das Wörterbuch im Anhang gibt zusätzliche Erläuterungen zu zeitgeschichtlichen Personen und Begriffen, die im Buch auftauchen. Mit Ausnahme von Personen der Zeitgeschichte sind die Namen in der Geschichte nicht mit denen von tatsächlich existierenden Personen identisch. Aus Gründen der besseren Lesbarkeit wurde auf die Wiedergabe von polnischen Sonderzeichen verzichtet.

Dieter Schenk
Schenklengsfeld, Dezember 2002

Eine außergewöhnliche Begegnung

Neles Wochenplan war ziemlich ausgebucht: dienstags Jazz-Dance, donnerstags Flamenco und Stepp, freitags Ballett und Probe der ›Show-Dance-Company‹. Näherte man sich dem ›Tanzstudio Elisabeth Simpson‹ in einer ehemaligen Fabrikhalle, so hörte man bereits auf dem Parkplatz die energische Stimme der Tanzlehrerin: »Sieben, acht und los – Füße strecken! – Nicht so müde! – Rücken gerade! – Du schaust wie ein Trauerkloß – Lächeln! Katrin – Po anspannen ...«

Draußen auf dem Parkplatz beugte sich Neles Vater etwas müde über das Lenkrad. »Wie soll das Kind jemals Abitur machen, sie tut kaum das Nötigste.«

Die Mutter versuchte abzuwiegeln: »In der zehnten Klasse sind sie alle schwierig. Wärst du mit zum Elternabend gekommen, hättest du festgestellt, dass Nele keine Ausnahme ist.«

»Alles schön und gut, Ilse, aber wie geht es dann weiter? Tanzen ist kein Beruf, sondern eine brotlose Kunst, schlecht bezahlt, und mit Vierzig zählst du zum alten Eisen.« Er schaute auf die Uhr. »Wo bleibt sie denn?«

»Hör doch auf, Heinz, das Kind wird in zwei oder drei Jahren vielleicht ganz anders denken. Womöglich will sie demnächst Sparkassenangestellte werden. Dann doch lieber Balletttänzerin.«

Heinz warf einen strafenden Blick in Richtung Beifahrersitz. Da ging die Flügeltür des Fabrikgebäudes auf und entließ Nele mit Schwung auf den Parkplatz. Der Vater ließ kurz die Scheinwerfer aufblinken, sie nickte und schwang die Sporttasche über die Schulter.

»Mann, hat uns die Simpson heute fertig gemacht. Habt ihr was zu trinken dabei?«

Die Mutter gab ihr die halb volle Wasserflasche, während der Vater das Auto startete.

»Bitte, lasst uns bei McDonald's vorbeifahren, ich hab schon ewig keinen ›Royal TS‹ mehr gegessen.«

»Vor vier Tagen«, knurrte der Vater und die Mutter sagte entschieden:

»Kommt nicht in Frage, du brauchst nach der Anstrengung eine vernünftige Mahlzeit.« Der Vater nickte zustimmend.

Schlechte Karten heute, dachte Nele. »Aber das nächste Mal, versprochen?«

»Mal sehen«, wich die Mutter aus.

»Leider kostet der Flamenco-Rock, von dem ich erzählt habe, achtzig Euro.«

Der Vater schaute in den Rückspiegel. Hübsch ist sie, dachte er, besonders wenn sie die Haare so glatt nach hinten trägt. Kein Wunder, dass ihr die Jungen schöne Augen machen. »Wenn du den Rock für die Tanzshow brauchst, dann besorgen wir ihn.« Die Mutter schielte etwas überrascht zu ihrem Mann. »Eigentlich hätte ich auch Lust auf einen Hamburger«, murmelte der und war drauf und dran, die rechte Fahrzeugspur zu nehmen, die in Richtung McDonald's führte.

»Heinz!« Das genügte, um das Auto wieder auf die Heimatspur zu bringen.

»Was machst du denn jetzt schon wieder?«, fragte der Vater missbilligend, der hörte, wie Neles Finger im Affenzahn über die Tasten ihres Handys rasten.

»Simsen. Ich schicke Basti eine SMS.«

»Man kann kaum zwei Sätze mit dir reden, schon hast du das Handy in den Fingern. Das Ding erstickt jede Unterhaltung im Keim.«

»Entschuldige Papa, aber es ist wichtig.«

»Erzähl lieber, wie es heute in der Schule war.«

»Moment, bin gleich fertig, es ist wirklich wichtig.«

Die Mutter dachte: Erst kommt das Tanzen, dann Basti, dann wir und ganz zuletzt die Schule. Aber sie sagte nichts.

Inzwischen hatte Nele die SMS-Nachricht abgeschickt. »In Englisch die Vokabelarbeit war ziemlich leicht, Mathe war blöd, dann sind zwei Stunden Physik ausgefallen.«

»Also was an deiner Schule an Unterricht ausfällt!«

Nele überging den Vorwurf ihrer Mutter. »Dann hatten wir Sport. Intervall-Training mit der Stoppuhr in der Hand. Öde.«

»Das dürfte dir eigentlich nichts ausmachen«, meinte der Vater. »Du bist doch durchs Tanzen bestens in Form.«

»Mit meiner Kondition hat das nichts zu tun, es ist einfach stur und langweilig.«

Ein melodisches Piepsen meldete den Eingang einer SMS-Nachricht. Automatisch griff Neles Vater an seine rechte Hosentasche.

»Das ist meins!« Nele lachte. »Du lernst es nie.«

Der Vater fluchte, denn jetzt standen sie im Stau. »Wären wir mal lieber zu McDonald's gefahren.« Er wunderte sich, dass Nele nicht sofort zustimmte, doch die las gerade die Mitteilung auf ihrem Handy.

»Mistkerl!«, schimpfte sie.

»Also bitte!«

»Ich meine Basti. Er ist am Wochenende mal wieder beschäftigt, zumindest am Samstag. Trifft sich mit anderen Computer-Freaks, sie wollen für jemanden eine Homepage basteln mit Flash-Effekten.«

»Womit?« Neles Vater kannte sich nur in seinem Textverarbeitungsprogramm aus.

»Flash. Das ist zu kompliziert zu erklären, frag Basti bei Gelegenheit.«

»Dann geh doch mit Melanie ins Kino«, schlug Neles Mutter vor.

»Oder mach dir ausnahmsweise mal einen schönen Abend mit deinen lieben Eltern.« Der Stau löste sich auf, der Vater gab Gas.

»Ha, ha.« Nele überlegte. »Nein, ich mach was ganz anderes, ich fahre nach Danzig.«

»Na klar«, erwiderte der Vater ironisch. »Aber warum so bescheiden? Vielleicht lieber nach Paris, oder wie wäre es mit Los Angeles?«

»Im Ernst, ich meine wirklich Danzig. Keine Angst, es kostet keinen Cent. Allerdings, wenn ich dann schon den Flamenco-Rock ...«

»Jetzt mal bitte der Reihe nach. Ist denn das zu glauben?!« Der Vater regte sich über einen Sonntagsfahrer auf, der vor ihm herschlich.

Nele grinste. »Mama, weißt du, was Benny über Papas Fahrstil gesagt hat? Aber das verrate ich lieber nicht.«

»Nur raus mit der Sprache«, forderte ihr Vater sie auf.

»Das waren die, die du neulich abgehängt hast, als wir zum Hallenbad fuhren, erinnerst du dich? Sie hatten hinter uns ein Hupkonzert veranstaltet. Die traf ich dann im Hallenbad, und der eine, Benny, sagte: ›Dein Vater fährt wie eine gesengte Sau!‹«

»Und du hast mich nicht verteidigt?«, fragte der Vater mit gespielter Entrüstung.

»Das war ein Kompliment.«

»Na dann muss ich ja meinem Ruf gerecht werden.« Er trat abrupt aufs Gaspedal, sodass der Wagen ein ganzes Stück vorwärts schoss.

Erschrocken suchte die Mutter einen Halt, dann drehte sie sich zu Nele um. »Ich würde jetzt gerne wissen, was mit Danzig los ist.«

»Das ist schnell erklärt. In Danzig ist am Wochenende ein Welttreffen ehemaliger Danziger. Da Bremen die Partnerstadt von Danzig ist, fährt von hier aus eine offizielle Delegation dorthin. Sie wollen unsere Show-Dance-Company mitnehmen, die soll dort im Festprogramm auftreten. Ich wollte meine Teilnahme von Basti abhängig machen. Aber wenn der bloß seine Computer im Kopf hat, fahre ich mit, ist doch klar. Das heißt, wenn ihr einverstanden seid.«

»Na, ist ja schön, dass wir wenigstens noch gefragt werden«, brummte der Vater. Die Mutter wunderte sich, dass Basti für Nele wichtiger war als ein Tanzauftritt.

Am nächsten Tag wurde Nele von einem Anruf ihrer Tanzlehrerin überrascht.

»Nele, würdest du in Danzig mit Alexander dein Solo tanzen?«

Neles Herz machte einen Riesensprung. Das war so

ungefähr das Größte, was sie sich vorstellen konnte. Ihr Ballett-Solo vor einem internationalen Publikum!

»Wow, echt? Und ob ich will!«

Sie schaltete das Handy ab und warf sich auf ihr Bett. Was für eine Sensation! Im selben Moment schoss es ihr heiß in die Magengegend, schon meldete sich das Lampenfieber. Um sich abzulenken, stand sie auf und schrieb auf einen Zettel, was sie alles nicht vergessen durfte: Body, Spitzenschuhe, Ballettschuhe, Stulpen, Schminke, Haarnadeln, Flamencoschuhe ...

Dann rief sie Alex an. »Was meinst du, wir sollten noch zweimal proben: Alle Hebefiguren und die Pirouette. Wie geht es dir überhaupt, mir dreht sich jetzt schon der Magen um.«

»Ein bisschen aufgeregt bin ich auch.«

Alexander wirkte feingliedrig und zart. Er war groß und schlank. Jedes Mal hatte Nele vorher Angst, dass er den Grand jeté, eine Figur, bei der er sie hochstemmen und über seinem Kopf halten musste, nicht schaffte. Natürlich gab sie ihm Hilfen und schnellte mit aller Kraft empor. Aber sie fühlte, dass diese Hebefigur Alex eigentlich überforderte. Und es gab noch einen Schwachpunkt, nämlich ihren Sprung aus den Kulissen heraus auf die Bühne. Vor nicht ganz zwei Jahren hatte Nele sich dabei den Fuß gebrochen und bis heute wurde sie die Angst nicht los, dass sich dieser Unfall wiederholen könnte.

Die beiden Proben liefen nicht gut und nicht schlecht, Ela Simpson war ganz zufrieden, obwohl sie den Gesamtdurchlauf zweimal unterbrach. Nele tanzte seit ihrem fünften Lebensjahr und wusste längst, dass bei der Generalprobe nicht alles klappen durfte, das wäre sonst ein schlechtes Omen gewesen. Trotzdem wollte das Lampenfieber nicht nachlassen.

Als Basti sie von der zweiten Probe abholte, überraschte er sie mit dem Vorschlag, mit nach Danzig zu kommen. »Die Homepage können die andern auch alleine basteln.«

Nele freute sich riesig, aber ihre Gedanken beschäftigten sich trotzdem fast nur mit dem Solo-Auftritt. Erst wenn sie den hinter sich hatte, würde sie wieder ihren emotionalen Normalpegel erreichen.

Als der Sonderzug nach Danzig auf dem Bahnhof einlief, war er schon ziemlich besetzt. Basti rief überrascht aus: »Mamma mia, lauter Rentner!«

In Hamburg stiegen weitere zumeist ältere Fahrgäste zu und noch einmal recht viele in Lübeck. Dort schien eine ganze Kolonie ehemaliger Danziger zu sein. Auf der stundenlangen Fahrt fühlte sich Nele abwechselnd euphorisch und dann wieder voller Unruhe bei dem Gedanken daran, was alles schief gehen konnte. Alexander dagegen strahlte eine wohltuende Ruhe aus. Und Ela Simpson war heute mal weniger die strenge Tanzlehrerin, als vielmehr Freundin und Mutterersatz. Sie machten Witze über einen Opa im Nachbarabteil, der mit seinem Handy mindestens zehn Leute anrief, um so laut er konnte in das Gerät zu brüllen, er sei unterwegs nach Danzig.

Aus Langeweile fing Nele an zu essen. Als sie im Bistro-Wagen ein Sandwich holen wollte, stand dort eine Warteschlange. Einer älteren Dame vor ihr fiel die Geldbörse zu Boden. Nele hob sie auf und gab sie zurück. Es entwickelte sich ein kurzes Gespräch und die Frau vermutete, sie sei eine Enkelin ehemaliger Danziger. Nele klärte sie auf.

»Aha, eine Ballett-Ratte. Das macht mich neugierig. Wo tretet ihr auf?«

»Im Blauen Saal des Altstädtischen Rathauses.«

»Den kenne ich gut. Da bin ich schon als kleines Kind gewesen. Mein Vater dirigierte einen Chor und meine Mutter sang Solopartien. Wann findet euer großer Auftritt denn statt?«

»Soviel ich weiß, morgen um 14 Uhr«, antwortete Nele.

»Ich werde kommen!« Die Frau sagte das so resolut, dass kein Zweifel daran aufkommen konnte.

Ballett-Ratte?, dachte Nele. Auch nicht schlecht.

Der Blaue Saal war fast bis auf den letzten Platz besetzt.

Nele hatte sich bereits geschminkt: heller Lidschatten, viel Kajal und Wimperntusche, massig Rouge und knallroter Lippenstift – alles doppelt so dick aufgetragen wie normal wegen des grellen Scheinwerferlichts.

Sie trug einen roten Body mit Tutu, Ballett-Strumpfhose und eine rote Rose im Haar.

Mittags hatte sie keinen Bissen hinunterbekommen. Es war ein schöner, sonniger Tag, sie aber bemühte sich, den Schüttelfrost nicht aufkommen zu lassen, der sie immer bei Lampenfieber überfallen wollte. Und wie üblich haderte sie mit sich selbst, warum sie sich das antat, wieso sie sich diesen Qualen aussetzte und wie gemütlich es jetzt zu Hause wäre, ohne diese nervenzerreißende Spannung.

Im schweren dunkelblauen Vorhang gab es ein Guckloch, so groß wie ein Auge. Sie hörte das gedämpfte Brodeln der Stimmen und sah die vielen Menschen, die sich angeregt unterhielten und guter Dinge schienen. Einzig dass sie fast alle über sechzig Jahre alt waren, tröstete sie etwas. Die alten Leutchen würden bestimmt gnädig sein, wenn ihr ein Patzer unterlief. Anders als Hanna und Melanie, ihre Konkurrentinnen in der Show-Dance-Company, die nur auf einen Fehler warteten und mal wieder eifersüchtig waren, dass die Simpson nicht sie für das Solo ausgewählt hatte.

»Du warst ja sooo toll«, gratulierten sie gewöhnlich nach jedem Auftritt mit scheinheiligen Küsschen rechts, Küsschen links.

Im Programm stand: ›Pas-de-deux zur Musik von Carmen von George Bizet.‹ Damit sollte das Nachmittagsprogramm eröffnet werden. Später kam dann noch die ganze Gruppe mit Flamenco und einer Jazz-Dance-Formation dran.

Ein dunkler Gong, das Stimmengewirr schwoll ab. Zwei Scheinwerfer flammten auf und bildeten Kreisflächen auf dem Vorhang, der sanft auseinander glitt. Nele stand noch nicht sichtbar in der rechten, Alex in der linken Kulisse. Ihr Herz schlug bis zum Hals. In solchen Momenten hatte sie immer das Gefühl, gleich ohnmächtig zu werden. Sie konnte gerade noch denken: Hoffentlich ist der Boden nicht zu glatt!, da setzte die Musik ein. Sie musste mitzählen, beim zehnten Takt trippelte sie auf den Spitzen zur Bühnenmitte auf Alex zu. Sie fühlte fast körperlich die vielen Augen, die in diesem Moment auf ihr ruhten. Wenn sie jetzt umknickte, war alles verdorben. Es ging gut, ihr Selbstvertrauen wuchs.

Jetzt ist sie Carmen: Die leidenschaftliche Musik reißt sie mit, sie spielt mit José, dem Zigeuner, der sie begehrt.

»Die Liebe vom Zigeuner stammt ...« Die Melodie um-
schmeichelt sie, sie lockt, er kniet vor ihr, sie erhört ihn
nicht. Eine weiche Glissade über die Bühne, die erste Hebefigur, Pas de chat, der Katzensprung, es hat geklappt.
Stolz lässt sie ihn, den Werbenden, abblitzen und macht
ihn mit ihrer Sinnlichkeit immer wilder. Jetzt die Arabes-
que auf den Spitzen, das Bein nach hinten gestreckt – nur
nicht wackeln, der nächste Pas de chat, er macht es gut,
hält sie sicher, die Geigen jubeln, »Die Liebe vom Zigeuner stammt ...«, er will sie verführen, sie wirft den Kopf
in den Nacken, ist unnahbar, sie fassen sich an den Händen, er hält sie fest, die Hände sind nass vom Schweiß,
hoffentlich rutschen sie nicht ab, sie trennen sich, sie
fühlt sich jetzt gut, sie lacht, das Katz- und Maus-Spiel
geht noch weiter, sie fühlt, dass die Spannung rüber-
kommt, gleich sind sie fertig, nur noch die schwierigste
Hebefigur im Spagat, den Grand jeté, bravo Alex, dann
das Schlussbild, sie steht auf der Spitze, innerlich bebend
vor Anstrengung, leicht gestützt von Alex, das rechte Bein
senkrecht nach oben, der Vorhang geht so verdammt
langsam zu, sie kann kaum noch, ihr Lächeln friert ein,
endlich ... Applaus!

Nele sank in einen Sessel vor den großen Spiegeln im
Raum für die Maske. Am liebsten hätte sie geheult vor
Glück und Erschöpfung. Dann kamen Basti, Alex und
die anderen, es gab ein Durcheinander von Gesprächsfetzen – im Grunde verstand sie gar nichts richtig und
dachte nur: Du hast es hinter dir, es ist gut gelaufen, was
jetzt noch kommt, ist ein Kinderspiel. Sie fühlte sich
locker und hätte die ganze Welt umarmen können.
    Als sie aufsah, erblickte sie im Spiegel plötzlich das

Gesicht der älteren Frau aus dem Zug, deren Geldbörse sie aufgehoben hatte. Überrascht drehte sie sich um. »Sie sind ja tatsächlich gekommen!«

»Hallo Kindchen, das habt ihr sehr gut gemacht, du und dein Partner.«

»Danke«, sagte Nele erfreut. »Ich bin froh, dass alles einigermaßen geklappt hat.« Für eine Frau von weit über Siebzig bin ich noch ein ›Kindchen‹, dachte sie. Aber ihre Augen sehen jung aus.

Die Frau kam sich in dem Stimmengewirr überflüssig vor und wandte sich zum Gehen. »Ich wollte dir nur Bescheid sagen, wie mir dein Tanz gefallen hat«, verabschiedete sie sich.

Ela Simpson hatte *Pan* Bonkowski engagiert, der ihnen nach der Vorstellung Danzig zeigen sollte. *Pan* heißt ›Herr‹, erfuhr Nele. In der Stadt herrschte ein ziemlicher Trubel – ein Grenzschutz-Orchester spielte, Fahnen-Apell Danziger Pfadfinder, History-Show auf dem Kohlenmarkt …, aber Pan Bonkowski verfrachtete sie in einem alten VW-Bus zur Westerplatte. Später stand das Museum der Polnischen Post auf dem Programm und anschließend die Ausstellung ›Auf den Spuren bekannter und unbekannter Danziger‹. Basti verdrehte genervt die Augen. Nele war alles egal, sie schwamm in einem Gefühl des Wohlbefindens.

An der Westerplatte hatte also der Zweite Weltkrieg begonnen, als das deutsche Kriegsschiff ›Schleswig-Holstein‹ am 1. September 1939 um 05.45 Uhr mit donnernden Schiffskanonen die polnische Garnison beschoss. Das Denkmal, vor dem sie standen, zeugte von der heldenhaften Verteidigung, aber auch von der Sinnlosigkeit aller Kriege und von der Versöhnung zwischen Polen und Deutschland.

Auch im Museum der Polnischen Post ging es ums Heldentum. Die Postbeamten hatten an diesem ersten Kriegstag ihr Postamt gegen die deutschen Angreifer verteidigt, bis die 38 Überlebenden gefangen genommen, als angebliche Partisanen zum Tode verurteilt und erschossen wurden. Erst 1991 fand man bei Bauarbeiten zufällig das Massengrab. In einer Vitrine waren Patronenhülsen, Uniformknöpfe und persönliche Gegenstände der Ermordeten ausgestellt, zwei Brillen zum Beispiel oder ein Verlobungsring mit Gravur, der den Toten identifizierte. Eine Namenstafel der Opfer, Fotos, Fahnen, Postuniformen, Waffen, der allen Verteidigern posthum – also nach dem Tode – verliehene hohe Orden ›Virtuti Militari‹, sogar der Angriffsplan des 2. Polizei-Reviers, das die Post im Handstreich erobern wollte, doch auf erbitterten Widerstand stieß.

Nele stand vor dem großen Foto, das die festgenommenen Postbeamten zeigte, wie sie mit erhobenen Händen an einer Backsteinmauer standen. Sie empfand die Hilflosigkeit und Verzweiflung der Menschen in dieser Situation, als für sie alles verloren war.

»In diesem Moment wussten sie, dass sie sterben werden«, sagte eine Stimme hinter ihr, die sie kannte. Sie wandte sich um und schaute erneut in die jungen Augen der alten Frau aus dem Zug.

»So ein Zufall«, meinte Nele überrascht.

»Aller guten Dinge sind drei«, sagte die Frau und lachte. »Ich heiße Ewa Hofmeister«, stellte sie sich vor. »Ich bin Polin und hier in Danzig geboren.«

»Trotzdem haben Sie einen deutschen Namen?«

21

»Nur der Nachname ist deutsch, weil ich mit einem deutschen Mann verheiratet bin – aber das ist eine lange Geschichte. Mein Vorname ist polnisch, Ewa mit ›w‹.«

»Freut mich. Ich heiße Nele. Und das ist Basti, mein Freund. Die beiden sind Melanie und Hanna und dahinten stehen die anderen, die Sie alle auf der Bühne gesehen haben.«

»Das war eine tolle Vorstellung. Dabei werde ich ganz wehmütig, denn meine alten Knochen wollen nicht mehr. Als ich jung war, habe ich sehr gern getanzt, Polka und Mazurka, Foxtrott, Tango oder Polonaise.« Sie hielt einen Moment inne und fügte dann hinzu: »Ich war nicht viel älter als ihr, da saß ich im März 1945 hier unten im Keller dieses Gebäudes. Danzig wurde von allen Seiten beschossen und brannte. Ich wusste nicht, ob ich lebend aus der Stadt rauskomme.«

»Und deshalb sind Sie heute hierher gekommen«, bemerkte Alex.

»Genauso ist es. Die Post hat mich gerettet, es zog mich an diesen Ort.« Als wollte sie sich von diesen Gedanken losreißen, wechselte sie abrupt das Thema: »Und was steht noch auf eurem Programm?«

»Die Ausstellung berühmter Danziger.«

»Von Kopernikus bis Günter Grass.« Ewa Hofmeister lächelte verschmitzt. »Das könnt ihr doch alles zu Hause nachlesen, in der Stadt ist es viel interessanter. Was haltet ihr davon, wenn ich euch zu einem Eis einlade?«

»Großartig!« Basti war begeistert.

»Wir müssen Frau Simpson fragen. Wo steckt sie eigentlich?«, fragte Nele.

»Und wie denkt wohl *Pan* Bonkowski darüber?«, fragte Melanie zweifelnd.

»Der kriegt ein großes *Piwo*«, meinte Basti, der bereits anfing, mit seinen ersten Brocken Polnisch anzugeben. Als die andern ihn fragend anschauten, erläuterte er gönnerhaft: »Ein Bier, was sonst?«

In einem Café am Langen Ufer an der Mottlau, nicht weit entfernt von Danzigs Wahrzeichen, dem Krantor, rückten sie zwei Tische zusammen. Frachtkräne, Segelboote, Schaufelbagger, Seeleichter und Ausflugsdampfer gehörten zum Panorama genauso wie die gegenüberliegende Speicherinsel mit den hohen Fachwerkbauten aus Backstein, die über Jahrhunderte als Kornspeicher und Warenlager dienten.

»Gauleiter Forster wollte die Speicherinsel dort drüben zu einem Zentrum der NSDAP umbauen, aber daraus ist nichts mehr geworden«, sagte Frau Hofmeister. »Im Winter sind wir auf der Mottlau Schlittschuh gelaufen und im Sommer Bootsrennen gefahren.« Ihre Gedanken verloren sich in der Vergangenheit, sie schwieg eine Weile.

»Wie alt waren Sie im März 1945?«, wollte Nele schließlich wissen.

»Noch nicht ganz einundzwanzig Jahre«, antwortete Ewa Hofmeister. »Aber ich hatte schon mehr erlebt als die meisten Menschen in hohem Alter.«

»Wie sind Sie denn überhaupt aus dem brennenden Danzig rausgekommen?«, fragte Nele.

»Ach, das ist keine angenehme Geschichte. So was passt doch nicht zu diesem wunderschönen Tag. Reden wir lieber über etwas Erfreulicheres. Was habt ihr denn jetzt noch vor, bevor ihr wieder nach Hause fahrt?«

Aber die Jugendlichen ließen sich von ihrer Neugier

nicht abbringen. Die Fragen gingen kreuz und quer über den Tisch. »Was zum Beispiel geschah an dieser Stelle, wo wir momentan sitzen?«, erkundigte sich Alex.

»Das Krantor brannte, es brannte einfach alles. Die Innenstadt wurde zu neunzig Prozent zerstört. Etwas geringer waren die Schäden in den Stadtteilen Langfuhr und Neufahrwasser, am besten sind noch Oliva und Ohra davongekommen.«

»Aber wie konnten Sie sich retten?«, bohrte Nele weiter. »Sind Sie durch die Mottlau geschwommen?«

Ewa Hofmeister gab sich einen Ruck. »Ihr lasst ja wirklich nicht locker. Soll ich euch das ausführlich erzählen?«

Alle sahen sie gespannt an und Nele nickte auffordernd.

»Hitler hatte ja die Stadt zur ›Festung‹ erklärt und den verbrecherischen Befehl erteilt, dass jeder Quadratmeter von Danzig, Zoppot und Gotenhafen bis zum letzten Mann verteidigt werden sollte. Die Russen standen an der Stadtgrenze. Ein Trommelfeuer von Granaten deckte die Häuser zu. ›Stalinorgeln‹ nannte man die Dinger, weil sie sich mit einem fauchenden Heulton ankündigten. Noch viele Jahre nach dem Krieg schreckte ich nachts hoch und hörte dieses schreckliche Gejaule.

Meine Mutter und wir Geschwister saßen im Keller des Hauses unserer Oma. Dort gab es sogar einen Ofen und Holz. Wir hatten Wasser in Eimern und Nahrungsmittel in Töpfen gehortet. In den Feuerpausen versuchten wir schnell, frische Lebensmittel zu besorgen. Ich rannte zu unserem Bäcker in derselben Straße, der manchmal noch immer in der Lage war, Brot zu backen. Bevor ich ankam, ging es schon wieder los. Ich erreichte einen Hauskorri-

24

dor, warf mich hin, eine Luftmine detonierte, ich wurde geschüttelt, das Haus bebte, fiel aber nicht in sich zusammen. Die nahe gelegene Marienkirche brannte. Ich lief hin, um beim Löschen zu helfen. Die wunderbaren Scheiben platzten, es war ein Elend, die Decke kam runter, ich lief weg, zurück zu unserem Keller, um mich zu retten. Das Bombardement war schrecklich, aber wie durch ein Wunder standen in unserer Straße noch immer die meisten Häuser.

Auf einmal stürzte ein deutscher Soldat in unseren Keller. Er war nicht bewaffnet, vielmehr suchte er seine Angehörigen. Er schrie uns an: ›Wollt ihr alle verbrennen? Wenn ihr hier sitzen bleibt, kommt ihr nicht mehr weg! Ihr müsst unbedingt raus!‹ Dann sagte er: ›Ihr habt Gott sei Dank Wasser. Legt euch feuchte Tücher auf den Kopf. Raus, nichts wie raus!‹ Meine Oma wollte den Keller nicht verlassen: ›Dann verbrenne ich lieber‹, sagte sie starrsinnig. Wir versuchten es mit guten Worten, vergeblich. ›Nein ich warte auf Opa.‹ Schließlich zogen wir sie mit Gewalt die Treppe hoch.

Die Straßen in der Altstadt waren schmal. Die Dachstühle der Häuser standen in Flammen, glühende Balken stürzten vor und hinter uns zu Boden, kleine brennende Holzstücke trafen uns und verlöschten mit einem Zischen auf unseren nassen Tüchern. Dieses ›Zzzzt‹ klang noch tagelang in meinen Ohren. Wir hasteten durch die Johannisgasse und durch das Johannistor an die Mottlau.« Ewa Hofmeister zeigte in Richtung dieser Stelle, keine zwanzig Meter von ihnen entfernt. »Doch entlang der Mottlau flogen zwei russische Tiefflieger und beschossen alle Flüchtenden mit ihren Bordwaffen. Wir warfen uns hin und pressten unsere Körper gegen den

Boden. Sobald die Flugzeuge abdrehten, hetzten wir in Richtung Fischmarkt, denn dort gab es einen Luftschutzbunker.«

Nele schaute über die freie Fläche des Wassers und stellte sich vor, wie die Flugzeuge Frauen und Kinder jagten. Ihr lief ein kalter Schauder über den Rücken. Sie versuchte sich vorzustellen, was das war – Todesangst. Es gelang ihr nicht.

Frau Hofmeister fuhr fort: »Wir übernachteten in dem Bunker, er war überfüllt und heiß, die Menschen waren verunsichert und voller Angst. Kinder schrien, wir saßen in einem unbeschreiblichen Chaos. Meine Tasche mit wichtigen Dokumenten und mit Briefen meines Verlobten Jan war plötzlich weg. Es war so eng, so ein Tumult, ich weiß nicht, wie das passieren konnte. Ich weinte verzweifelt. Auch jetzt, wo ich darüber spreche, habe ich wieder diesen Bunkergeruch nach Schweiß, Schimmel und Moder in der Nase.

Am nächsten Morgen war es eine Weile ruhig draußen. Mama sagte: ›Wir müssen hier raus, wir versuchen bei der Polnischen Post unterzukommen, sie ist ganz in der Nähe.‹ Wir gingen nach draußen, doch hörten wir in diesem Moment schon wieder das Geräusch von Flugzeugmotoren und suchten Schutz hinter einer Mauer. In einem anderen Stadtteil detonierten die Bomben. Wir rannten los und erreichten den Keller der Polnischen Post.

Das stabile rote Backsteingebäude war fast unversehrt und flößte uns Vertrauen ein. Aber auch dieser Luftschutzkeller war überfüllt. Alle Leute hatten namenlose Angst vor den Russen. Wir als Polen sagten uns, dass uns eigentlich nichts geschehen konnte. Über den englischen

Radiosender BBC wurde aus London von der polnischen Exilregierung angeordnet, wir sollten am Arm eine weiß-rote Binde tragen, dann werde uns nichts passieren. Aber die Russen machten, wie wir bald merken sollten, überhaupt keinen Unterschied zwischen uns und den Deutschen. Jedenfalls herrschte eine lähmende Furcht. Bewusst sprachen wir nur noch Polnisch. Deutsche fragten uns um Rat und flehten uns an, sie vor den Russen in Schutz zu nehmen. Wir versuchten sie zu beruhigen und hatten selbst keine Ahnung, wie wir ihnen Beistand leisten könnten. Gerüchte über Vergewaltigungen machten die Runde. Wir beteten, dass uns nicht russische, sondern polnische Soldaten befreien möchten. Um die Mittagszeit des 28. März 1945 hisste ein polnischer Soldat auf dem Dach des Artushofs die polnische Fahne. Ich hatte gehofft, dass mich das polnische Militär befreien würde, und mir vorgenommen, dem Ersten, der mir die Freiheit verkündete, um den Hals zu fallen. Doch dieser Soldat, der mit seiner Kalaschnikow die Kellertür aufstieß, gehörte zur Roten Armee und starrte mich mit bösen Augen an. Er hatte eine Wodka-Fahne und schrie: »Uri!« Offenbar wollte er uns unsere Uhren abnehmen. Meine Uhr hatte ich allerdings zusammen mit dem Ring meines Vaters in meinen Stiefel gesteckt. Wir deuteten auf unsere polnischen Armbinden und sprachen ihn auf Polnisch an, aber er verstand kein Wort. Unterschiedslos mussten wir alle raus und wurden aus der Stadt getrieben.

Eigentlich waren wir nun frei, ich meine, befreit von den Nazis. Aber Danzig brannte noch immer. Die Stadt war von grauen Rauchschwaden eingehüllt, Brandgeruch hing wie eine undurchdringliche Glocke über uns. Wir sahen das Ausmaß der Zerstörung, es gab nur noch

Ruinen, durchlöcherte Fassaden oder Fenster, aus denen Flammen schlugen wie Gardinen, die der Wind nach außen wehen ließ. Unser Entsetzen wurde nur noch überboten vom Trieb zu überleben, dieses Inferno zu verlassen und uns in Sicherheit zu bringen. Der Rauch biss in unseren Augen, auf den Lippen schmeckten wir Asche und Ruß.

Sowjetische Soldaten trieben uns durch die Langgasse in Richtung Olivaer Tor. Unterwegs qualmender Schutt, noch glühende Metallgerippe, die ganze schöne Stadt vernichtet. Weinende Menschen – Kinder, Alte und Frauen. Es war der traurigste Weg, den ich je gegangen bin. Wir kamen an unserem Haus vorbei, es lag in Trümmern, nur noch ein Teil der Grundmauern stand als hilfloser Rest meiner in diesem Moment unendlich weit entfernten Kindheit. Vom Nachbarhaus, in dem meine Freundin Marianne gewohnt hatte, stand noch das Erdgeschoss, in das aber das Obergeschoss und das halbe Dach eingebrochen waren. Mama hinterließ an unserem Haus eine Nachricht auf einer Karte, damit unsere Verwandten an gleicher Stelle aufschreiben könnten, wo sie zu finden sein würden. Wir selbst wollten nur noch raus aus Danzig. Aber wohin?

Der Flüchtlingsstrom wälzte sich zum Bahnhof, dann auf die Brücke und in die Halbe-Allee. Nie werde ich das Bild vergessen, es brannte sich ein auf eine Mattscheibe in meinem Kopf, deutlich wie am ersten Tag: Soldaten in deutscher Uniform, einige von ihnen ganz junge Burschen, baumelten an den Allee-Bäumen, waren wenige Stunden vor Kriegsende von fanatischen SS-Offizieren erhängt worden mit einem Schild um den Hals: ›Ich war zu feige zu kämpfen‹, oder: ›Ich bin ein Deserteur‹.

Aus Richtung Langfuhr begegnete uns ein Zug deutscher Soldaten. Im Grunde sahen diese Gefangenen weniger zerlumpt aus als ihre russischen Bewacher, die eigentlichen Sieger. Wenn ich an die Familien dachte, kam bei mir sogar ein klein wenig Mitleid mit den deutschen Soldaten auf.«

Ewa Hofmeister machte eine Pause und nahm einen Schluck von ihrem Eiskaffee. Die Sonne stand bereits schräg, das Wasser der Mottlau glitzerte rötlich funkelnd, die Schatten wurden länger.

»Was dann kam, war der Gipfel allen Unglücks«, setzte Frau Hofmeister ihren Bericht fort. »Ihr könnt euch unseren Schrecken nicht vorstellen: Meine achtjährige Schwester Krystina war verschwunden! Einfach weg, wie vom Erdboden verschluckt! Sie war die ganze Zeit in dem Flüchtlingsstrom hinter uns hergegangen, an der Hand der Schwester unseres Bäckers. Die einzige Möglichkeit war, dass Joanna von uns unbemerkt mit dem Kind stehen geblieben war, während wir weitergingen. Mama hetzte den Weg zurück bis zum Olivaer Tor. Kazia und ich rannten ebenfalls durch die Gegend. Wir fanden keine Spur von ihr. Die Russen ließen uns nicht durch, schickten uns wieder in die andere Richtung. Ein russischer Soldat kontrollierte meine Handtasche, schraubte das Fläschchen Parfüm auf und trank es leer.

Wir suchten zwei Stunden lang, es waren ja so viele Leute unterwegs.

Als es zu dämmern begann, mussten wir uns damit abfinden, von Krystina getrennt zu sein. Meine Mutter war verzweifelt. Wir trösteten uns damit, dass unserer Schwester nichts passieren könne, dass sie bei Joanna in guten Händen sei und wir sie in den nächsten Tagen bestimmt finden würden. Trotzdem war der Gedanke unerträglich, denn wir konnten nicht wissen, wie Krystina diesen Unglückstag verkraftete.«

»Und haben Sie sie dann gefunden?« Nele konnte die Spannung kaum aushalten.

»Ja, aber erst nach sechs Wochen. Es war eine fürchterliche Zeit voller Ungewissheit.«

»Und wie ist es Krystina ergangen?«, fragte Hanna.

»Es war etwas Schreckliches passiert. Ein russischer Soldat hatte Joanna gezwungen, ihm in einen Keller zu folgen. Krystina sollte oben warten, hörte aber das Flehen und Schreien von Joanna, die sich gegen die Vergewaltigung wehrte. Von uns entdeckte Krystina keine Spur, wir waren ja weitergezogen. In diesem Moment kam ein russischer Major vorbei, sah unsere kleine Schwester und fragte, warum sie alleine da stehe und weine. Krystina zeigte auf den Kellereingang. Der Major ging die Treppe hinunter, zog die Pistole und erschoss den Soldaten.

»Oh mein Gott«, entfuhr es Nele.

Ewa Hofmeister atmete ebenfalls schwer. »Joanna war einerseits völlig geschockt, aber andererseits froh und glücklich, weil sie gerettet war. Das Glücksgefühl übertrug sich auf Krystina. Sie beruhigte sich und begriff wahrscheinlich nicht, was vorgefallen war. In der nächsten Zeit war sie öfter traurig und vermisste uns, wurde aber von Joanna liebevoll betreut, sodass sie sich mit der Lage abfand und immer von einem zum anderen Tag hoffte, uns wieder zu sehen.«

»Also, wenn ich mir vorstelle, meine Schwester wäre wochenlang vermisst«, sagte Basti, »ich glaube, wir würden alle verrückt.«

»Meine Mutter war nahe dran«, bestätigte Ewa Hofmeister. »Aber ich glaube, wir machen jetzt Schluss, ich habe euch lange genug aufgehalten.«

»Aber wir müssen doch wissen, wie es ausgegangen ist!«, protestierte Melanie.

»Ich könnte noch sehr lange weitererzählen«, entgegnete Frau Hofmeister, »aber das sind lauter Horrorgeschichten. Ihr habt ganz vergessen, dass am Kohlenmarkt gesungen und getanzt wird.«

»Tanzen können wir selber«, meinte Hanna.

»Singen auch«, ergänzte Melanie. »Aber was Sie erlebt haben, das hört man sonst nie.«

»Na gut«, gab Frau Hofmeister nach, »noch zehn Minuten.« Sie machte eine kurze Pause, um sich zu sammeln.

»Bald würde die Nacht hereinbrechen, und wir hatten keine Unterkunft. In der Nähe der Universität, in einer Seitenstraße, entdeckten wir eine leer stehende Villa. Sie war nicht zerstört, nicht einmal die Türe war verschlossen. In der Diele fiel mein Blick als Erstes auf einen Flügel. Das machte mich glücklich, denn wie lange hatte ich nicht Klavier spielen dürfen! Ich stellte mich innerlich darauf ein, dass das vielleicht unsere neue Wohnung sein könnte. Wir schoben einen Kleiderschrank vor die Eingangstür und beschlossen, hier zu übernachten. Es gab keinen Strom und kein Wasser, aber das war uns nicht so wichtig, denn wir dachten nur noch ans Schlafen. Endlich keine Granaten und keine Bomben mehr. Wenn jetzt noch Krystina bei uns gewesen wäre, hätte ich mich glücklich gefühlt.

Auf einmal hörten wir ein energisches Klopfen an der Haustür, ein russischer Hauptmann verlangte Einlass. Er war gottlob nicht betrunken und kontrollierte nur unsere

Ausweise. Eigentlich war er ganz freundlich, er fragte mich und Kazia sogar, ob wir beim Militärstab im Büro arbeiten wollten, er käme uns am nächsten Morgen abholen.

Aber es kam anders. Wir hatten etwa zwei Stunden geschlafen, da stand er wieder vor der Tür. Nun war er angetrunken und forderte Kazia und mich auf, ihm zu folgen. Jeder Widerspruch und alles Bitten waren umsonst, er zog seine Waffe und führte uns weg. Draußen brannten an verschiedenen Stellen auf dem Feld Lagerfeuer, an denen sowjetische Soldaten feierten. Es war ein furchtbares, grausames Gegröle. Alle waren sie betrunken. In Danzig gab es mehrere Schnapsbrennereien, dort hatten sie massenhaft Beute gemacht. Mich überfiel eine solche Angst, dass ich ganz schwach wurde und keinen Schritt mehr gehen konnte. Der Russe war wütend. Mit der Waffe zwang er Kazia weiterzugehen und brachte sie in ein Gebäude. Dort zog er Mantel und Hose aus und forderte von Kazia, sich zu entkleiden. Da trat sie ihm mit ihrem klobigen Schuh mit voller Wucht in das Geschlechtsteil und rannte weg. Ich war inzwischen langsam zurückgeschlichen, fast gleichzeitig erreichten wir beide weinend, atemlos und erschöpft die Villa. Nun musste es schnell gehen, denn es war zu erwarten, dass der Hauptmann sich rächen würde. Innerhalb weniger Minuten verließen wir das Haus.

Wir eilten durch den dunklen Wald in Richtung der Kathedrale von Oliva. Dort trafen wir auf den ersten polnischen Soldaten. Das war unsere Rettung. Er führte uns zu seiner Militärunterkunft, wo wir versorgt wurden und mehrere Tage auf dem Dachboden, der mit Matratzen ausgelegt war, bleiben durften.

Nach einem Zwischenaufenthalt in Karthaus fanden wir später in der Nähe von Danzig eine Gartenlaube. In der ersten Zeit beschmierten Kazia und ich unsere Gesichter mit Ruß, um alt und hässlich auszusehen.

In der Laubenkolonie lebten wir bis Mai 1946, also ein Jahr lang. Mama dachte immer, wir Polen würden vom Staat eine Wohnung erhalten. Denn die Deutschen hatten uns ja vor fünf Jahren aus unserem Haus vertrieben und auf eine Irrfahrt durch Polen geschickt, also hatten wir einen berechtigten Anspruch. Aber das war ein Irrtum, denn alle vorhandenen Wohnungen waren längst besetzt. Es gab ja so viele Flüchtlinge in Danzig.

Einmal entdeckte ich in Langfuhr eine komfortable Wohnung, in der noch immer eine deutsche Familie lebte. Doch Mama sagte zu mir: ›Du darfst keine Deutschen aus ihrer Wohnung hinauswerfen.‹

Jung an Jahren und unter dem Eindruck schrecklicher Erlebnisse, war ich damals unerbittlicher als heute und hatte für die Einstellung meiner Mutter kein Verständnis. Ich reagierte zornig und erwiderte: ›Mama, was haben sie denn mit uns getan? Außerdem sollen sie ja nur ihre schöne Wohnung gegen unsere Gartenlaube tauschen, sie sitzen ja nicht auf der Straße.‹

Mama blieb hart: ›Die Deutschen, die hier geblieben sind, haben vielleicht gar nichts mit den Verbrechen der Nazis zu tun. Ich würde nie in eine Wohnung ziehen, die andere unter Zwang und Tränen verlassen müssen.‹«

Ewa Hofmeister blickte auf die Uhr. »Nun machen wir aber Schluss«, sagte sie entschieden. »Es war eine schwere Zeit, und obwohl es so lange her ist, werde ich viele Erlebnisse nie vergessen. Vielen Dank, dass ihr mir Gesellschaft geleistet habt.«

»Aber Sie haben noch gar nichts über die Zeit davor erzählt«, wandte Basti ein. »Wie war das denn, als die Nazis nach Danzig kamen?«

Frau Hofmeister wehrte ab. »Wenn ich davon anfangen würde, säßen wir übermorgen immer noch hier. Lasst uns Schluss machen. Geht lieber in die Stadt und amüsiert euch.«

Nele hatte eine spontane Idee: »Würden Sie denn mal zu uns in Bremen in die Schule kommen, wenn wir Sie einladen? Ich meine, in unsere Klasse? Herr Claassen wäre bestimmt einverstanden. Das ist mein Klassenlehrer.«

Frau Hofmeister überlegte und meinte dann: »Wenn ihr das wollt und eure Schule nichts dagegen hat, dann könnte ich euch die Geschichte von Anfang an erzählen. Einverstanden.«

Eine Kindheit in Danzig

Die gesamte Jahrgangsstufe 10 saß in der Aula der Gebrüder-Grimm-Schule in Bremen. Nach kurzer Begrüßung und Vorstellung hatte Nele erzählt, wie sie Frau Hofmeister in Danzig kennen gelernt hatte. Ewa Hofmeister gab eine kurze Zusammenfassung von dem, was sie den Schülern in Danzig schon erzählt hatte, und setzte dann ihren Bericht fort:

Als ich 1924 in der Kinderklinik ›Storchennest‹ geboren wurde, war die Welt in Danzig noch in Ordnung. Papa und Mama hatten zwei Jahre vorher geheiratet und erwarteten mich mit großer Spannung. Der deutsche Standesbeamte stellte meine Geburtsurkunde auf Ewa Salewski aus und gratulierte meinem Vater zur Geburt. Damals pflegten Deutsche und Polen untereinander ein normales Verhältnis. Meinen Vornamen hatte Papa ausgesucht, ihm gefiel, dass die drei Buchstaben auch in unserem Familiennamen enthalten waren.

Meine früheste Erinnerung ist, wie ich als Kleinkind gebadet wurde. Ich schrie wie am Spieß, denn ich war höllisch wasserscheu. Als ich vier Jahre alt war, fuhr ich auf einem Karussell mit Furcht erregenden Figuren, ritt auf dem Teufel und auf einem Drachen. Nachts träumte ich von diesen Ungeheuern und wachte schweißgebadet auf. In der Vorschulzeit kam ich in einen Kinderhort, der von Dominikaner-Schwestern betreut wurde. Ich weiß noch, dass mich dort einmal Jungen über und über mit Tinte begossen. Ich war total schwarz, sodass ich in der Badewanne richtiggehend geschrubbt werden musste. Ich heulte Rotz und Wasser.

Überhaupt hatte ich nah am Wasser gebaut. Schließlich bin ich ja auch am Wasser geboren. Ich war sehr empfindlich, eine richtige Mimose. Wenn mich jemand nur ein bisschen böse anschaute, liefen mir schon die Tränen herunter. Obwohl ich durch die vielen Erlebnisse später stärker geworden bin, zu kämpfen weiß und mich durchsetzen kann, reagiere ich auf schroffes Verhalten auch heute noch empfindlich. Ich kann es zum Beispiel nicht ausstehen, wenn jemand schreit, weil wir immer von den Nazis angeschrien wurden.

Wir waren vier Geschwister, lauter Mädchen, aber sehr unterschiedlich. Kazimiera, Kazia genannt, war nur ein Jahr und zwei Tage jünger als ich. Mama zog uns beide wie Zwillinge an, das hat mich manchmal geärgert, schließlich war ich älter und wollte auch so aussehen.

Kazia sollte eigentlich ein Junge werden. Sie war nicht so kontaktfreudig und gesprächig wie ich, dafür immer korrekt, vernünftig und sachlich. Geweint hat sie so gut wie nie und im Gegensatz zu mir war sie eine sehr gute Schülerin. Als kleines Kind war ich eher schmächtig und sie mollig. Sie war wacklig auf den Beinen, watschelte wie eine Ente und wurde manchmal von den Eltern ›Schmuse-Ente‹ genannt.

Meine Schwester hat nie gelogen – auch darin war sie

das Gegenteil von mir, muss ich gestehen. Einmal habe ich meinem Papa nicht die Wahrheit über die Hausaufgaben gesagt, er schaute ins Heft und ertappte mich. Zur Strafe musste ich mich beim Kaffeetrinken in die Ecke stellen und bekam keinen Kuchen. »Du darfst nie mehr im Leben lügen!«, sagte er und hat an diese Forderung vielleicht selbst nicht geglaubt. Kazia tat ich Leid, sie wollte mir heimlich ein Stückchen Kuchen zustecken. Da musste sie sich in die andere Ecke stellen.

Meine Eltern waren liebevoll, aber auch sehr streng. Kazia und ich mussten immer schon gegen sechs Uhr abends ins Bett, die Fensterläden wurden geschlossen, und es senkte sich stockdunkle, traurige Nacht übers Kinderzimmer. Das Toben und die Späße unserer Spielkameraden draußen waren nicht zu überhören, sodass ich mir die Decke über den Kopf zog. Wahrscheinlich wollten meine Eltern ihre Ruhe haben oder ihren eigenen Interessen nachgehen – oft hatten sie abends Gäste. Andererseits sind wir alle immer früh aufgestanden.

Papa hat uns nie geschlagen, er hat uns nur Strafen auferlegt, die wir verstanden. Seine Spezialität war, lange moralische Vorträge zu halten, sodass ich manchmal zu ihm sagte: »Papa hör auf und gib mir lieber einen Klaps.«

Uns gehörte die Parterre-Wohnung in einem wunderschönen Haus. Über die Terrasse, die man von Papas Arbeitszimmer aus betrat, gelangte man in den Garten. Hinter dem Garten schloss sich ein Park an. Im Hintergrund lag ein kleines Waldgebiet. Auf der linken Seite des Grundstücks floss ein schmaler Bach, der in die Radaune mündete. Rechts wohnten Kowalskis, deren Namen zwar polnisch klingt, die aber Deutsche waren.

Über den Bach führte ein Steg. Natürlich bin ich irgendwann in meinem schönsten weißen Sonntagskleid in den morastigen Bach reingefallen, da gab es dann wieder einmal Tränen.

Die Wohnung war sehr groß. Ich erinnere mich an einen langen Korridor, eine geräumige Küche, das Bad, eine extra Toilette und mehrere Zimmer.

Als Hobby betrieb Papa Hühnerzucht und baute Erdbeeren an.

Im Garten gab es einen Sandkasten für uns und die Nachbarskinder, die mühelos zu uns kommen konnten, weil in der Hecke ein großes Loch war.

Meine Sandkastenfreundschaft mit Marianne Kowalski dauerte bis zum Beginn des Krieges, als wir beide 16 Jahre alt wurden. Marianne war meine beste, zuverlässigste und intimste Freundin. Eigentlich hingen wir jeden Tag zusammen und vertrauten uns unsere großen und kleinen Sorgen an. Wir haben uns oft gestritten, denn Marianne konnte aufbrausend und rechthaberisch sein. Aber sie war nie beleidigt und von einer zur anderen Minute wieder versöhnt.

Im Grunde waren wir ein verrücktes Paar, denn ich, die Polin, sah mit meinen blonden Haaren und blauen Augen genau so aus, wie sich die Nazis in ihrem Rassenwahn die idealen Kinder vorstellten, die sie arisch nannten. Marianne hingegen hatte schwarze Haare und dunkle Augen, man hätte sie genauso gut für eine Jüdin oder ein Zigeunerkind halten können, zumal die Sommersonne ihre Haut dunkelbraun brannte. Sie war wild und temperamentvoll, eine Anführerin bei Spielen und Streichen, und kletterte auf die höchsten Bäume. Ich hingegen bin noch heute eher vorsichtig und suche die Harmonie.

Mariannes Bruder Horst, ein schwarzer Lockenkopf, war ein sehr schöner Junge, der mir von klein auf gut gefiel. Dass er etwas älter war, spielte zunächst überhaupt keine Rolle. Er war meine erste Liebe.

Wir Kinder spielten zwischen den Bäumen Fangen und Verstecken. Im Sommer fuhren wir alle zusammen mit der Straßenbahn oder mit unserem Auto an den Heubuder Strand, manchmal auch zur Strandhalle Brösen. Am liebsten allerdings nach Zoppot, wo man auf dem langen Seesteg weit hinaus über das Wasser laufen und von dort die Yachten der Segelregatta auf der Ostsee beobachten konnte.

Mein Vater war Prokurist in der ›British-Polish Trade Bank‹. Entsprechend wohlhabend war mein Elternhaus. Wie viele andere Familien hatten wir zu Hause ein Dienstmädchen. Papa hatte uns verboten, sie zu duzen, und verlangte, dass wir sie mit Respekt behandelten. Einmal gab ich ihr meine Strümpfe mit der Bitte, sie zu stopfen. »Nee, nee, meine Liebe, dafür bin ich nicht da, das ist deine Arbeit«, wies sie mich ab. Ich wollte das nicht einsehen und wurde frech zu ihr. Sie erwiderte: »Ewa, das sage ich deinem Papa.« Mein Vater ließ mich mit den Strümpfen kommen, ich musste schwarze Schuhcreme holen, die Strümpfe damit einschmieren, anschließend waschen, stopfen und ihm vorzeigen. »Du wirst Elena nie wieder mit etwas beauftragen, was du selbst zu erledigen hast!«

In unserer Nachbarschaft wohnte ein alter Mann, der besonders freundlich zu mir war. Er nahm mich gerne auf den Schoß und streichelte mich, es war mir nicht so angenehm, aber ich konnte mich ihm schlecht entziehen.

Einmal machten wir Kinder einen Ausflug auf den Bischofsberg, von wo aus man einen tollen Ausblick über Danzig und fast ein Dutzend Kirchtürme hat. Ich weiß gar nicht mehr zu sagen, wieso der alte Mann dabei war oder wo er herkam. Jedenfalls ging ich bergauf, er war hinter mir, fasste mich am Po an und ließ plötzlich seine Hose runter, sodass ich seinen Penis sah. Ich wusste gar nicht, was das sollte, und bin zu den anderen gelaufen, die bereits oben angekommen waren. Abends habe ich das, was geschehen war, meiner Mama erzählt, die sofort zur Familie des Alten ging und Krach schlug. Mir hat sie keine Vorwürfe gemacht, sondern erklärt, dass der Alte etwas Verbotenes tat. Ich hatte dann Angst vor diesem Mann und war ziemlich verstört. Überhaupt wurde ich durch diesen Vorfall gegenüber älteren Menschen argwöhnisch; das Misstrauen hat sich erst nach vielen Jahren wieder gelegt.

1929 wurde Elzbieta geboren, sie war ein wunderhübsches Baby. Doch zeigte man Mama das Kind nach der Geburt zunächst nur mit verbundenen Händen und bereitete sie nach und nach darauf vor, dass das Neugeborene eine Anomalie aufwies, denn die Finger waren zusammengewachsen und verformt. In den ersten Lebensjahren wurde Elzbieta mehrmals operiert, doch es blieb eine Missbildung. So waren ihre Daumen kleiner als normal. Obwohl ich erst fünf Jahre alt war, merkte ich, dass sich meine Eltern deswegen große Sorgen machten. Papa legte für alle Kinder ein Sparkonto an, für Elzbieta zahlte er den doppelten Betrag ein, denn er befürchtete, dass sie keinen Mann finden und nie würde heiraten können. Obwohl Elzbieta durch die Operationen viel ertragen musste, war sie ein besonders lustiges und fröhliches Kind. Dadurch wurde sie unser aller Liebling und von allen verwöhnt. Manchmal fragte sie: »Mama, warum habe ich solche Hände?«, aber eigentlich war ihr das als Kind nicht so wichtig. Erst später litt sie unter ihrer Behinderung.

Obwohl Elzbieta mit ihrem Puppengesicht und den süßen Locken im Mittelpunkt stand, war ich auf sie überhaupt nicht eifersüchtig, wohl aber auf Kazia, weil sie so leicht lernte und ständig gute Noten bekam. Ich musste mich quälen, während ihr einfach alles in den Schoß fiel. Gedichte auswendig zu lernen war mir ein Grauen. In unserem gemeinsamen Zimmer wiederholte ich den Text zigmal. Er wollte einfach nicht in meinen Kopf hinein, legte sich vor meiner Stirn quer, alle Verszeilen prallten ab und fielen in ein schwarzes Loch. Kazia hörte sich das eine Weile an, während sie ihre Hausaufgaben machte, dann sagte sie das Gedicht auf. Das machte mich rasend. Irgendwann fand ich heraus, dass ich etwas aufschreiben musste, um es zu lernen. Daraus entwickelte sich die Gewohnheit, dass ich ständig Notizen machte, meist auf irgendwelche Zettel. Manchmal bekritzelte ich Papiere von Papa, die ihm wichtig waren, dann gab es Ärger.

Papa spielte Geige und bestand darauf, dass ich, die Älteste, ebenfalls Geige lernte. Er schickte mich auf das Musikkonservatorium, aber ich wollte viel lieber Klavier spielen. Das Klavier war aber bereits für Kazia reserviert. Doch diesmal genoss ich einen Triumph über meine Schwester, denn musikalisch war ich ihr eindeutig überlegen. Ich durfte dann Klavier als Zweitinstrument studieren. Hätten nicht die Nazis unsere Zukunft zerstört, wäre

Kazia später einmal Mathematikerin geworden. Mich wollte Papa nach dem Abitur nach London schicken, um Sprachen zu studieren, und ich hätte mir einen Beruf gesucht, der Sprachen, Kultur und Musik in sich vereinte, vielleicht beim Theater. Wenn ich allein zu Hause war, konnte ich stundenlang Klavier spielen. Mit Musik habe ich meine Stimmungen ausgedrückt und oft die schlechte Laune vertrieben. Aber sie macht mich auch manchmal melancholisch und kann mich zu Tränen rühren.

Die Musikalität habe ich von Papa geerbt. Er spielte auch Balalaika und dirigierte den Chor *Lutnia*, das bedeutet ›Laute‹. Der Chor trat oft auf und gewann Preise bei Sängerwettbewerben. Nebenbei diente dieser polnische Chor, wie auch viele andere polnische Vereine, dem Zusammengehörigkeitsgefühl unserer polnischen Gemeinde. Wir waren ja eine Minderheit in Danzig, umgeben von der Übermacht der Deutschen. Da rückte man enger zusammen, traf sich bei jeder Gelegenheit, wie zum Beispiel sonntags nach der Mittagsmesse in der Nicolai-Kirche oder in der Christ-König-Kirche auf dem Kaninchenberg. Der Zusammenhalt wuchs, je mehr sich die politische Bedrohung durch die Deutschen steigerte. Das war ein richtiges Glücksgefühl für mich, so viele Bekannte zu haben, auf die man sich verlassen konnte, die sich immer hilfsbereit zeigten. Und ich war stolz auf meinen Vater. Er dirigierte nicht nur den Chor, sondern war der Finanzexperte vieler polnischer Vereine und des Polnischen Gymnasiums. Dadurch war er sehr bekannt. Er galt als glühender Patriot. Was allerdings damals niemand wusste: Er war Mitglied der geheimen Anti-Nazi-Bewegung ›Westverband‹. Der Westverband organisierte Zusammenkünfte, sammelte Geld zur Unterstützung der

Bewegung und bevorzugte polnische Wirtschaftsunternehmen – Händler, Banken und Landwirte.

Eigentlich passte alles zusammen, denn Papa war ein gefühlsbetonter Mensch. Er liebte Kerzenlicht. Manchmal scharte er uns Kinder abends um sich, zündete eine Kerze an, holte die Balalaika und sang russische Balladen. Er war ein richtiger Romantiker.

Unsere Familie war zwar wohlhabend, trotzdem erfüllte uns mein Vater keineswegs jeden Wunsch. Manche Kinder trugen Pelzmäntel und ich bat ihn, Kazia und mir auch solche Mäntel zu kaufen. Er erwiderte: »Einen Pelzmantel könnt ihr euch anschaffen, wenn ihr mal selbst das Geld dafür verdient.« Ich glaube, er hat irgendwie gespürt, dass schlechte Zeiten kommen würden, und wollte uns darauf vorbereiten.

Wir hatten ein Auto, ein amerikanisches Fabrikat, ich glaube, es war ein Dodge. Dieses Auto hatte mein Papa von meinem Großonkel geschenkt bekommen, der an der Berliner Oper Sänger war und eine reiche Frau geheiratet hatte. Wir machten mit dem Auto schöne Ausflüge in die Weichsel-Ebene, wo Kolkraben, Fischreiher und Kormorane ihre Kreise zogen. Oft aber verlangte mein Vater, wir sollten zu Fuß gehen oder das Fahrrad nehmen. Auch er fuhr oft mit dem Fahrrad zur Bank. Aber auch wenn die Eltern ab und zu Strenge zeigten, muss ich zugeben, dass ich vermutlich ein verwöhntes Kind war.

Was nicht zu leugnen ist: Papa war der Mittelpunkt unserer Familie. Er hatte alle Fäden in der Hand und steuerte unser Familienschiff wie ein guter Kapitän. Papa war sehr ehrgeizig, bildete sich im Bankfach ständig weiter und lernte perfekt Englisch, zumal der Direktor der Bank ein Brite war. Dass Papa es bis zum 1. Prokuristen brachte, hängt aber sicher auch mit seiner Herkunft zusammen. Sein Vater, also mein Großvater Stanislaw, war Schuhmacher, und als Mama und Papa heirateten, war der Sohn ›nur‹ der Schusterjunge. Mama hingegen stammte aus der angesehenen Familie eines Reeders, der die Ehe zu gerne verhindert hätte. Es gab da eine sehr hässliche Szene: Zufällig traf Mamas Vater meine Eltern in der Stadt, als sie sich gerade verlobt hatten. Der herrische Reeder war über den Anblick des Paares so erzürnt, dass er seine Tochter vor allen Leuten ohrfeigte. Dass Mama sich gegen den Willen ihrer Eltern nicht von Papa trennte, sogar mehrmals von zu Hause weglief, zeigt, wie sehr sie ihn geliebt haben muss. Bei diesem Gedanken könnte ich vor Rührung weinen.

Ich glaube, Papa wollte es den Schwiegereltern einfach zeigen. Und mit der Zeit konnten sie ihm ihre Anerkennung nicht versagen. Papas Vater war außerdem kein gewöhnlicher Schuster, sondern hatte sich auf orthopädische Schuhe und auf Maßarbeit spezialisiert. Er kaufte die Berliner Firma ›Müllers Goliath Sohlerei‹ und ließ sich eine ›grüne Sohle‹ patentieren, die besonders dünn und widerstandsfähig war.

Durch die Weltwirtschaftskrise ging die Reederei Pleite, da musste dann mein reicher Opa vom hohen Ross runtersteigen, sodass sich nach und nach das Verhältnis zu meinen Eltern normalisierte.

Mama war Angestellte in einer anderen Bank, als sie Papa kennen lernte. Die Musik brachte beide zueinander. Sie hatte eine sehr schöne Mezzosopran-Stimme, nahm im Konservatorium Gesangsunterricht und übernahm öfter im Chor *Lutnia* Solopartien. Und sie war eine schöne Frau. Mama trug gern Hüte. Manche waren ausladend breit mit wogenden Rändern, andere, die aussahen wie Töpfe, waren mit bunten Federn geschmückt. Dann wieder verbarg sie ihr Gesicht geheimnisvoll hinter einem Schleier. Sie war eine sehr lustige und temperamentvolle Frau. Sie konnte nicht kochen, das hat sie der Haushaltshilfe überlassen. Auch mit der Haushaltskasse hatte Mama Probleme, sie gab nicht selten das Geld schneller aus als geplant. Manchmal gab es deswegen Streit mit Papa, aber die Eltern haben ihre Meinungsverschiedenheiten vor uns Kindern immer verborgen, so gut es ging. Ich erinnere mich trotzdem an eine Szene, da schloss Mama Papa sogar in der Toilette ein. Darüber haben wir hinterher oft gelacht.

Der Bankdirektor pflegte hin und wieder mit seinen Leuten und Geschäftskunden im ›Danziger Hof‹ zu feiern. Einmal kam mein Vater ziemlich spät nach Hause und meine Mutter empfing ihn nicht gerade freundlich. Darauf erwiderte er: »Ach so, meine Prinzessin, da bin ich wohl zu früh gekommen«, drehte sich auf dem Absatz um und ging wieder.

Von solchen Ausnahmen abgesehen, hatten wir Kinder den Eindruck, dass sich unsere Eltern weitgehend einig waren, gerecht urteilten und richtig handelten, das verlieh uns ein Gefühl von Sicherheit und Geborgenheit. Mama liebte das gesellschaftliche Leben, sie und Papa gingen oft zu Bällen und auch sonst war bei uns immer etwas los.

Vor meinem Papa hatte ich großen Respekt. Mama hingegen war für mich wie eine Freundin, wenn sie auch eher sachlich war und nicht zärtlich sein konnte. Papa sahen wir an Wochentagen nur selten, dazu war er viel zu beschäftigt. Aber der Sonntag war unser Familientag. Oft saß dann die ganze Familie beim Lotterie-Spiel, das war unser Lieblings-Kartenspiel. Im Winter liefen wir gemeinsam auf dem Radaune-Kanal oder auf der Mottlau Schlittschuh bis zu einem Bauernhof, wo es rohen Schinken und Bauernbrot gab. Als Kazia und ich etwas älter waren, durften wir sogar am Grog nippen, um uns zu wärmen. Im Sommer machten wir Ausflüge mit dem Fahrrad. Mit seinem Agfa-Fotoapparat hielt Papa alles in Bildern fest, die er selbst entwickelte. Er war sehr penibel, klebte die Fotos säuberlich in Alben und beschriftete sie.

Gemeinsam mit meiner Freundin Marianne kam ich 1929 in eine so genannte Senatsschule, eine Volksschule, die dem Senat der Stadt Danzig unterstand. Die polnische Volksschule in Oliva kam nicht in Frage, weil sie zu weit entfernt lag. Es war beschlossene Sache, dass ich nach vier Jahren auf das Polnische Gymnasium wechseln sollte, auf das der Senat keinen Einfluss ausüben konnte. Marianne und ich hatten die gleichen Schultüten, saßen im Klassenraum nebeneinander und machten nachmittags gemeinsam Schulaufgaben.

Bei uns zu Hause wurde nur Polnisch gesprochen, darauf achtete mein Vater mit Argusaugen. Die deutsche Sprache war geradezu verpönt. Er wollte auch nicht, dass wir in unser Polnisch deutsche Wörter mischten. Da in Danzig nur Deutsch gesprochen wurde, fuhren wir hin und wieder nach Gdynia, der nächstgelegenen polnischen Stadt. Ganz selten sang Mama mit uns im Kinderzimmer ein deutsches Lied, wie ›Guter Mond, du gehst so stille ...‹, aber das durfte Papa auf keinen Fall merken.

Trotzdem lernte ich die deutsche Sprache spielend, im wahrsten Sinne des Wortes, besonders durch Marianne und Horst. Der Unterricht in der Volksschule fand auf Deutsch statt, fast alle Kinder – auch die jüdischen – waren Deutsche, nur wenige waren Polen. Im Grunde verdanke ich der Tatsache, dass ich die deutsche Sprache letztlich in dieser Schule gründlich lernte, mein Leben. Es gab später mehrere Situationen, in denen mich meine deutsche Sprachgewandtheit rettete, sonst hätten mich die Nazis umgebracht.

Im Alter von sechs Jahren hatte ich natürlich keine Ahnung, welcher Wandel sich ab 1930 in Danzig vollzog. Sicher haben meine Eltern darüber oft und intensiv diskutiert. Sie waren bestimmt in großer Sorge, als Hitler in Deutschland immer mehr Einfluss gewann und einen wilden Mann namens Albert Forster als Gauleiter nach Danzig schickte. Forster verbreitete mithilfe der SA-Schlägertrupps Angst und Schrecken, unterdrückte brutal seine Gegner und versuchte mit vielen scheinheiligen Versprechungen eine Diktatur aufzubauen. Allein in den ersten vier Monaten des Jahres 1931 zettelten die Nazis in Danzig achtzig Schlägereien an, zumeist gegen Sozialdemokraten. Mit Massenkundgebungen, Fackelzügen und sportlichen Wettkämpfen warben sie für ihre Ideen. Bei den Wahlen im Jahre 1933 errangen die Gefolgsleute Hitlers in Danzig die Mehrheit. Nun konnten sie die Regierung beeinflussen und ihre Ziele nach und nach verwirklichen.

1933 erreichte ich mein letztes Schuljahr in der Volksschule. Der Schulrektor wurde abgelöst, von einem zum anderen Tag verschwand auch Frau Melzer, meine Klassenlehrerin, die ich sehr mochte; niemand wusste, was mit ihr geschehen war. Jeden Morgen mussten wir jetzt zu Beginn des Unterrichts ›Deutschland, Deutschland über alles, über alles in der Welt ...‹ singen. Ich war neun Jahre alt und verstand noch nicht viel von der Welt, aber Deutschland ging mir wirklich nicht über alles, auch Polen nicht, denn davor kamen erst einmal meine Eltern, meine Geschwister und Marianne. Auch fand ich keine Freude daran, wenn wir im Schulhof im Gleichschritt marschieren sollten.

Zur Feier von Hitlers Geburtstag am 20. April sollte jedes Kind ein Gedicht aufsagen. Marianne hatte Glück, ihr Gedicht handelte von einer Rose und bestand aus nur zwei Zeilen. Dann kam ich dran: »Die Sommersnacht hat mir's angetan ...« Ich überlegte krampfhaft, aber wieder einmal war alles in das schwarze Loch gefallen. Um mir auf die Sprünge zu helfen, ergänzte Herr Berend, mein neuer Klassenlehrer: »Das ist ein schweigsames Reiten ...« Dann blickte er mich auffordernd an, aber keine Macht der Welt war in der Lage, die dritte Verszeile aus dem schwarzen Loch hervorzuholen. In Sekundenschnelle schwirrten tausend Gedanken durch meinen Kopf: Wer war Herr Hitler, dass man so viel Aufhebens von seinem Geburtstag machte? Auf Gedichte hatte ich nie Lust und für diesen Mann schon gar nicht. Außerdem hatten wir noch längst keinen Sommer. Überhaupt, wer reitet schon nachts? Auch noch schweigsam, das wäre mir unheimlich gewesen. Mir dämmerte, dass in der Fortsetzung des Textes Leuchtkäfer schwirrten, dabei herrschte draußen, wenn man aus dem Fenster blickte, typisches Aprilwetter, in den Regen mischten sich sogar hin und wieder Schneeflocken. Bevor sich mein Trotz in Tränen über mein Versagen auflösen konnte, hatte jedoch mein Klassenlehrer das nächste Kind aufgerufen, ohne mit mir zu schimpfen.

Auf dem Heimweg hatte ich erstmals ein Erlebnis, das sich auf ähnliche Weise in den nächsten Jahren öfter wiederholen sollte: Mehrere deutsche Jungen riefen hinter mir her: »Das ist doch die Polaksche!« Eine erste Ahnung davon, was es bedeutete, anders als die Masse zu sein, kam bei mir auf. Am nächsten Tag sprach ein Hitler-Junge vor der Klasse und warb dafür, in das Jungvolk und später in die Hitler-Jugend (HJ) oder den Bund Deutscher Mädel (BDM) einzutreten. Er vergaß nicht zu erwähnen, dass dies für Juden und Polen natürlich nicht in Frage käme. Das hätte er nicht anzumerken brauchen, ich interessierte mich ausschließlich für die polnischen Pfadfinder. Andererseits hatte ich das Gefühl, dass mich Herr Berend gut leiden konnte und bei dem einen oder anderen Deutschfehler ein Auge zudrückte.

Nach dem Unterricht kehrte ich in das sichere Nest meiner Familie zurück. Von der Beleidigung abgesehen, passierte mir nichts, unsere deutschen Nachbarn blieben freundlich wie immer und Marianne hielt zu mir, sodass ich eigentlich nicht beunruhigt war.

Es muss wohl so gewesen sein, dass meine Eltern alles taten, um die Politik von uns Kindern fern zu halten. Noch gelang es ihnen. Auch wenn Papa von Hitler immer abfällig als dem ›Schreihals‹ und von Gauleiter Forster als der ›Marionette‹ sprach, änderte sich in meinem Alltag zunächst nicht viel. Papa bat mich lediglich, in der Schule kein Wort Polnisch zu reden und nichts von zu Hause zu erzählen.

Ein großes Ereignis war der erste Besuch des Zeppelins ›Hindenburg‹ in Danzig. Wir standen auf der Grünen Brücke über der Mottlau, als er direkt über uns hinwegflog. Wir winkten und Papa machte Fotos. Ich beobachtete die ›Mottlauer Spucker‹, halbwüchsige Jungen, die von der Brücke herab um die Wette ins Wasser spuckten. Dann spazierten wir durchs Grüne Tor, am Artushof, dem Neptunbrunnen und am Altstädtischen Rathaus vorbei, bis wir in die Langgasse kamen. Meine Eltern nannten das die ›Flanier-Meile‹.

An der Ecke zur Großen Gerbergasse stand ein kleiner Lastwagen, auf dessen Ladefläche ein Kasperl-Theater aufgebaut war. Zwei sich freundlich gebende Männer in SA-Uniform luden dazu ein, auf den Bänken vor dem Lastwagen Platz zu nehmen. Wir setzten uns kurz zu den anderen Kindern und Erwachsenen, in erster Linie, um uns etwas auszuruhen, denn ein Kasperl-Theater war eigentlich unter meiner Würde, dafür war ich schließlich schon viel zu groß.

Auf der kleinen Bühne ging es hoch her. Der Kasper schlug mit einer Klatsche unentwegt auf den Seppel ein. Alle Zuschauer wussten, dass es sich um den Seppel handelte, nur der Kasper nicht. Denn der Seppel hatte sich eine falsche Nase angeklebt, einen riesigen Zinken.

»He, he«, rief der Kasper, »du mit deiner Judennase!« Klatsch, klatsch, Hiebe sausten auf den Seppel nieder.

Der Seppel hob schützend seine Hände über den Kopf. »Au, das tut weh, hör auf!«

Aber der Kasper dachte gar nicht daran. »Du Hausier-Jude, du Vieh-Jude, du Juden-Arzt – was du auch bist, dir kann man nicht trauen. Du bist wie Gift für unser Volk.«

»Kasper, spinnst du, ich bin doch der ...«

Aber der Kasper hörte nicht hin, schlug weiter und schrie: »Juden betrügen, Juden stehlen ...«

Der Seppel wollte den Kasper umarmen: »Ich bin doch dein Freund, der ...«

Der Kasper wehrte ihn heftig ab: »Komm mir nicht zu nahe, Jud, du hast Läuse, du bist schmutzig.«

Da trat die Gretel auf die Bühne und fiel dem Kasper in den Arm. »Aber Kasper, das ist doch der Seppel, dein Freund.« Sie riss dem Seppel die falsche Nase herunter und nahm dem Kasper die Klatsche ab. »Wir wollten doch Maskieren spielen, hast du das vergessen?«

Nachdem sich der Kasper und der Seppel versöhnt hatten, setzten sie sich gemeinsam mit der Gretel an den vordersten Rand der Bühne, ließen die Beine baumeln und sagten im Chor:

»Aus eines Juden Angesicht
der Teufel zu uns spricht,
der Teufel, der in jedem Land
als üble Plage ist bekannt.
Wenn wir vom Juden frei sein sollen
und wieder glücklich, froh sein wollen,
dann muss die Jugend mit uns ringen,
den Judenteufel zu bezwingen.«

Noch bevor die Leute zu klatschen begannen, zog uns Papa von den Bänken.

»So ein schreckliches Zeug«, schimpfte er, was allerdings im Applaus unterging, sodass der SA-Mann nicht reagierte. »Was für eine Verdummung.«

Auf dem weiteren Weg hielt Papa Kazia und mir einen Vortrag, warum er dieses Kasperlstück für entsetzlich hielt. Ich muss offen zugeben, dass mich das Spiel nicht besonders beeindruckt hatte und mir deshalb nicht so wichtig schien.

»Weil du auf diese primitive Art nicht zu beeinflussen bist«, meinte Papa. »Aber denk mal an deutsche Kinder, denen ständig solche Lügen über angeblich minderwertige Juden eingeimpft werden.«

Meine beiden Großmütter waren sehr gläubig und hatten großen Einfluss auf mich. Die eine war eine vornehme Dame in einem großzügigen Haus in Oliva, die andere eine herzensgute Geschäftsfrau in der Altstadt nahe der Nicolai-Kirche. So fuhr ich sehr gerne mit der Straßenbahnlinie 6 oder 12 zur Oma nach Oliva, in deren Haus der Priester Jerzy Mikos verkehrte, den ich außergewöhnlich interessant fand und verehrte. Sehr gerne ging ich mit der Oma in die Kathedrale von Oliva, wo Pater Mikos predigte und die Beichte in polnischer Sprache abnahm. Ich las religiöse Geschichten, befasste mich mit dem Katechismus und den Heiligen. Ich ging in den katholischen Verein für Jugendliche und oft zur Kommunion. Es gab also viele katholische Einflüsse und ich bin oft und gern in die Kirche gegangen. Mich zog diese Atmosphäre an, die feierliche Stimmung, der Geruch von Weihrauch, die beiden schlanken Türme, das schmale hohe Kirchenschiff mit der kunstvollen Deckenwölbung und der Respekt vor dem unsichtbaren Gott. Schließlich war ich fest entschlossen, später einmal ins Kloster zu gehen. Meine Oma war hoch erfreut, dass ihre elfjährige Nichte eine Nonne werden wollte. Ich war ja ein sensibles Mädchen und hatte die Vorstellung, dass die Verstorbenen, mit deren Seelen wir immer verbunden sind, alles sehen können. So hatte man es uns Kindern erzählt und deshalb richtete ich bei jeder kleinen Sünde mit schlechtem Gewissen den Blick zum Himmel. Ich machte mir Vorwürfe und sprach mit den Ahnen: »Hört mal, was habe ich da getan? Ihr seht das alles und wisst, wie ich wirklich bin.«

Das war manchmal ziemlich anstrengend. Ich nahm meine Verfehlungen nicht auf die leichte Schulter und litt unter Gewissensbissen. Ich wollte alles besser machen und ein guter Mensch sein. Ich stellte mir vor, dass ich als Nonne nicht mehr so oft in Versuchung käme, kleine Streiche zu verüben, Unsinn auszuhecken oder eine Notlüge zu gebrauchen. Als Nonne wäre ich sozusagen aus dem Schneider gewesen.

Trotz dieser verlockenden Aussicht und meiner religiösen Überzeugungen habe ich schließlich meine Pläne wieder fallen lassen. Meine Mutter hat mir die Idee, Nonne zu werden, ausgeredet.

Innerlichen Abstand von der Kirche gewann ich erst, als ich anfing, mich für das andere Geschlecht zu interessieren. Von meinem Kinderzimmer aus konnte ich auf das Fenster des Zimmers blicken, in dem Mariannes Bruder Horst schlief. Ich beobachtete ihn, auch wenn ich ihn gar nicht sehen konnte, zog meine Rückschlüsse, ob die Vorhänge noch zugezogen waren oder wann abends das Licht verlösche.

Horst war nicht besonders musikalisch, doch spielte er Blockflöte. Manchmal machten wir uns einen Spaß, indem wir uns von Fenster zu Fenster quer durch die beiden Gärten, durch Büsche und Bäume hindurch, ›per Blockflöte‹ unterhielten. Er schickte mir eine bestimmte Tonfolge und ich antwortete mit einem Echo dieser Töne oder mit einer neuen Tonkombination. Das war mehr laut als schön, aber ich war glücklich. Wenn ich zu Marianne ging, suchte ich immer seine Nähe und war nicht selten enttäuscht, wenn ich ›nur‹ Marianne antraf, weil Horst mit dem Fahrrad weggefahren war. Es gab kleine Anzeichen, dass er mich ebenfalls anziehend fand, manchmal nur ein Blick oder eine nicht zufällige Berührung.

Ganz selig war ich, wenn uns, zum Beispiel an einem Regentag, Frau Kowalski vorlas. Marianne, Horst und ich saßen auf dem Sofa und an irgendeiner Stelle berührten sich unsere Körper. Wie von einem Magneten gesteuert, näherten wir uns, ganz langsam, in Bruchteilen von Millimetern, und ohne dass ich wirklich dazu beigetragen hätte. Ich tat so, als ob ich der Geschichte von Nils Holgersson zuhörte, der auf dem Rücken der Graugänse über Schweden flog, aber in Wirklichkeit bekam ich kaum ein Wort davon mit, alle meine Sinne waren auf das Knie oder den Oberarm gerichtet, wo es unter der Haut wie Feuer brannte.

Außerdem hatte mich auch der Sport von der Kirche entfernt. Ich wurde Mitglied im ›Club Gedania‹, einem Ruderverein, der auf der Mottlau trainierte. Papa war im Vorstand des Vereins und für die Buchführung zuständig. Oft hatte ich seinerzeit, von Süßigkeiten abgesehen, auf nichts Appetit, sodass meine Eltern meinten, Sport sei das Richtige für mich.

Am Anfang lernten wir in Holzbottichen, im Wasser das Gleichgewicht zu halten und die Ruder zu gebrauchen. Als Fortgeschrittene glitt ich dann im weißen Sportlerdress im schlanken Kanu durch das Wasser, im Augenwinkel immer die Zuschauer am Ufer der Mottlau, die mich bewundern sollten. Außerdem war ich eine recht gute Sprinterin, denn ich war groß und hatte lange Beine. In der Schule spielte ich in der Volleyball-Mannschaft.

Besonders gern ging ich mit Mama zum Fischmarkt auf der Langen Brücke, wo man für wenige Gulden direkt vom Fischerboot Flundern kaufte. Die Lange Brücke war gar keine Brücke, sondern so hieß der Mottlaukai in Höhe des Krantores.

Obst, Gemüse, Fleisch, Holz und Kohle gab es an verschiedenen Marktstandorten. Die Danziger Marktfrauen waren stolz und selbstbewusst und überwiegend deutscher Abstammung. Danzigs Deutsche wollten in der Regel noch perfekter als die Reichsdeutschen sein. Sie ließen nichts auf Danzig kommen, doch alle befürworteten die Wiedervereinigung mit dem Deutschen Reich, auch wenn sie keine Nationalsozialisten waren. ›Heim ins Reich‹, lautete ihr Motto. Manche wandelten den Spruch ab und sagten: ›Wir wollen heim, uns reicht's.‹ Zur Überwindung der hohen Arbeitslosigkeit ließ Gauleiter Forster Straßen bauen und ein neues Stadion und das Theater modernisieren. Das brachte ihm viele Anhänger ein.

Deutsche Geschäftsleute waren immer korrekt, aber nicht so freundlich wie jüdische, mit denen man handeln konnte. Deshalb kaufte Mama gern in jüdischen Geschäften, besonders als SA und Hitler-Jugend auf die Schaufensterscheiben ›Kauft nicht bei Juden!‹ schmierten. Denn die Judenhetze nahm bereits ihren Anfang. Die Juden wurden aus öffentlichen Ämtern entlassen und deutsche Beamte wurden angewiesen, jüdische Kaufleute und Handwerker zu meiden.

Politik interessierte mich damals nur am Rande. Auch meine Eltern waren nicht beunruhigt. Hatten nicht gerade Deutschland und Polen ein Freundschaftsabkommen geschlossen? Gewiss, die Nazis waren sehr unangenehm, aber an eine Gefahr für uns dachten wir keine Sekunde.

Ab 1934 trennten sich leider unsere Schulwege: Marianne ging auf die Marien-Schule, eine deutsche Mädchen-Oberschule am Vorstädtischen Graben, und ich auf das Polnische Gymnasium Am weißen Turm. Trotzdem sahen wir uns täglich und blieben Freundinnen. Bald beklagte sich Marianne über ihre neue Schule, wo der Schultag mit dem ›deutschen Gruß‹ begann und der Religionsunterricht mit einem ›Gebet für das Wohlergehen des Führers‹ aufhörte.

Bei uns am Polnischen Gymnasium war davon nichts zu spüren. Hier hatte das Gau-Kulturamt keinerlei Einfluss, konnte auch keine neuen Schulbücher einführen oder gar Lehrer in ›Schutzhaft‹ nehmen. Dass unsere Schule ganz und gar unter polnischer Verwaltung stand, war den Nazis zwar ein Dorn im Auge, sie konnten es aber nicht ändern. Vorläufig nicht.

Die Lehrer wurden aus ganz Polen geholt, nur die besten hatten eine Chance, angestellt zu werden. Dadurch hatte das Gymnasium ein hohes Niveau und einen guten Ruf. So kamen die Schülerinnen und Schüler nicht nur aus Danzig zu uns, sondern auch aus Gdynia und Zoppot. Meine Eltern mussten Schulgeld bezahlen, was sich nicht alle Familien leisten konnten. Wir Schüler mussten uns anstrengen, denn die Ansprüche waren hoch.

Eigentlich hatten wir zu allen Lehrern ein gutes Verhältnis, nur der Lateinlehrer fiel aus der Rolle. Er zog besonders die Jungen an den Ohren oder kniff ihnen zur Strafe in die Wangen.

Die Schule galt als beispielhaft modern, sie verfügte über eine Bibliothek, einen Zeichensaal, Physik- und Chemieräume und eine Turnhalle. Es gab sogar eine eigene Schulärztin und einen Schulzahnarzt. Der Zahnarzt behandelte unsere ganze Familie, er war ein Freund meines Vaters, bis sie beide zusammen von den Nazis erschossen wurden. Als man 1946 das Massengrab fand und die Leichen exhumierte, lagen Papa und der Zahnarzt nebeneinander. Auch der Rektor und die meisten Lehrer des Gymnasiums wurden später ermordet. Ich weiß, wie schrecklich das klingt, wenn ich das so fast nebenbei erwähne. Aber fast jede polnische Familie war von den Nazi-Verbrechen betroffen und könnte Ähnliches berichten.

Das Gymnasium war für mich wie eine Oase, ich fühlte mich dort als freier Mensch. Damals war mir das gar nicht so bewusst, erst hinterher lernte ich diese Freiheit zu schätzen, als die Nazis uns immer mehr einschränkten.

Täglich verkehrte ein Schülerzug, der an der Grenze zwischen Gdynia und Zoppot nicht kontrolliert wurde. Die Haltestation war Petershagen, direkt neben dem Gymnasium.

Besonders stolz waren wir auf unsere Schulmützen. An ihnen erkannte man in der Stadt, dass wir Polen waren und auf das Polnische Gymnasium gingen. Viele Deutsche haben das als Provokation empfunden.

Wir Mädchen trugen in der Schule einheitliche Schürzen. Heute klingt das komisch und altmodisch, aber damals dachten wir uns nichts dabei, schließlich trugen auch unsere Mütter Schürzen bei der Arbeit im Haushalt.

Ich bin zwar nie sitzen geblieben, aber ich war auch keine gute Schülerin, manchmal sogar ziemlich faul. Mathematik war mein Horrorfach. Einmal hatte ich Angst vor einem Matheproblem, das wir gerade im Unterricht behandelten, sodass ich zu Mama sagte: »Ich kann nicht in die Schule gehen, ich bin krank.« Tatsächlich bekam ich rote Wangen und Fieber, so hatte ich mich aufgeregt. Papa schimpfte: »Mit dir gibt's nichts als Schwierigkeiten!«

Kazia hingegen war sehr gut in der Schule und auch Elzbieta zeigte mittlerweile Spitzenleistungen in der Volksschule. So musste ich Nachhilfeunterricht in Mathematik nehmen, zeitweise auch in Geschichte. Papa kontrollierte alles streng, zumal er dem Schulkomitee angehörte und für die Finanzen im Polnischen Gymnasium zuständig war. Zwangsläufig kannte er dadurch alle Lehrer, was für mich ziemlich unangenehm war. Als er einmal sagte: »Ich muss mich vor dem Direktor für dich schämen«, fühlte ich mich gehörig unter Druck gesetzt. Vor jeder Sitzung des Schulkomitees, zu der mein Vater ging, hatte ich Angst. Ich war zwar guten Willens, meine Leistungen zu verbessern, aber irgendetwas war mit meinem Gedächtnis nicht in Ordnung, jedenfalls dann, wenn mich ein Fach nicht interessierte. Auch Physik und Geographie waren solche Problemfächer. Zu meinem Vater sagte ich immer wieder: »Papa, ich mache Abitur, du wirst es erleben, ich mache das Abitur!« Leider konnte mein Vater nicht mehr erleben, dass ich dieses Versprechen tatsächlich einlöste, denn die Nazis ermordeten ihn und schlossen das Polnische Gymnasium.

Nach dem Krieg, 1946, lernte ich wie eine Verrückte. Ich sagte: »Papa, du wirst da oben sehen, wie ich Abitur mache!«

Papa war ein begeisterter Angler. In der Umgebung Danzigs besaß er an einem See ein Boot und eine kleine Holzhütte. Beim Bürgermeister des Dorfes mietete er zwei Zimmer, sodass die Familie die Wochenenden häufig dort verlebte. Wir wurden in der kaschubischen Familie wie die eigenen Kinder behandelt, gingen mit unseren Wirtsleuten aufs Feld oder hüteten Kühe. Ein besonderer Höhepunkt waren die Ausflüge in der Pferdekutsche. Auf den Dächern nisteten Störche, die Wiesen blühten in allen Farben und abends im Bett rochen wir nach Heu.

Die Jungen des Dorfes umschwärmten Kazia und mich, aber für mich gab es nur Horst. Einmal lauerten uns mehrere Kerle nach Einbruch der Dunkelheit hinter einer Hecke auf. Sie hatten sich in weiße Betttücher gehüllt und erschreckten uns als ›Gespenster‹. Manchmal strichen sie auch abends ums Haus und klopften an die Fenster. Auf Anordnung der Gauleitung musste damals schon jeder Haushalt über eine Ausrüstung für Luftschutzübungen verfügen. Dazu gehörten ein Eimer, Sand, eine Feuerpatsche und eine Wasserspritze. Diese Spritze kam uns jetzt sehr gelegen. Wir brachten sie hinter dem Fenster in Stellung und bereiteten den Jungen, wenn sie uns in der Dunkelheit einen Besuch abstatten wollten, einen nassen Empfang. Ich hielt die Spritze durch einen Spalt des Fensters und zielte, während Kazia auf mein Kommando kräftig zu pumpen anfing. Wir quietschten vor Vergnügen, während die Bauernjungen auf uns ›Stadtweiber‹ fluchten.

Morgens stand ich schon um fünf Uhr mit meinem Papa auf, um mit ihm zum Angeln zu gehen, denn ich übernahm das Rudern. Über dem See lag ein Dunstschleier, ein Fischadler strich durch die Morgendämmerung und ab und zu begrüßte ein Fisch mit einem kühnen Sprung über die Wasseroberfläche den neuen Tag oder ein morgenmuffeliger Frosch tauchte in die Tiefe ab. Ich genoss die Stille und Einsamkeit und dass ich meinen Papa ganz für mich alleine hatte. Wir redeten nicht viel, während er mit der Angelrute ausholte und im weiten Bogen mit einem zischenden Geräusch den Köderfisch in das Wasser warf. Mit einem großen Hecht, den er gefangen hatte, wurde er einmal in einer Angler-Zeitung abgebildet.

Die Nazis waren noch nicht lange an der Macht, als sie anfingen, in Danzig wegen irgendeines angeblichen Hetzartikels polnische Zeitungen zu beschlagnahmen und dann wochenlang zu verbieten, obwohl sie selbst ihre Propaganda gegen andere Parteien, gegen Juden und Polen von Tag zu Tag steigerten. Wieder einmal war die Zeitung *Kurjer Baltycki*, die Vater oft las, nicht zu bekommen. Das war für uns ein Anlass, noch öfter nach Gdynia zu fahren, um dort polnische Zeitungen zu kaufen. Ich erinnere mich, dass Papa voller Sorge aus einer Warschauer Zeitung vorlas, dass sich in Danzig mehr und mehr Leute in die Mitgliederlisten der Nazi-Partei NSDAP eintrugen.

Zwischen Zoppot und Gdynia verlief die polnische Staatsgrenze. Der Grenzübertritt war für mich immer etwas Besonderes, so als ob auf der anderen Seite die Luft anders roch und schmeckte. Gdynia war nicht so reich wie die alte Hansestadt Danzig und nicht so mondän wie das Ostseebad Zoppot, dafür aber waren die Menschen unsere Landsleute, sie standen mir nahe und waren mir vertraut. Die Danziger wollten immer besonders gute Deutsche sein, hier dagegen fehlte es an deutscher Ordnung und deutscher Pünktlichkeit und es war nicht alles so perfekt. Die Deutschen bezeichneten es verächtlich als ›polnische Wirtschaft‹. Dafür gingen die meisten Menschen freundlicher miteinander um, nahmen sich mehr Zeit füreinander, lachten und scherzten viel.

Außerdem konnten wir in Gdynia gut einkaufen, denn hier waren Lebensmittel und Kleidung billiger als in Danzig. Fast nie versäumten wir es, den Hafen zu besuchen, der immer größer ausgebaut wurde. Die Deutschen waren auf den Danziger Hafen mächtig stolz, nun begannen wir in Gdynia, ihnen den Rang abzulaufen.

Ich jedenfalls hatte den Vorteil, als Polin zwei Städte zu lieben: Gdynia war meine Heimatstadt und Danzig meine Vaterstadt. So machte es mir gar nichts aus, dass wir die Danziger Staatsbürgerschaft besaßen.

Mariannes Vater arbeitete in Danzig auf dem Einwohnermeldeamt. Ich staunte nicht schlecht, als ich ihn das erste Mal in brauner Uniform sah. Er stand im Flur, drehte und wendete sich vor dem Spiegel und fand für sein neues Aussehen den Beifall besonders von Horst. Marianne reagierte gleichgültig und erwähnte beiläufig, ihr Papa sei nun auch in der Partei. Überhaupt sah man in Danzig jetzt viele Männer in Uniform und überall hingen Fahnen mit dem Hakenkreuz. In der Straßenbahn hörte ich zu, wie sich zwei jüngere Frauen für die neuen schwarzen SS-Uniformen begeisterten, und auch Walter

Kowalski sprach von der ›wunderbaren neuen Ordnung‹. Ich konnte mir nichts darunter vorstellen. Für mich war wichtig, dass Mariannes Vater mich weiterhin gut leiden konnte. Er war ein etwas schwerfälliger und wortkarger Mann, aber meistens freundlich zu mir. Unter der Nase trug er einen buschigen Schnauzbart, was ihm die Ausstrahlung eines bayrischen Alpbauern verlieh. Er nannte mich immer ›Blondi‹ und sagte oft im gleichen Atemzug, Marianne sei ›schwarzbraun wie die Haselnuss‹.

Anna Kowalski, Mariannes Mutter, wirkte mit ihrem gutmütigen Gesichtsausdruck und ihrer üppigen Figur sehr mütterlich. Sie hatte mich, wenn sie mich an ihren großen Busen drückte, kaum weniger lieb als ihre eigene Tochter. Ich habe in Erinnerung, dass sie immer ein Kopftuch trug. Ich mochte die herzensgute Frau sehr.

Obwohl es immer leichten Protest der Eltern hervorrief, konnten wir es noch wie früher durchsetzen, dass Marianne manchmal bei mir oder ich bei Marianne schlief. Ich fühlte mich bei Kowalskis wohl und außerdem war es aufregend, Horst nahe zu sein. Im Grunde war mein Papa über meine Beziehung zu Kowalskis nicht so glücklich. Er übersah aber nicht, dass ihn Herr Kowalski – wohl aus Respekt vor dem Bankier – weiterhin mit Hochachtung behandelte. Papa blieb freundlich, wenn auch mit einer gewissen Distanz. Hatte Walter Kowalski seine Parteiuniform an, ging er ihm aus dem Weg.

Ich kannte alle deutschen Kinder in der Nachbarschaft, einige waren in meinem Alter. Mit manchen hatte ich keinen Kontakt, mit anderen spielte ich, wir fuhren zusammen Rad oder trafen uns zufällig in der Straßenbahn, der ›Elektrischen‹, wie man sie damals nannte, oder beim Bäcker. Nach und nach änderte sich das Verhältnis entscheidend. Ich spürte die Ablehnung. Mein Gruß wurde nicht mehr erwidert, die Blicke schienen mir finster oder ich wurde wie Luft behandelt. An den Häusern solcher Familien wehte bei jeder passenden Gelegenheit die Hakenkreuzfahne, da wusste ich dann Bescheid. Die Aggression, mit der manche Leute mir begegneten, machte auch mich aggressiv. Ich war zornig und dachte: Was bilden die sich eigentlich ein? Worauf können die denn besonders stolz sein, etwa auf ihre primitiven Schlägertrupps? Auf die Schreihälse? Auf das Strammstehen? Auf ihr unnatürliches Benehmen, sobald sie eine Uniform anzogen? Ich konnte mir die Wandlung nicht erklären, plötzlich behandelten mich meine ehemaligen Spielkameraden wie eine Fremde. Sie haben uns sogar attackiert, zuerst mit Worten, später mit Fäusten. Ich wollte mir das nicht gefallen lassen. Und wenn dieser Hitler, der Oberschreihals, das richtig und gut fand, dann musste ich mich gegen ihn und seine Anhänger zur Wehr setzen. Dann waren das ab sofort meine Gegner. Ich sagte zu mir selbst: Du bist eine Polin, du kannst stolz auf Polen sein und lässt dir nichts gefallen. Na ja, so haben die anderen wahrscheinlich über Deutschland gedacht. Der Unterschied bestand allerdings darin, dass wir nicht gewalttätig wurden. Da sie in Danzig in der Übermacht waren und wir nur ganz wenige, mussten wir klug und vorsichtig vorgehen.

Ursprünglich war ich zu den polnischen Pfadfindern gegangen, weil es mir Spaß machte, mich regelmäßig mit anderen polnischen Kindern zu treffen, zu wandern, zu singen, am Lagerfeuer zu sitzen oder im Wald zu spielen. Darüber hinaus sollten wir jeden Tag eine gute Tat vollbringen, zum Beispiel für ältere oder behinderte Menschen einkaufen gehen.

Auch die Pfadfinderuniform gefiel mir. Als die Nazis mit ihrem Uniform-Kult anfingen, wirkte das ansteckend auf uns – die mit ihrer HJ- oder BDM-Uniform, das konnten wir schon lange! Wir haben bewusst provoziert und sind, polnische Lieder singend, stolz durch die Innenstadt gezogen, wir wollten unser Polentum hervorkehren. Anfangs staunten viele Deutsche darüber, dann erlebten wir, dass sie hinter uns herriefen: »Polnische Schweine!« Aber bis etwa 1936 wurden wir nicht tätlich angegriffen. Begegneten uns Hitler-Jungen, spuckten sie nach uns und brüllten: »Saupolacken!«, oder: »Raus aus Danzig!«

Wir kannten einige von ihnen. Wenn wir so einen alleine erwischten, kreisten wir ihn ein. Bekam er es dann mit der Angst zu tun und wollte abhauen, öffneten wir eine Gasse und ließen ihn abziehen. Den BDM-Mädchen überreichten wir immer eins von unseren Halstüchern. Manche waren davon so verblüfft, dass sie das Geschenk annahmen und sich sogar bedankten. Nur wenige reagierten frech.

Oder wir warfen bei HJ- und BDM-Angehörigen heimlich Zettel in die Briefkästen mit Aufrufen wie: »Beteiligt euch an den Aktionen der Polnischen Pfadfinder! Helft uns, für Rentner Lebensmittel einzukaufen. Und denkt daran: Polen kaufen nur bei Polen!« Oder: »Mach mit! Alte Menschen sollen nicht frieren! Wir holen die Kohlen aus dem Keller! Unterstützt die Polnischen Pfadfinder!« In unserer Phantasie malten wir uns aus, wie sich die Empfänger unserer Botschaften ärgerten. Aber es galt immer die Devise, dass alle unsere Aktionen gewaltfrei sein mussten.

Ich muss zugeben, dass wir unsere Gegner allesamt für roh und dumm hielten. Das war sicher überheblich. Außerdem dachte ich oft an Horst Kowalski und dann war mir nicht ganz wohl dabei, denn er war für mich ein ›guter‹ Deutscher. Dann, eines Tages, als ich Marianne besuchte, stand er mir gegenüber – in HJ-Uniform. Ich war wie vom Donner gerührt, drehte ihm den Rücken zu und setzte stotternd meine Unterhaltung mit Marianne fort. Es passte nicht in mein Bild, dass auch Horst – *mein Horst!* – ein Hitler-Junge war. Ich fragte Marianne, was sie davon hielt, doch sie zuckte nur die Schultern. Horst hingegen war mir gegenüber ganz unbefangen, er kam nicht einmal auf die Idee, dass ich damit ein Problem haben könnte. Vielmehr schwärmte er davon, dass er zur Flieger-HJ komme. Beim nächsten Zusammentreffen erzählte er enttäuscht, dass er nur Flugzeugmodelle basteln durfte oder in der Werkstatt arbeiten musste und den Leim nicht mehr riechen konnte. Später war er dann ganz selig, denn es stand seine Ausbildung als Segelflieger bevor. Wie stolz war er schließlich, als er den ersten Gleitflug, einen Hopser von dreißig Metern, allein machen durfte. In den Osterferien war er in irgendeinem HJ-Fliegerlager verschwunden. Ich hatte oft das Bedürfnis, mit ihm intensiver zu reden, ihm meine Sorgen und Erlebnisse zu erzählen. Aber ernste Gespräche fanden zwischen uns eigentlich nie statt. Und jetzt war er so verrückt auf die Fliegerei, dass er für mich gar nicht mehr erreichbar schien. Dabei war er immer noch nett und freundlich zu mir. Nur wenn ihn andere Hitler-Jungen besuchten, die auch das Fliegerabzeichen am Hemd trugen, dann übersah er mich einfach und verzog sich mit ihnen in sein Zimmer. War es ihm peinlich, dass eine Polin in der Küche seiner Familie saß? Mochte er mich überhaupt noch? Warum redeten wir nie über unsere Gefühle? Traurig zog ich mich durch das Loch in der Hecke zurück und verkroch mich in unserem Haus.

Niemand konnte sich einen Reim darauf machen, als an einem lauen Mai-Abend kurz vor Einbruch der Dunkelheit plötzlich unser Wohnviertel abgesperrt wurde. Es wimmelte von SS-Leuten, die aus Fahrzeugen sprangen und vor den Häusern Posten bezogen. Meine Mama, die auf die Straße gehen wollte, wurde in barschem Ton ins Haus zurückgeschickt. Durch einen Blick die Straße hinunter stellte sie fest, dass die SS auch vor deutschen Häusern stand. Eine Stunde nach Einbruch der Dunkelheit erschreckten uns Donnerschläge. Ein Gewitter? Oder wurde geschossen? Ich rannte in den Garten, ein Licht zuckte zwischen den Ästen des Baumes am Himmel, begleitet von einem Zischen. Dann öffnete sich der Lichtstreifen zu einem Strauß bunter Kugeln, die prasselnd zu Boden rieselten. Ein Feuerwerk! Zwei Stunden später die Kommandos der Uniformierten: »Sammeln! Aufsitzen! Abfahrt!« Dann kehrte wieder Ruhe ein.

Aus dem ›Danziger Vorposten‹ erfuhr ich am nächsten Tag, dass Gauleiter Forster seine Hochzeit mit Gertrud Deetz gefeiert hatte. Zunächst in der Reichskanzlei in Berlin, wo sogar Hitler und sein Stellvertreter, Rudolf Heß, die Trauzeugen spielten. Dann die Fortsetzung in Danzig, wo angeblich die Bevölkerung die Straßen geschmückt und Flaggen gehisst hatte. Es hieß, tausende hätten gejubelt und einen Fackelzug veranstaltet. Davon hatte ich jedenfalls nichts bemerkt, aber das Feuerwerk war Realität. Nun erklärte sich auch die Absperrung unseres Viertels, denn die Villa des Gauleiters lag nur zwei Straßen weiter. Er gab, wie ich las, einen Empfang, an dem Rudolf Heß, Reichsminister Rust und der Judenhasser Streicher teilnahmen.

»Die müssen ja in großer Angst leben, wenn sie immer alles abriegeln, wo sie sich gerade aufhalten«, sagte ich zu Marianne.

Sie überlegte. »Auf welcher Seite ist man denn dann wirklich eingesperrt?«

Ein paar Tage später erzählte Marianne, dass Frau Forster überraschend in ihre Klasse gekommen war, weil sie früher eine Schülerin der Marien-Schule gewesen sei. Sie habe von ihrer Abiturfeier erzählt, eigentlich sei die ›Frau Gauleiter‹ ganz nett.

Marianne hatte noch irgendetwas auf dem Herzen, sie schlich um mich herum wie die Katze um den heißen Brei.

»Was ist los?«, fragte ich sie geradeheraus.

»Weißt du, Ewa, wir heißen jetzt nicht mehr Kowalski, sondern Kolter.«

»Wie bitte?«

»Mein Papa hat das so gewollt. Oder besser gesagt, sein Chef. Aber Kolter finde ich gar nicht so schlecht.«

Ich war verblüfft. »Aber wieso denn?«

Marianne kam etwas ins Stottern: »Weil ..., also, das ist ..., sie nennen es Eindeutschen. Polnisch klingende Namen sollen eingedeutscht werden.«

Ich war kurz davor zu explodieren: »Wir Polen sind dir nicht mehr gut genug, wie?«

»Ich kann überhaupt nichts dafür«, schrie Marianne zurück, »frag doch die Gauleitung!«

Das stimmte, sie hatte wirklich keine Schuld. Ich versuchte mich zu beruhigen. »Schon gut, du kannst nichts dafür, warum sollte ich dir böse sein.«

Ich war trotzdem traurig, ein Gespräch wollte nicht mehr in Gang kommen. Deswegen schlüpfte ich durch die Hecke und mied unsere Nachbarn ein paar Tage lang. Kowalski. Kolter. Wohin sollte das alles noch führen?

Nie und nimmer hätte ich mir vorstellen können, dem Gauleiter die Hand zu geben. Ausgerechnet dem. Aber als es klingelte und ich die Tür aufmachte, stand er plötzlich vor mir. Mir rutschte das Herz in die Hose. Mehrere Gedanken schossen mir gleichzeitig durch den Kopf und ich überlegte fieberhaft, wer von uns etwas angestellt haben könnte, dass uns der Gauleiter persönlich abholte. Es musste schon etwas ganz Schlimmes sein. Warum schickte er nicht seine Leute? Was wollte er wirklich?

»Guten Tag, ich bin Albert Forster.« Er streckte mir seine Hand entgegen.

Dem sollte ich die Hand geben? Aber da lag meine Hand schon in seiner. Bin ich verrückt?, dachte ich, während er die Hand fest drückte. Schnell entzog ich sie ihm wieder. Das war doch der *Hitlerowiec*, der Leibhaftige, die Marionette, der Schreihals – jetzt stand er vor mir und lächelte auch noch. Er hielt seine Mütze in der linken Hand, ich sah seinen kurzen Haarschnitt und links einen Scheitel. Er trug eine Uniform mit Stiefeln, Koppel über der Uniformjacke, weißes Hemd, braune Krawatte, am linken Oberarm eine Binde mit dem Hakenkreuz. Oweia, und das an unserer Haustür.

Kann ich deinen Vater oder deine Mutter sprechen?«

»Papa ist nicht zu Hause.«

Da eilte auch schon Mama herbei, sie hatte sich gut in der Gewalt. »Ja, bitte?«

Forster stellte sich erneut vor, ersparte ihr aber den Händedruck. »Ich komme gerade aus der Albert-Forster-Siedlung und dachte auf dem Weg nach Hause, ich besuche auch die Volksgenossen dieser Straße. Am nächsten Wochenende sind Wahlen und die überzeugenden Leistungen der Nationalsozialisten werden sicher auch Ihnen nicht verborgen geblieben sein.«

Ich hatte Angst, Mama würde jetzt etwas Falsches sagen, aber sie war ganz souverän. »Wir sind Polen, Herr Gauleiter.«

»Aber Sie sind Danziger?«

»Ja, aber wir wählen nicht die NSDAP.«

Er lachte verbindlich. »Was nicht ist, kann ja noch werden.«

»Das glaube ich nicht, Herr Gauleiter.«

Dass sie ihn mit ›Herr Gauleiter‹ ansprach, gefiel mir nicht besonders, aber sonst fand ich sie prima.

Forster blieb gelassen und fing an, die Vorzüge der Nazis aufzuzählen, an erster Stelle, dass die Straßen wieder sicher geworden seien, die Kriminalität hätten sie eliminiert, genauso wie die Arbeitslosigkeit.

»Wir haben Ruhe und Ordnung wiederhergestellt.«

Erst jetzt fiel mir auf, dass hinter Forster noch zwei Uniformierte standen. Sie hatten den Totenkopf an der Mütze, also waren sie von der SS. Diesen Totenkopf fand ich schon damals pervers. Sie trugen ein Hemd, nicht wie Forster den Uniformrock. Ein Lederriemen führte von der Schulter quer über die Brust zum Koppel. Der eine hatte eine Brille auf und wirkte mit seinem leichten Silberblick ganz niedlich auf mich. Ich war irritiert.

Forster beendete seinen Lobgesang auf die Partei. »Sie haben ja ohnehin zwei polnische Vertreter im Volkstag, dabei wird es wohl bleiben. Also, überlegen Sie es sich noch einmal.« Er machte kehrt, ging durch den Vorgarten und dann rüber zu Kolters Haus.

Als er fast noch in Hörweite war, entfuhr es mir: »Mama, der hat ja gar nicht mit ›Heil Hitler‹ gegrüßt.«

Kolters waren nicht zu Hause, als der Gauleiter bei ihnen schellte. Vermutlich hat sich Walter Kolter darüber geärgert, aber eigentlich plagten ihn andere Sorgen: Er suchte seine arischen Vorfahren. Forster hatte in seiner Gaugeschäftsstelle ein ›Ahnenamt‹ eingerichtet und einen ›Sippenforscher‹ eingestellt. Nun waren alle Beamten angewiesen, den Nachweis ihrer arischen Abstammung zu erbringen. Bis 1832 war alles klar. Großvater und Urgroßvater hatten Berufe, die jedenfalls nicht von Juden ausgeübt wurden. Aber dann gähnte auf dem Formular ein weißer Fleck, Kolter war ganz verzweifelt und hatte schlechte Laune.

»Wenn das nicht alles bis 1800 astrein ausgefüllt wird, kann ich meinen Beamtenstatus verlieren. Schließlich geht es auch darum, die eigenen erbgesundheitlichen Lebensgesetze zu erschließen.« Auf der Suche nach seinen Ur-Ur-Vorfahren machte er die ganze Familie verrückt. Als Marianne patzig sagte: »Du mit deinen Scheiß-Ahnen ...«, gab er ihr eine Ohrfeige.

Die Wahlen hatten für die NSDAP nicht die erhoffte Zweidrittelmehrheit gebracht, Forster und seine Leute wurden nervös und steigerten den Terror. Eine SA-Formation marschierte am Neugarter Tor vorbei und sang: »Wenn's Judenblut vom Messer spritzt, dann geht's noch mal so gut ...«

Tage später wollte ich Marianne besuchen, traf aber zufällig auch Horst an. Die Uniformmützen und -jacken an der Flurgarderobe wirkten wie immer sehr fremd auf mich. Wenigstens brachte Horst ausnahmsweise mal die Zeit auf, sich mit uns an den Tisch in der Küche zu setzen.

»Als Scharführer habe ich direkt neben dem Reichsführer SS gestanden!«, rief er enthusiastisch.

Meine Begeisterung hielt sich in Grenzen. »Na und?«

»Wann siehst du Heinrich Himmel so nah, den kennt man doch nur aus der Zeitung.«

»Auf dem Friedhof«, sagte ich trocken.

»Das ist doch egal, auch wenn es eine Beerdigung war. Unser Unterbann hat einen guten Eindruck gemacht.«

Jetzt mischte sich Marianne ein. »Also Flaggen auf Halbmast, Gedenkfeier in allen Schulen wegen dieses ›Opfertoten‹ ...«

»Deskowski«, ergänzte Horst.

»... halte ich für übertrieben«, maulte Marianne, »auch wenn dieser SA-Mann zu Tode kam.«

Ich konnte es mir nicht verkneifen: »Der Name klingt für einen SA-Mann ganz schön polnisch.«

Horst und Marianne überhörten das geflissentlich. Stattdessen rief Horst aufgebracht: »Meuchelmord! Es war Meuchelmord!«

Ich kannte zwei Versionen der Geschichte. Die eine aus dem ›Danziger Vorposten‹: Danach seien SA-Leute bei einem Tumult im ›Josephshaus‹ in der Töpfergasse krankenhausreif geschlagen worden und der zweiundzwanzigjährige SA-Mann Günter Deskowski gestorben. Forster bauschte das als ›Anschlag von Mordbanditen‹ auf. Die gegnerischen Parteien, so sagte er, betrieben eine maßlose Hetze und »lügen in echt jüdischer Art über führende Männer der Bewegung«.

Die Wahrheit war, dass die SA eine Versammlung der Deutschnationalen Partei sprengen wollte, was eine Saalschlacht auslöste, bei der es auf beiden Seiten zu Verletzten kam. Von einem ›Märtyrertod‹ konnte keine Rede sein. Papa kannte den Gerichtsmediziner, einen Kunden der Bank. Dieser vertraute ihm an, dass Deskowski an hochgradiger Syphilis gestorben sei, was die Obduktion eindeutig ergeben habe. Forster ließ sofort alle Akten darüber einziehen und erklärte sie zur Geheimsache.

Ich war zufällig dabei, als Papa die Geschichte Pater Mikos erzählte. In letzter Zeit besuchte uns der Priester regelmäßig und wurde zu einem Freund der Familie. Für Papa war er ein Ratgeber, für Mama ein charmanter Unterhalter und mit uns Kindern spielte er Fußball. »Alles Lug und Trug«, sagte Papa. »Himmler schwingt große Reden, Hitler verleiht dem Danziger SA-Sturm den Namen Deskowski – und alle wissen von der großen Lüge.«

Mit Genugtuung stellte ich fest, dass ich besser informiert war als Horst, der auf die Propaganda hereinfiel. Leider durfte ich die beiden über die Hintergründe, die Papa aus vertraulicher Quelle wusste, nicht aufklären. Deshalb lenkte ich unsere Diskussion in eine andere Richtung, indem ich Horsts Lieblingsthema ansprach. »Was macht das Segelfliegen?«

»Dufte«, ging er mir sofort auf den Leim. »War vorgestern mit meinem Fluglehrer zwei Stunden über der Danziger Bucht. Wir hatten eine Thermik, das kannst du dir nicht vorstellen.« Mit dem Fliegergruß ›Glück ab!‹ verabschiedete er sich und verschwand aus der Küche.

»Der ist total auf die HJ abgefahren«, sagte ich zu Marianne.

Sie blieb eine Antwort schuldig.

Beim Schulsportfest des Polnischen Gymnasiums stand ich im Endlauf des Hundertmeterlaufs. Zum Spaß trat auch Stanislawa an, die einige Jahre älter war und schon bei der Olympiade 1932 die Goldmedaille gewonnen hatte. Sie erreichte das Ziel, während ich noch zehn Meter zu laufen hatte. Natürlich fieberte ich am Radio, als bei der Olympiade 1936 in Berlin der Endlauf übertragen wurde. Stanislawa holte diesmal die Silbermedaille.

Dann kam der Film ›Olympia‹ in den UfA-Palast. Ich brauchte nicht lange zu betteln, denn Papa war für Sport immer zu haben. Er nahm mich sogar mit zum Boxen. Als Max Schmeling, der berühmte Boxer, nach Danzig kam, wollte mein Vater, dass ich mit in die Sporthalle kam. Ich sah von dem Kampf überhaupt nichts, denn ich hielt mir nur die Hände vor das Gesicht. Ich fand Boxen brutal und ekelhaft.

Der Film von Leni Riefenstahl über die Olympiade beeindruckte mich. Papa sah ihn sich sage und schreibe dreimal an, er wollte herausfinden, was ihn gleichzeitig faszinierte und abstieß. Zum Schluss meinte er, dass die Schönheit des Sports auf raffinierte Weise zur Propaganda für den Nationalsozialismus missbraucht wurde.

Was Forster mit Wahlen nicht erreichen konnte, setzte er mit brutaler Gewalt durch. Er ließ die gegnerischen Parteien einfach verbieten, allen voran die SPD. 120 Sozialdemokraten wurden in ›Schutzhaft‹ genommen. Bei Durchsuchungen entdeckte man angeblich Waffen, die

die Geheimpolizisten ganz offenbar mitgebracht hatten, um sie anschließend zu ›finden‹. Sie waren zu jeder Gemeinheit fähig. Als es keine Parteien mehr gab, notierte Propagandaminister Goebbels in sein Tagebuch: »Wir sind jetzt die einzigen Herren in Danzig.«

Und die Nationalsozialisten feierten ihren Erfolg. Ich fand diese Vorbeimärsche, die vielen Fahnen und Fackeln, das Geschrei und den Jubel abstoßend. Wir standen bei den Großeltern im Zimmer hinter der Gardine versteckt und beobachteten das Treiben. Oma hatte Angst und sagte: »Nicht so nah ans Fenster!« Die Nazi-Horden versetzten mich in einen solchen Schrecken, dass ich in der Nacht darauf nicht schlafen konnte.

Immer öfter wurden wir Pfadfinder mit Steinen beworfen. Ich wartete nur noch auf den Moment, in dem Horst und ich uns bei einer feindseligen Auseinandersetzung gegenüberstünden. Davor graute mir.

Es gab keinen Zweifel, die Lage in Danzig verschlechterte sich.

Bedrohung und Widerstand

Im Jahr 1937 wurde Krystina geboren. Um meine Mutter zu entlasten, musste ich meine jüngste Schwester öfter spazieren fahren. Prima, dachte ich, dann kann ich gleichzeitig schaufensterbummeln, eine meiner Lieblingsbeschäftigungen. Meine wohlhabende Oma vor Augen, war ich gerade in einer Phase, in der ich mich für Schmuck begeisterte.

Meine Mutter machte sich keine Sorgen, ich ging sehr liebevoll mit meiner kleinen Schwester um. Und in der Danziger Altstadt kann man sich kaum verlaufen. Der trutzige Turm der mächtigen Marienkirche oder die bizarren Silhouetten der Schiffskräne im Hafen sind von fast jedem Punkt aus zu sehen, sodass man sich immer leicht orientieren kann.

Einmal konzentrierte ich meine Aufmerksamkeit gerade auf einen besonders schönen Armreif. Plötzlich ein Poltern und ein Schrei – Krystina war aus dem Kinderwagen auf das harte Pflaster gefallen. Eigentlich war sie angeschnallt, sodass es gar nicht hätte geschehen dürfen. Sie schrie wie am Spieß. Ich setzte sie zurück in den Wagen, aber sie wollte einfach nicht aufhören zu schreien. Es kam zu einem kleinen Menschenauflauf, ein empörter Passant fragte mich: »Sind Sie die Mutter?« Normalerweise hätte ich mich sehr geschmeichelt gefühlt, für so erwachsen gehalten zu werden. Aber jetzt hatte ich andere Sorgen. Ich dachte, dass Krystina vielleicht auf den Kopf gefallen war und womöglich einen Hirnschaden davontragen könnte – und ich war schuld. Krystina schrie, bis wir zu Hause waren, dann nahm Mama sie auf den Arm und alles war gut.

Horst stand im Garten und ließ ein kleines Segelfliegermodell fliegen. Ich ging zu ihm rüber und berichtete von meinem Missgeschick, das mich noch immer bestürzte.

»Dabei war es Mama, die Krystina angeschnallt hat, eigentlich konnte ich gar nichts dafür.«

»Ja, ja«, brummte er und ließ den kleinen Segelflieger durch die Luft schweben.

»Wenn sie auch noch geblutet hätte, wäre ich verrückt geworden.«

Mit einem Krachen landete der Segelflieger in den Ästen des Apfelbaumes und blieb dort hängen.

»Scheiße!«, brüllte Horst, der mir gar nicht richtig zuhörte und dem sein blöder Segelflieger tausendmal wichtiger war als meine Probleme.

Ich schlenderte zurück in unseren Garten. Den kannst du vergessen, dachte ich etwas melancholisch. Er war der Schwarm deiner Kindheit, aber das ist vorbei. Von einem Freund hätte ich doch bei einem Problem einen Rat oder zumindest tröstende Worte erwarten können. Ich fand ihn nicht mehr sympathisch und auf einmal war er mir ziemlich egal. Trotz allem tat mir das Eingeständnis ein bisschen weh, denn es war wie ein Abschied.

Wie konnte es dazu kommen? Ich hatte Horst gemocht, bis die Politik anfing, in unserem Leben eine Rolle zu spielen. Sie riss Gräben auf. Vorher war er der liebe Junge von nebenan, der mich verzauberte – nun lagen plötzlich Welten zwischen uns. Seine war die der allein selig machenden Nazi-Ideologie, an die er glaubte und die ihn verblendete. Sie entlarvte seinen Charakter, denn, so sagte ich mir, sein Herrenmenschendünkel konnte nur möglich sein, weil es ihm an Nächstenliebe fehlte. Mir wurde plötzlich klar, dass sich unsere Freundschaft viel mehr in meinem Kopf als in der Realität abspielte. Ich hatte ihn überhöht, dabei war er nichts als ein begeisterter Hitler-Junge. Das war mir nicht nur zu wenig, sondern es war ein Makel. Mehr noch: Für mich als Polin war es eine Schande.

Ein ›Ersatz‹ trat schneller in mein Leben, als ich mir hätte vorstellen können. Zygmunt, einer meiner Sportfreunde im Ruderclub ›Gedania‹, bekam eines Tages Besuch von seinem Bruder Leon, der in Amerika studierte. Leon war schon 24, also erheblich älter als ich. Er verliebte sich in mich und umwarb mich nach allen Regeln der Kunst. Das beeindruckte mich zutiefst. Bei jeder Begrüßung drückte er mich an sich, überschüttete mich mit Komplimenten und brachte mir oft einen kleinen Bernstein oder einen Gedichtband als Geschenk mit. Schließlich gestand er mir bei einer Feier im Club seine Gefühle. Wir standen am Rand der Wiese vor dem hohen Schilfgras an der Neuen Mottlau, das Wasser plätscherte leise gegen die Bootswand, er legte den Arm um mich und versuchte, mich in das Boot ziehen. Das ging mir alles ein bisschen zu schnell, ich wehrte ab und wollte zurück zum Lagerfeuer. Er aber hielt mich an der Hand fest und sagte: »Ich mag dich! Ich mag dich sogar sehr!« So eindeutig hatte sich Horst nie geäußert, das musste ich erst einmal verkraften. Für mich war es neu, nicht mehr zweifelnd zu schwanken, sondern Gewissheit zu haben. Gleichzeitig aber war mir das unheimlich, deshalb legte ich mich vorsichtshalber noch nicht fest. Ich war mir über meine Gefühle nicht im Klaren. Irgendwie war mir dieses Hoffen und Bangen vertrauter als ein endgültiges ›Ich liebe dich‹. Als Leon mir nicht viel später sogar erklärte, er wolle mich heiraten und in die USA mitnehmen, machte er mich noch unsicherer, ich war doch gerade erst vierzehn geworden. Offenbar hatte er es mit dem Heiraten wirklich sehr eilig, denn bald darauf entschied er sich für ein anderes Mädchen. Dieser Schuft! Ich war schrecklich enttäuscht! Heimlich ging ich zu seiner Hochzeit in die Brigittenkirche. Ich stand hinter einer Säule und heulte Rotz und Wasser.

Vielleicht um meinen Schmerz zu überwinden, verliebte ich mich bald darauf richtig. Jan studierte im ersten Semester an der Technischen Hochschule. Ich kam mit ihm im Café Langfuhr ins Gespräch, wo wir zufällig nebeneinander saßen. Ich fand ihn sympathisch, wir sprachen über Pfadfinder und Lehrer. Als wir uns verabschiedeten, hatte ich das Gefühl, ihn schon ewig zu kennen. Im Gegensatz zu dem sportlichen, großen und breitschultrigen Leon, der in Amerika in einer Rugby-Mannschaft spielte, hatte Jan höchstens für den Segelsport etwas übrig. Er trug eine Nickelbrille und vergrub sich lieber in seine Bücher. Aber er konnte sehr einfühlsam tanzen, was ich bei einem Fest im ›Polnischen Haus‹ mit Genugtuung feststellte. Dann verabredeten wir uns regelmäßig nach der Maiandacht. Jan war ein sensibler

Junge, mit dem man über jedes Thema diskutieren konnte. Danach hatte ich mich immer gesehnt.

Ein besonders wichtiges Gesprächsthema waren die Probleme, die unseren Alltag erschwerten, weil die Nazis immer unverschämter wurden. Ich konnte mir jetzt überhaupt nicht mehr vorstellen, mit einem deutschen Jungen enger befreundet zu sein, für mich waren sie alle in der HJ und mir feindlich gesinnt.

Ich lernte die taubstumme Tante kennen, bei der Jan lebte, und gab mir große Mühe, die Art und Weise, wie sie sich verständlich machte, nachzuvollziehen.

Jan war bei den Marine-Pfadfindern. Deren Zweimast-Yacht ›Korsar‹, die von polnischen Direktoren der Danziger Werft gesponsert wurde, lag in Neufahrwasser im Hafen, nicht weit entfernt von der Westerplatte. Jan erzählte mir von den Segeltörns nach Dänemark und der Konkurrenz mit der HJ, deren Zweimast-Yacht ›Peter von Danzig‹ ganz in der Nähe ankerte. Jan wollte später das Patent ›Yachtkapitän auf großer Fahrt‹ erwerben und träumte von einer Weltumsegelung – natürlich mit mir zusammen. Er brachte mir das Morse-Alphabet bei, sodass wir uns in dieser Geheimschrift Liebesbriefe schreiben konnten.

Es war ein Sonntag, als Jan erstmals zu uns nach Hause kam. Ich war ziemlich aufgedreht und er schüchtern, aber Papa wusste die Verlegenheit zu überbrücken. Er schlug vor, dass alle zusammen ›Lotterie‹ spielen sollten, da war das Eis schnell gebrochen. Bald ging Jan bei uns ein und aus und gehörte fast zur Familie.

Ich kann nicht behaupten, dass sich Marianne von mir zurückzog, aber ich glaube schon, dass sie auf Jan eifersüchtig war. Nach wie vor war sie meine beste Freundin, aber das Thema Jan blieb merkwürdigerweise zwischen uns tabu. Natürlich spürte sie deutlich, dass ich mich von Horst abgewendet hatte, und war traurig darüber. Die Zeit unserer ungetrübten Kindheit schien vorbei, die großen Konflikte unserer Umwelt blieben nicht ohne Wirkung auch auf uns. Heute finde ich es schade, dass wir das nie zum Thema unserer Gespräche machten, aber wir hatten wohl Angst, dass etwas zwischen uns zerbrechen könnte.

Zu Jettchen, die eigentlich Henriette hieß, fühlte ich mich von Anfang an hingezogen, deswegen saßen wir im Polnischen Gymnasium seit der Sexta, wie man früher die erste Gymnasialklasse nannte, nebeneinander. Schon aufgrund ihrer Kleidung war nicht zu übersehen, dass ihre jüdischen Eltern wohlhabend waren. Sie war ähnlich behütet und verwöhnt wie ich. Als die Straßen durch SA und HJ immer unsicherer wurden, benutzte Jettchen nicht mehr den Schülerzug, sondern wurde mit dem Auto gebracht und abgeholt. Es gab allerdings in Danzig auch viele Juden, die sehr arm und elend in Hinterhöfen lebten und dem Nazi-Terror ungeschützt ausgesetzt waren.

Jettchens Vater war ein bekannter Chirurg und jeder Patient in Danzig schätzte sich glücklich, wenn er von ihm operiert wurde. Jettchen wohnte in Oliva in einer Villa gegenüber dem Park. Dorthin wurde ich oft eingeladen und erlebte, wie die Familie den Sabbat beging. Mir gefielen ihre Lieder, in denen Freude und Schmerz so dicht beieinander lagen. Nur dass es zum Frühstück Fisch gab, konnte mich nicht begeistern.

Ich staunte, dass die Nazis in ihrem Hass auf Juden

nicht einmal den Versuch unternahmen zu verbergen, was für flegelhafte, ungehobelte Zeitgenossen sie waren. Hinter Jettchens Bruder Isaak riefen Hitler-Jungen her: »Jude Itzig, Nase spitzig, Beine heckig, Arschloch dreckig!« Als ich das hörte, fühlte auch ich mich beleidigt, obwohl ich keine Jüdin war. Sie lernten es von ihrem Chef, dem Gauleiter. Forster sagte in einer NSDAP-Versammlung in Heubude: »Es ist kindisch, den Juden die Fensterscheiben einzuschlagen, lieber schlägt man ihnen gleich eins in die Fresse.«

Mit großer Sorge verfolgte Jettchens Familie die politische Entwicklung. Der ›Danziger Vorposten‹, die Parteizeitung der NSDAP, zitierte unverblümt aus einer Rede, die Forster im Stadttheater gehalten hatte: »Dieses fremdländische Gesindel, insbesondere die aus dem Osten ganz frisch eingewanderten, verlausten und verdreckten Juden, tun gerade so, als ob sie die Herren in Danzig wären. Es fällt ihnen gar nicht ein, einem Deutschen auf dem Gehweg auszuweichen. Sie glotzen vielmehr mit einer unbeschreiblichen jüdischen Frechheit unsere deutschen Volksgenossen an, als wollten sie damit sagen, dass diese deutschen Volksgenossen ihre Knechte wären.«

Forster sprach dann von der »dreckigen und schmierigen Rasse«, die sich in Zoppot eingenistet habe »wie die Wanzen«, und dass er als Gauleiter Wege finden werde, das »Judenpack« fern zu halten, um die »Judenfratzen« nicht mehr sehen zu müssen. Das Ehrgefühl eines Nationalsozialisten verlange, nicht bei Juden einzukaufen, sich nicht von jüdischen Ärzten behandeln und nicht von jüdischen Rechtsanwälten vertreten zu lassen.

Ab sofort durften nur noch ›arische‹ Ärzte Nacht- und

Sonntagsdienste versehen. Die berufliche Situation verschlechterte sich für Jettchens Vater zusehends, der jetzt nur noch die Berufsbezeichnung ›Krankenbehandler‹ führen durfte. Manche so genannte Arier ließen sich trotzdem von ihm operieren – heimlich.

Polnische Feiertage waren für uns immer ein Fest, besonders der Tag der ersten Verfassung am 3. Mai und der nationale Unabhängigkeitstag am 11. November. Dann hängte Papa immer die polnische Fahne aus dem Fenster. Das betrachteten wir als unser gutes Recht, schließlich ließen die Nazis ihre Fahnen fast jede Woche wehen, sie fanden unermüdlich immer neue Anlässe. Aber so wie wir die Hakenkreuzfahne verachteten, war manchen Nachbarn die weiß-rote polnische Fahne ein Dorn im Auge. In den letzten drei Jahren waren regelmäßig Steine geflogen. Papa schrieb einen Brief ans Polizeirevier und forderte Schutz, aber die Polizei reagierte überhaupt nicht darauf. Mehrere Hitler-Jungen warteten die Dunkelheit ab, dann erschienen sie und grölten: »Polen raus!« Jeder hatte mehrere Steine in der Tasche, die vom Bürgersteig aus gegen unsere Hausfassade flogen. Stets wurde die Scheibe des Fensters eingeworfen, unter dem die Fahne hing. Manchmal ging noch ein zweites Fenster zu Bruch. Es war schon fast ein Ritual und Papa besorgte bereits vorher Ersatzscheiben, die dann der Hausmeister noch am gleichen Abend einsetzte. Hinter die Fenster hängten wir Decken, sodass die Steine keinen weiteren Schaden anrichten konnten. Dennoch, das Klirren der Scheiben grub sich tief in mein Bewusstsein ein. Der brutale Übergriff auf unseren Privatbereich empörte mich zutiefst und machte mich wütend und aggressiv.

Natürlich erstattete Papa sofort Anzeige und stellte Strafantrag wegen Sachbeschädigung. Er nannte auch Namen, da ich den einen oder anderen Täter kannte. Einmal schmierten sie unter unseren Briefkasten am Haus: »Hier wohnt ein Deutschenhasser!« Die Polizei unternahm aber nie etwas.

Ich wollte mir das nicht gefallen lassen. Ich plante, mit zwanzig Pfadfindern den etwa zehn Hitler-Jungen einen heißen Empfang zu bereiten.

»Nein Ewa, das wird eine Straßenschlacht, das finde ich nicht gut«, lehnte mein Vater ab.

»Egal, wir müssen uns gegen die *Hitlerowcy* wehren!«

»Wie denn? Wollt ihr denn auch Steine werfen?«, fragte Papa.

»Rache ist Blutwurst, Papa.«

»Ich verstehe, frei nach dem Bibelwort: ›Auge um Auge, Zahn um Zahn‹.« Papa saß im Arbeitszimmer an seinem großen Schreibtisch, hinter sich an der Wand das Porträt des verstorbenen Staatspräsidenten Pilsudski mit Trauerflor am Rahmen. Papa lächelte milde wie Pilsudski. »Hör zu, Ewa, dann stellst du dich auf eine Stufe mit diesen Rabauken. Außerdem weißt du so gut wie ich, dass die politische Polizei dann euch zu Tätern und die HJ zu Opfern stempelt. Wir haben den Ärger und die lachen sich ins Fäustchen.«

Ich wollte es trotzdem nicht einsehen: »Wir sollten nicht jedem Ärger aus dem Weg gehen.«

»Einen größeren Gefallen könnten wir den Deutschen nicht tun, ich halte das für dumm.«

Damit war klar, dass Papa nicht mit sich reden ließ. Grollend verdrückte ich mich. Ich war erbost über mei-

nen neunmalklugen Vater, der immer alles wie ein Bank-
beamter bilanzierte und nicht über seinen Schatten springen wollte oder konnte.

Wir Pfadfinder trafen uns jetzt bei Gdynia auf polni-
schem Staatsgebiet und lernten zu schießen. Wir übten
mit Gewehren und Revolvern, schossen auf Scheiben
und mussten die Waffen zerlegen und reinigen. Es war
eine Vorbereitung auf Krieg und Widerstand, wir ahnten
es, doch wussten wir nichts Genaues, weil man es uns
nicht so direkt sagte. Mir machte es jedenfalls großen
Spaß, ich verdrängte den Ernstfall.

Trotzdem wunderte ich mich über mich selbst, denn
Waffen hätte ich bisher nur mit spitzen Fingern ange-
fasst. Gab es da eine dunkle Seite in mir, die ich nicht
kannte? Was bewirkte diese ständige Bedrohung bei mir?
Ich fragte mich, ob ich mich veränderte, ob ich in meinen
Ansichten, meiner Wut, meinem Willen, mich zu wehren,
und den Mitteln, die ich dafür anzuwenden bereit war,
immer radikaler wurde. Trotz aller angestauten Emotio-
nen hätte ich mir nicht vorstellen können, auf Menschen
zu schießen, auch dann nicht, wenn sie Nazis waren.
Allerdings bereitete mir die Vorstellung Vergnügen, den
HJ-Typen eine Gewehrsalve über die Köpfe zu jagen, um
zu sehen, wie sie sich vor Angst in die Hosen machten.

Wieder einmal sollte ich Krystina spazieren fahren. Wir
machten uns auf den Weg. In der Innenstadt hatte ich
plötzlich das Gefühl, dass irgendetwas nicht stimmte.
Die Leute waren so komisch. Manche zeigten höhnische,
schadenfrohe Gesichter und feixten, andere blickten
ernst und betroffen drein und hasteten durch die Stra-

ßen. Dann wieder standen Gruppen zusammen und diskutierten. In der Langgasse näherte ich mich einer solchen Gruppe. Die Leute standen vor einem Schnapsladen, dessen Scheiben eingeschlagen waren. Rechts und links vom Eingang waren zwei grimmige SA-Männer postiert, im zerstörten Schaufenster hingen Schilder: ›Juden raus!‹, und: ›Kauft nicht bei Juden!‹

Ich war geschockt. Langsam ging ich weiter, dann sah ich noch ein Geschäft und dann ein drittes, ein viertes ... immer dieselbe brutale Zerstörung. Der Lange Markt war mit Glassplittern übersät. Ich erinnere mich, wie das Glas unter den Schuhen knirschte, man musste aufpassen, sich nicht wehzutun. Ich spürte deutlich, dass an diesem Tag und durch diese Scherben etwas endgültig zerschnitten wurde, auch in mir selbst. Ich hatte wieder das Klirren unserer Fensterscheibe im Ohr und mich beschlich eine düstere Ahnung: Erst kommen die Juden, dann sind wir an die Reihe.

In der Schule zeigte mir Jettchen ihren Ausweis. Er war mit einem ›J‹ gestempelt und ihr Vorname war geändert worden in ›Henriette Sara‹.

»Was soll denn das bedeuten?«, fragte ich.

»Meine Mutter, meine Tante, alle Jüdinnen heißen ab sofort Sara. Sie nennen es ›Zwangsvorname‹, eine Anordnung der Gauleitung.«

Wut kochte in mir hoch. »Dann heißen für mich künftig alle deutschen Männer Adolf!«

Jetzt musste Jettchen lachen. »Gute Idee: Adolf Goebbels, Adolf Himmler und Adolf Forster.« Dann wurde sie wieder ernst. »Mein Papa ist in ›Schutzhaft‹ genommen worden.«

Mir fuhr ein Schreck durch die Glieder.

»Verhaftet? Wieso?«

»Weil er als Jude arische Patienten operiert hat. Aber das ist nur ein Vorwand. Sie wollen uns zum Auswandern zwingen und vorher alles kassieren, was meine Eltern besitzen. Sie haben einfach die Steuergesetze geändert und behaupten jetzt, Papa hätte eine hohe Steuerschuld. Wenn er sie bezahlt, würde er sofort entlassen, wir müssten aber aus Danzig verschwinden.«

Jettchen hatte dunkle Ränder unter den Augen. Ich hätte ihr so gerne geholfen, aber ich wusste nicht, wie. Ich war sehr traurig und konnte mich nicht auf den Unterricht konzentrieren.

Dann hatten wir Religion bei Pater Mikos. »Ich möchte euch informieren«, begann er den Unterricht, »dass vorletzte Nacht die jüdische Synagoge in Langfuhr erheblich beschädigt und die Synagoge in Zoppot vorsätzlich abgebrannt worden ist. Synagogen sind Gotteshäuser wie für uns Katholiken die Nicolai-Kirche oder die Christ-König-Kirche. Deshalb ist das ein Angriff auf alle gläubigen Menschen. Aber damit nicht genug. In 75 jüdischen Geschäften und 39 jüdischen Privatwohnungen wurden die Scheiben eingeschlagen. Die Polizei macht zurzeit Razzien nach Juden, über tausend von ihnen sind über die Grenze nach Polen geflohen. Ihr sollt das wissen und ich werde euch auch in Zukunft berichten, was weiter in Danzig geschieht.« Er faltete die Hände. »Lasst uns für unsere jüdischen Mitmenschen beten. Herr, beschütze die jüdischen Bürger in unserer Stadt, die niemandem etwas zuleide getan haben und deren einziges ›Verbrechen‹ darin besteht, dass sie jüdischen Glaubens sind. Herr, lenke den Geist der nationalsozialistischen Machthaber, dass sie sich nicht mehr als Herrenrasse fühlen und zur Einsicht fähig werden, dass alle Menschen gleich sind und niemand wegen seiner Rasse oder Religion benachteiligt werden darf. Herr, gib uns allen die Kraft, dass jeder von uns den Menschen Schutz bietet, die willkürlicher Verfolgung ausgesetzt sind. Amen.«

In dieser Zeit jagte eine Hiobsbotschaft die andere. Im Herbst 1938 erhielt Papa einen Anruf aus Karthaus. Er war sehr aufgeregt und fuhr sofort mit dem Auto los. Sein Häuschen am See war demoliert worden und das Boot verschwunden. Einige Monate später war dann auch unser Auto weg. Es wurde offiziell ›zu behördlichen Zwecken‹ beschlagnahmt und eingezogen. Einfach so.

Wir fühlten uns ohnmächtig und rechtlos. Als Pfadfinder konnten und wollten wir diesen Zustand nicht länger schweigend hinnehmen. Überhall hingen Plakate in der Stadt: ›Danzig war deutsch, ist deutsch und bleibt deutsch.‹ Auf dem Vervielfältigungsgerät, das mein Vater für seine Vereinstätigkeiten besaß, druckten wir Pfadfinder Zettel: ›Danzig war polnisch, ist polnisch und bleibt polnisch.‹ Nach Einbruch der Dunkelheit steckten wir die Zettel in Briefkästen, allerdings nicht in unserem Wohnviertel, wo man uns hätte erkennen können.

Außerdem zogen wir mit unseren Fahrrädern los, auf dem Gepäckträger Farbtopf und Pinsel, in einer Tasche verborgen. Meine Eltern hatte ich nicht eingeweiht, sie glaubten, ich sei zu einer Gruppensitzung der Pfadfinder gegangen, was ja nicht ganz falsch war. Unser Ziel war die Innenstadt, natürlich trugen wir nicht die Pfadfinder-Uniform. Zunächst fuhren wir durch die Heilig-Geist-Gasse und suchten nach den Plakaten. Gleichzeitig peilten wir, ob Polizisten zu Fuß unterwegs waren. Dann legten wir los. Es war bereits gegen 22 Uhr, als ich auf mindestens zehn Plakaten ›Danzig den Deutschen‹ das letzte Wort überpinselt und daraus ›Danzig den Polen‹ gemacht hatte. Das war ein richtiges Glücksgefühl. In der Gruppe fühlte ich mich stark und vergaß alle Angst. Die anderen waren schon ein Stück weitergefahren, während ich gerade in der Breitgasse ein ›Juden raus!‹ in ›Juden rein!‹ änderte. Da ertönte plötzlich eine Trillerpfeife. Verdammt! Ich hörte Laufschritte und das Kommando »Halt! Stehen bleiben!« Ich ließ die Farbutensilien fallen, schwang mich aufs Rad und raste in Richtung Johannisgasse. Da bemerkte ich die Scheinwerfer eines Autos, das konnte die Polizei sein. Ich bog nach rechts zur Mottlau ab, die Scheinwerfer waren vorübergehend nicht zu sehen. An dieser Stelle hätte mir ein Auto schlecht folgen können, denn die Uferpromenade verengte sich am Krantor. Ich sprang vom Rad, lehnte es an die Mauer, lief die Lange Brücke entlang und schlüpfte durch das Frauentor in die Frauengasse. Keuchend versteckte ich mich hinter ein paar Mülltonnen. Jetzt erst überfiel mich eine schreckliche Angst, weil ich fürchtete, dass sie mich mit Hunden suchen und entdecken würden. Ich bereute, dass ich meine Eltern nicht um Erlaubnis gefragt hatte, denn zweifellos hätten sie mir diese Aktion verboten. Zu allem Übel hatte ich Farbspuren an den Fingern, die sich nicht abwischen ließen. Was war mit den anderen? Hatte die Polizei sie schon erwischt? Sie würden mich nicht verraten, da war ich mir absolut sicher, die Verschwiegenheit hatten wir fest vereinbart.

Nachdem es eine halbe Stunde lang ruhig geblieben war, wagte ich mich vorsichtig aus meinem Versteck und schlich den Weg zurück bis zu meinem Fahrrad. Viel zu spät kam ich zu Hause an. Papa war nicht da, Mama stellte keine Fragen. Ich erzählte ihr nichts, weil ich fürchtete, sie würde mir die Pfadfinder verbieten. Auch meine Freunde waren glücklicherweise gut nach Hause gekommen, wie ich nach einer unruhigen Nacht am nächsten Morgen in der Schule erfuhr.

Zu dem Zeitpunkt hatten wir keine Ahnung, wie brutal die Nazis werden konnten und mit welchen Mitteln sie uns zum Reden gebracht hätten. Vermutlich hätten sie nicht nur uns, sondern auch die Eltern in ein Konzentrationslager geschickt. Für ›renitente‹ Jugendliche gab es in Deutschland besondere Programme, mit denen kritischer oder oppositioneller Nachwuchs unschädlich gemacht wurde. Im so genannten Jugendverwahrlager Litzmannstadt in Polen kamen später etwa 500 Kinder und Jugendliche ums Leben – ein Glück, dass ich davon damals nichts wusste.

Ab und zu gingen Jan und ich in das Café Langfuhr, besonders wenn dort Tanz war. Es handelte sich um ein Studenten-Café, das nicht nur polnische, sondern auch deutsche Studenten besuchten, wie auch an der Technischen Hochschule Polen und Deutsche studierten. Teils kannten sich die Studenten und verhielten sich neutral, manchmal aber war die Stimmung aufgeheizt und explodierte, wenn nur ein falsches Wort fiel. So war es bereits zu Rempeleien gekommen, was aber weder Jan noch ich direkt erlebt hatten.

An einem Abend Ende Februar wollten wir gerade das Lokal verlassen, als Jan zufällig neben dem Eingang ein Schild entdeckte: ›Hunden und Polen ist der Zutritt verboten.‹ Jan riss das Schild ab und verbarg es unter seiner

Jacke. Wir gingen ein paar Schritte weiter, um zu beratschlagen, was zu tun sei. Ich war schrecklich aufgebracht: »Wir gehen zum Wirt und schlagen Krach, das ist eine bodenlose Unverschämtheit.« Jan schüttelte den Kopf. »Das lassen wir uns nicht gefallen«, empörte ich mich weiter. »Du willst das doch nicht etwa unter den Teppich kehren?«

Jan schüttelte erneut den Kopf. »Natürlich nicht, aber der Wirt ist ein Deutscher. Was tun wir, wenn er das Schild einfach verschwinden lässt? Dann hätten wir keinen Beweis mehr in der Hand.«

»Wir dürfen das Schild eben nicht aus der Hand geben«, schlug ich vor. »Wir rufen ein paar polnische Studenten zusammen und protestieren lautstark.«

»Dann gibt es garantiert eine Schlägerei. Da würden wir nicht gut aussehen. Wie du bemerkt hast, sind grade mehr deutsche als polnische Studenten im Café. Außerdem wird uns dann die Polizei das Schild abnehmen.«

Jan konnte mich davon überzeugen, dass es besser war, wenn er am nächsten Tag zum Polnischen Studentenverband *Bratniak* ginge, der sodann Anzeige erstatten sollte.

Ich hatte noch eine andere Idee: »Du hast mir doch erzählt, dass dein Onkel in Warschau Abgeordneter im *Sejm* ist. Soll sich doch das Parlament mit der Sache befassen, schließlich ist hier die Würde des polnischen Volkes verletzt worden.«

Das war ein sehr guter Plan. Mit dem Brief an den Onkel traten wir eine Lawine los. 55 Abgeordnete unterzeichneten ein Protestschreiben, die polnische Presse druckte die Schlagzeile: ›Für Hunde und Polen kein Zutritt.‹ An der deutschen Botschaft in Warschau wurden

Scheiben eingeworfen und die Außenminister Polens und Deutschlands schalteten sich ein. Damit wuchs uns allerdings die Sache etwas über den Kopf und ich fürchtete, dass meine Eltern erfahren könnten, auf welche Weise Jan und ich darin verwickelt waren.

Trotzdem beteiligten wir uns vor der Technischen Hochschule an einer Demonstration, die von Gauleiter Forster als ›deutschfeindlich‹ und ›systematische Brunnenvergiftung‹ interpretiert wurde. Aber die Nazi-Polizei wirkte verunsichert und schritt nicht ein. Außerdem war die Mehrheit der polnischen Studenten so groß, dass sich die deutschen zurückhielten.

Die ›Café-Langfuhr-Affäre‹, wie sie inzwischen genannt wurde, machte weiter Schlagzeilen, natürlich auch im ›Danziger Vorposten‹, der von ›unerhörter Hetze‹ sprach. Der Polizeipräsident verbot wieder einmal den in Gdynia erscheinenden *Kurjer Baltycki* und den in Krakau erscheinenden *Ilustrowany Kurjer Codzienny* wegen ›gehässiger Ausfälle‹. Die Zeitungen hatten ein Foto des Schildes abgedruckt und mit Vorwürfen, dass ›das ganze polnische Volk beleidigt worden sei‹, nicht gespart.

In Erklärungen des Danziger Senats schließlich wurden die Tatsachen einfach auf den Kopf gestellt. Das Schild habe in dem Kaffeehaus in der Adolf-Hitler-Straße nur etwa eine Stunde gehangen und sei als Provokation von polnischen Studenten dort angebracht worden, wie ein Schriftgutachten beweise, das die Polizei habe erstellen lassen. Denn »mehrere Schriftzeichen weisen einwandfrei die Formen der osteuropäischen, insbesondere polnischen Schreibweise auf.« Das glaubte ihnen kein Mensch, jedenfalls war die Sache so ganz nach meinem Geschmack. Wir hatten die Nazis in Schwierigkeiten gebracht, die sich sogar bis nach Berlin auswirkten. Und Ewa hatte mit ihrem Jan dran gedreht! Gottlob blieb unser Wirken im Dunkeln, aber vielleicht wäre Papa stolz auf mich gewesen. Ich nahm mir vor, ihm irgendwann bei passender Gelegenheit davon zu erzählen.

Bei Kolters fühlte ich mich nicht mehr so wohl wie früher, denn Horst und sein Vater waren auf dem Nazi-Trip. Sie hörten oft Radio, vor allem wenn der ›Oberschreihals‹ aus Berlin sprach. Einmal hatte Marianne sogar schulfrei und Betriebe machten früher Feierabend, damit alle die Rede des ›Führers‹ im Reichstag hören konnten. Marianne interessierte sich nicht dafür, aber Herr Kolter war total begeistert, als Hitler ausrief: »Danzig ist eine deutsche Stadt und will zu Deutschland.« Hitler-Jungen zogen danach durch unsere Straße und riefen immer wieder im Chor: »Ein Volk, ein Reich, ein Führer!«

Auch der Sonntagvormittag war den Kolter-Männern heilig, denn entweder ging Horst zum HJ-Appell und sein Vater zur Parteiversammlung oder beide hörten im Radio einen berühmten Kommentator, dann musste im Haus andächtige Ruhe herrschen. Marianne und ihre Mutter zeigten eigentlich wenig Verständnis für diese Entwicklung und reagierten betroffen, wenn bei uns die Scheiben eingeworfen wurden. ›Wir Frauen‹ verstanden uns, Gefühle und Freundschaft waren uns wichtiger als Politik. Marianne beklagte sich, dass in der Schule die dümmsten Jungen das größte Ansehen genössen, Hauptsache, sie seien zackige Kerle – die Mädchen dagegen würden nur noch auf die Mutterschaft vorbereitet.

Ich entschloss mich Marianne zuliebe, Kolters weiter zu besuchen, ging aber Horst möglichst aus dem Weg.

Glücklicherweise hatte Marianne inzwischen ein eigenes Zimmer, wo wir ungestört waren und uns fast täglich trafen.

Mariannes Zimmer lag im Erdgeschoss. Ich stand am offenen Fenster, während sie sich damit abquälte, Adolf Hitlers Lebenslauf auswendig zu lernen. Selbstverständlich mutete sie mir nicht zu, sie abzuhören. Während ich also wartete, bis sie endlich fertig war, sah ich draußen im Garten Herrn Kolter, wie er an der Hecke stand und meinem Vater, der im Garten Rosen schnitt, irgendwelche Zeichen gab. Es dauerte einen Moment, bis mein Vater kapierte, dass Herr Kolter ihn meinte. Zögernd kam er näher, Rosen in der Hand. Dieses Bild wirkte komisch, denn nichts hätte Papa ferner gelegen, als Herrn Kolter Rosen zu überreichen. Schließlich standen sich die beiden Nachbarn gegenüber, nur durch die brusthohe Ligusterhecke getrennt. Papa trug eine Sporthose, sonst nichts. Herr Kolter hatte zwar ein Uniformhemd an, aber keine Krawatte und eine Knickerbocker-Hose mit Hosenträgern.

Obwohl Herr Kolter ziemlich leise sprach, verstand ich jedes Wort.

»Heil ...«, Herr Kolter kam ins Stottern, beinahe hätte er Papa gewohnheitsmäßig mit ›Heil Hitler, Herr Salewski‹, begrüßt. Gerade noch rechtzeitig fiel ihm auf, dass das meinem Vater gegenüber etwas unpassend war, und wünschte verlegen »Guten Tag«.

Papa erwiderte den Gruß, noch immer mit erstauntem Gesicht.

Ich erwartete, dass Herr Kolter irgendwas Unverbindliches über das schöne Sommerwetter sagen würde, aber ich täuschte mich.

»Herr Salewski, Sie wissen, ich arbeite bei der Stadtverwaltung, im Einwohnermeldeamt.«

Papa nickte.

»Ich möchte Ihnen etwas anvertrauen. Sie sind ein ordentlicher Mann, Herr Salewski, ich bitte Sie, niemandem etwas zu sagen.«

»Selbstverständlich nicht, Herr Kolter, wenn Sie das wünschen«, antwortete mein Vater höflich.

»Dieser Tage habe ich eine Liste erhalten von der Polizei, sie war als ›streng geheim‹ eingestuft. Die Liste betraf ›verdächtige Personen‹. Ich musste die Namen mit der Wohnanschrift ergänzen. Also ..., auf der Liste stand auch Ihr Name, Herr Salewski.«

»Ich?«, fragte Papa ungläubig.

Kolter machte ein bekümmertes Gesicht. »Ich verstehe es auch nicht, Herr Salewski, aber ich wollte Sie warnen. Bitte seien Sie vorsichtig.«

»Was soll ich tun, Herr Kolter? Haben Sie einen Rat für mich?«

»Gehen Sie rechtzeitig über die Grenze nach Gdingen, bevor es losgeht, dann sind Sie wenigstens auf der polnischen Seite.«

»Danke«, sagte Papa, »danke vielmals.« Er überreichte Herrn Kolter zwar nicht die Rosen, gab ihm aber über die Hecke hinweg die Hand. Ich zog mich vom Fenster zurück.

Marianne war mit dem Lernen des Lebenslaufs fertig. »Scheiß Hitler«, sagte sie.

»Scheiß Hitler«, sagte ich.

Dann machten Marianne und ich die ›Idiotenrunde‹, wie wir es nannten, einen Spaziergang durch die Straßen rund um die Marien-Kirche. Auf diesem Weg begegnete man garantiert irgendwelchen Bekannten oder Freunden, es gab viele Schaufenster und mehrere Cafés.

»Da liegt ein Jud' begraben«, sagte Marianne, als sie über eine Unebenheit im Straßenpflaster stolperte.

»Ein Jude soll hier unter der Straße sein Grab haben?«, fragte ich ungläubig.

»Quatsch!« Marianne lachte. »Das sagt mein Papa immer, wenn jemand stolpert.«

Wir Pfadfinder trafen uns meist entweder im Polnischen Gymnasium oder am Stadion. Ich war mit einer Gruppe zu einem Treffen unterwegs. Wir gingen hinter der Marien-Kirche durch die Pfaffengasse und wollten den Langen Markt überqueren. Wir hatten keine Ahnung, dass in diesem Moment Propagandaminister Goebbels am Artus-Brunnen vor dem Rathaus, also ganz in unserer Nähe, eine Rede hielt. Er sprach von polnischer Kriegshetze, während die Danziger den Frieden liebten. Doch Polen denke nicht daran, zur Vernunft zurückzukehren, sondern tue alles, den Hass gegen alles Deutsche zu steigern. Entrüstete Pfui-Rufe begleiteten seine Worte. Dann steigerte sich Goebbels, in das Mikrofon schreiend: »Sprache, Rasse und Blut zeugen für das deutsche Danzig. Der Führer selbst wacht über die gemeinsame Zukunft!«

Ein unbeschreiblicher Jubel brach los, den wir zunächst gar nicht einschätzen konnten. Beim Näherkommen sahen wir die vielen Fahnen und die Menschenmassen. Im Chor brüllten die Leute: »Wir wollen heim ins Reich!«, und immer wieder: »Sieg heil!«

In der Jopengasse, die parallel zum Langen Markt verlief und in der Forster sein Gauamt eingerichtet hatte, waren SA-Männer postiert, die die Umgebung des Rat-

hauses absperrten. Sie sahen uns in unserer Pfadfinder-Uniform kommen, wir konnten nicht mehr auswei-
chen. Sie stoppten unsere Gruppe und forderten uns auf,
stramm zu stehen und ebenfalls »Sieg heil!« zu rufen.

»Arm hoch zum Hitler-Gruß!«, herrschten sie uns an.

Wir weigerten uns. Das empörte andere Passanten, sie
machten abfällige Bemerkungen. Wie immer hieß es:
»Dreckige Polacken!« Mehrere SA-Männer fassten uns
an und versuchten, unseren rechten Arm mit Gewalt
hochzureißen. Es gab ein Gerangel, wir wichen zurück.
Da umzingelten sie uns und trieben uns unter Tritten
und Schlägen vor sich her zu einem Polizeiauto, das am
Ende der Krämergasse stand. Was hatten sie mit uns
vor? Ich bekam es mit der Angst zu tun, sah mich schon
in einer Gefängniszelle.

Dann wurden unsere Personalien aufgenommen. Wir
wurden erneut beschimpft und ermahnt: »Noch einmal,
und ihr werdet verhaftet!« Danach ließen sie uns frei.
Aber überall in den Straßen waren fanatisierte Deutsche
unterwegs, von der Rede aufgeheizt und in aggressiver
Stimmung. Und wir in Pfadfinder-Uniform! Vom Heim-
ins-Reich-Geschrei umtost, beschlossen wir, uns zu trennen, weil wir als Gruppe besonders auffielen. Schon
rannte ich los, bis ich außer Atem der Bedrängnis entron-
nen war und auf Umwegen eine Elektrische erreichte.
Beim Einsteigen sah ich, dass sich auf meinem rechten
Unterarm Blutergüsse gebildet hatten.

Am nächsten Tag stand im ›Danziger Vorposten‹ zu
lesen, dass eine ›Horde junger Polen‹ versucht habe, die
›vaterländische Versammlung‹ zu stören, dass aber die
Sicherungskräfte ›kurzen Prozess‹ mit ihnen gemacht
und sie vertrieben hätten.

Dreimal wurde mir in dieser Zeit meine Schulmütze vom Kopf geschlagen. Papa meinte, wir sollten uns besser nicht wehren, sondern versuchen, der Gefahr rechtzeitig auszuweichen. Wenn es mir passierte, schimpfte ich meistens wie ein Rohrspatz. Einmal fing der Junge an, mich zu boxen. Er war allein und etwas kleiner als ich. Ich schrie ihn an: »*Ty Hitlerowcu!* – du Hitler-Mensch!«, und schlug ihm meine Schultasche auf den Kopf. Da begann er, nach mir zu treten. In diesem Moment gingen zwei Männer, die Deutsch sprachen, dazwischen und drohten dem Jungen, der sich davonmachte. Mama und Papa waren in Sorge, als ich ihnen den Vorfall erzählte. Sie trugen uns auf, immer sofort auf dem kürzesten Weg nach Hause zu kommen. Ich konnte mich damit schlecht abfinden, denn ich schaute so gerne Schaufenster an oder bummelte durch das Kaufhaus Sternfeld oder das Schuhgeschäft Leiser. Und Angst hatte ich keine, zumindest gestand ich sie mir nicht ein. Nur wenn ich nach Hause kam, an der Haustür klingelte und der Summer ertönte, drehte ich mich immer noch einmal um – es hätte ja jemand hinter mir stehen können. Schnell betrat ich das Haus und war froh, in Sicherheit zu sein.

Wir erlebten einen besonders sonnigen und warmen Sommer, so als wollte die Natur noch einmal alle Register ziehen, bevor sich dunkle Wolken über uns zusammenzogen und wir in den kommenden fünfeinhalb Jahren selbst dann froren, wenn die Sonne am Himmel lachte. Das Strandbad Heubude war überfüllt, wir liefen zur KdF-Halle Richtung Weichselmünde, ich holte mir einen Sonnenbrand und suchte den Schatten eines Strandkorbes, während Marianne, dunkelbraun gebrannt, mit Kazia durch die Dünen tobte. Der Warschauer Sender berichtete mit ernsten Kommentaren über die politische Krise und über ein Nichtangriffsakommen zwischen Deutschland und der Sowjetunion. Ich wollte das nicht hören, wollte den Augenblick genießen. Um ehrlich zu sein, Marianne und ich fanden das Leben schön.

Doch bald holte mich die Realität wieder ein. Zweimal kamen SA-Leute vorbei und sprachen mit Papa. Er sagte uns Kindern nicht, was sie von ihm wollten. Dann wurde er ins Polizeipräsidium An der Reitbahn bestellt und vernommen. Ich sah ihn zurückkommen, wie er mit ernstem Gesicht den Vorgarten durchquerte, und schnitt ihm im Flur den Weg ab, bevor er sich in sein Arbeitszimmer zurückziehen konnte.

›Papa, was ist los?‹ Ich hatte ein schlechtes Gewissen wegen der Café-Langfuhr-Affäre und der missglückten Pfadfinderaktion.

Sofort veränderte sich seine Miene, seine Gesichtszüge wirkten entspannt. »Lauter belanglose Fragen, Ewa, ich weiß auch nicht, warum sie sich damit beschäftigen.«

Ich hatte Zweifel, ob er mir nicht etwas verschwieg. »Was denn für Fragen?«

»Sie wollen ganz genau wissen, in welchen Vereinen ich bin und welche Funktion ich dort ausübe, eigentlich ist es lächerlich. Ich habe ihnen gesagt, dass ich den Chor dirigiere, dass ich die Finanzen des Gymnasiums regele, dass ich den Vorsitz im Ruderverein habe und so weiter. Sie waren damit zufrieden. Außerdem hatte ich das Gefühl, dass sie das sowieso schon alles wussten. Ich glaube, sie wollten mich nur einschüchtern, aber das ist ihnen nicht gelungen.«

Ich wagte nicht, ihm von der Café-Langfuhr-Affäre zu erzählen, ließ mich aber beruhigen. Ich wurde ständig hin und her gerissen zwischen Sorgen und Angst einerseits und meinem Optimismus andererseits, dass es so schlimm schon nicht werden könnte.

Kurz darauf ließ der Bankdirektor meinen Vater zu sich kommen.

»Herr Salewski, London hat entschieden, dass ich für einige Zeit nach England zurückkehren soll. Da die Lage in Danzig auch für Sie unsicher ist, bieten wir Ihnen an, mitzukommen, vorübergehend, bis wir klarer sehen. Sie können solange in der Londoner Zentrale arbeiten.«

»Aber ich habe doch hier meine Familie, Herr Direktor«, wandte mein Vater ein.

»Ihre Familie ist nicht gefährdet, die müsste hier bleiben.«

Papa lehnte das ab, er wollte sich auf gar keinen Fall von uns trennen.

Der Direktor war selbstverständlich einverstanden und sagte: »Darüber bin ich andererseits erfreut, weil ich dann die ›British-Polish Trade Bank‹ in zuverlässigen Händen weiß. Einen besseren Stellvertreter könnte ich mir nicht wünschen.«

Papa erzählte uns beim Abendessen von dem Gespräch. »Ich hätte das Gefühl gehabt, euch im Stich zu lassen.« Dann beruhigte er sich und uns alle, dass so ein Krieg, falls er kommen sollte, ja nicht so lange dauern könne. Papa sprach auch davon, dass man vielleicht mit einer deutschen Invasion rechnen müsse, ja, dass wir möglicherweise den Krieg sogar verlieren könnten, er traue dem Hitler allerhand zu. In diesem Fall könne man erwarten, dass er eine Zeit lang interniert würde, so wie das im Ersten Weltkrieg gehandhabt worden sei. Niemand hätte sich auch nur annähernd die Verbrechen vorstellen können, die später an uns verübt werden sollten, denn dann wäre er bestimmt rechtzeitig geflohen. Auch Mama hätte ihm dringend dazu geraten, sein Leben zu retten.

Jettchen vertraute mir an, dass sie mit ihrer Familie nach Amerika emigrieren werde. Von einem zum anderen Tag war sie plötzlich nicht mehr da und ich habe nie wieder etwas von ihr gehört. Ich betete, dass Jettchen und ihre Familie nicht von der Geheimpolizei eingesperrt worden waren.

Inzwischen ging ich in die Untersekunda. Nach und nach verschwanden auch andere Mitschüler aus meiner Klasse. Deren Eltern beugten sich dem Druck des Gau-Kulturamtes, das verlangte, dass Kinder, die nicht rein polnischer Abstammung waren, in ein deutsches Gymnasium oder die Realschule gehen sollten, zum Beispiel in das Conradinum. Die Nazis wollten meine Schule immer mehr isolieren, bis sie schließlich im August 1939 das Polnische Gymnasium einfach schlossen. Das geschah mit brutaler Gewalt. Als ich morgens eintraf, war das Gebäude von SA und Kräften der neu aufgestellten ›SS-Heimwehr‹ umstellt, weder Lehrer noch wir Schüler durften hinein. Die Uniformierten hatten das Gewehr nicht etwa auf der Schulter, sondern unter dem Arm und richteten den Lauf des Karabiners direkt auf uns Schüler. In die Mündung einer Waffe zu schauen ist ein verdammt unangenehmes Gefühl.

Trotzdem dachte ich noch, das sei nur eine vorübergehende Maßnahme. Wir waren von den Nazis schon allerhand gewöhnt und regelrecht abgestumpft. Deshalb regten wir Kinder uns nicht so sehr auf, im Gegenteil, wir empfanden es wie Ferien. Aber auch Marianne hatte ›bis auf weiteres‹ schulfrei, was mich sehr erstaunte.

Doch irgendwann war auch für mich nicht mehr zu übersehen, dass sich etwas zusammenbraute. Deutsche Soldaten, die im Freistaat Danzig gar keine Existenzberechtigung hatten und mit vielen Tricks reingeschmuggelt worden waren, marschierten ganz offen durch die Stadt und schmetterten: »Oh du schöner Westerwald ...«, worüber ich mich, da Danzig immerhin an der Ostsee lag, fürchterlich aufregen konnte.

Als blondes Mädchen war ich leicht mit einer Deutschen zu verwechseln. Es liefen ja nicht alle deutschen Mädchen in BDM-Uniform herum. Das machte ich mir zunutze, um die Lage auszukundschaften, wenn irgendwas los war. Zum Beispiel, als Gau-König Forster, wie ihn manche nannten, eine Truppenparade mit Fahnenweihe auf dem Maifeld abhielt. Diesmal ließ er nicht den ›Egerländer Marsch‹ spielen, den er besonders liebte, sondern den ›Präsentiermarsch‹. Es hatte etwas Lächerliches, wie diese Männer hölzern die ›Front abschritten‹ und ernsthaft ausriefen, die Fahne – also ein Stück Stoff – sei ›das Höchste, was es überhaupt gibt‹, das wie ›ein heiliges Kleinod‹ beschützt werden müsse. Aber die im Gleichschritt marschierenden über tausend Stiefelpaare wirkten keineswegs lächerlich, sondern hatten etwas Bedrohliches. Ich bekam es mit der Angst zu tun.

Papa, der Marschmusik nicht leiden konnte, kam aus dem Kopfschütteln nicht mehr raus. Der Danziger Nazi-Schreihals hatte den Berliner Oberschreihals zum Ehrenbürger unserer Stadt ernannt, jetzt machte sich Forster entgegen der Verfassung des Freistaates gar selbst zum Staatsoberhaupt von Danzig.

Papa beruhigte uns: »Es kann nichts passieren, polnisches Militär steht an der Grenze.« Er war immer guter Hoffnung. Es entging mir andererseits nicht, dass die Eltern hinter verschlossenen Türen geheimnisvolle Gespräche führten. Kamen Freunde meines Vaters, wurde die Diskussion in seinem Arbeitszimmer manchmal hitzig und laut.

Papa und wir alle wussten nicht, dass das 3. Pommerellische Heer längst von der Grenze zwischen Zoppot und Gdynia abgezogen und an die Grenze zum Deutschen Reich verlegt worden war, denn die deutschen Truppen zogen auf bedrohliche Weise entlang der gesamten polnischen Grenze auf. Der polnische Generalstab war aufs Höchste alarmiert.

Komischerweise wurde dem deutschen Kriegsschiff ›Schleswig-Holstein‹, das in den Hafen eingelaufen war, keine besondere Aufmerksamkeit gewidmet. Offizielle polnische Vertreter nahmen am Kapitänsempfang teil und taten so, als handle es sich um einen ganz normalen ›Flottenbesuch‹. Das war ein Ausdruck der Stimmung, die in diesen Tagen in Danzig herrschte. Alle bemühten sich, den Schein der Normalität aufrechtzuerhalten, bis zur letzten Sekunde.

Wieder zog es mich in die Innenstadt, eine Marschkolonne kam in der Kohlengasse direkt auf mich zu. Sie sangen: »Heute gehört uns Deutschland und morgen die ganze Welt!«

Diese Großmäuligkeit war ich ja gewöhnt, aber als das Lied verklungen war, riefen die Männer im Chor: »Hängt die Juden – stellt die Polen an die Wand – ruckzuck!«

Das Echo kam von den Hauswänden zurück: »Ruck-zuck«, gellte es auf mein Trommelfell. Ich war sehr erschrocken und zog mich noch tiefer in den fremden Hausflur zurück. Wenn so eine Einheit anrückte, sind wir immer sofort zu irgendeinem Hauseingang gelaufen, denn sie verlangten ja, dass ihre Fahne mit erhobenem Arm gegrüßt wurde. Tat man es nicht, setzte es Prügel, wie ich aus leidvoller Erfahrung wusste. Die Fahne verächtlich zu machen, war inzwischen sogar zu einem Straftatbestand erklärt worden und wurde mit vier Monaten Gefängnis bestraft.

Nur ein einziges Mal gab es für mich kein Entrinnen, war am Karrenwall weit und breit kein Versteck in Sicht. Ich hob den rechten Arm, meine Lippen formten lautlos statt ›Heil Hitler!‹ die Worte: ›Pfui Schreihals!‹ Vorsichtshalber streckte ich meinen linken Arm und drei Finger hinter meinem Rücken nach unten, so wie wir beim Spielen einen Schwur ›ableiteten‹, wenn er ungültig sein sollte. Trotzdem hatte ich hinterher ein ekelhaftes Gefühl und fühlte mich gedemütigt.

Überfall und Mord

Am 31. August kam Papa früher als sonst von der Bank nach Hause. Ich spielte ein bisschen Klavier. Am liebsten hätte ich mich mit Jan getroffen oder wäre zu Marianne rübergegangen, aber Papa wollte, dass wir dablieben. Meine Geschwister wurden früh ins Bett geschickt. Ich half, Krystina zu baden, und wartete an ihrem Bett, bis die Zweijährige – mein Ohrläppchen zwischen ihrem Daumen und Zeigefinger haltend – eingeschlafen war. Ich wollte noch nicht schlafen gehen und so kam es, dass ich als die Älteste die Nacht mit meinen Eltern verbringen durfte. Ich war sehr unruhig, jeder in Danzig wusste, dass etwas Entscheidendes bevorstand, was manche in freudiger Erregung begrüßten und andere – wie wir – mit Sorge erwarteten. Wir hörten in unserem Saba-Radio abwechselnd den Warschauer, den Berliner und den Danziger Sender. Die deutschen Sender berichteten von ständigen polnischen Provokationen an der Grenze, damit müsse jetzt Schluss sein, und der ›Führer‹ habe in der Danzig-Frage ein Ultimatum gesetzt.

Das Fenster hatten wir verdunkelt. Ich bemerkte, dass draußen auf der Straße etwas los war. Wir schauten durch die Ritzen des Rollladens und beobachteten, wie

SS-Leute am gegenüberliegenden Haus Plakate klebten und Fahnen aufhängten, sie waren also sehr gut auf den Kriegsausbruch vorbereitet. In den nächtlichen Straßen hörte ich Autos und Sirenen. Zwischendurch war ich immer mal wieder eingeschlafen.

Frühmorgens weckte mich ein Donnern, sodass ich wie erstarrt senkrecht im Bett saß. Es handelte sich um das Rumsen der mächtigen Geschütze des Kriegsschiffes ›Schleswig Holstein‹, das auf die Westerplatte zielte und die Garnison des polnischen Militärs beschoss. Bei jedem Schuss bebte das Haus, zitterten Fensterscheiben und klirrten Gläser im Schrank. Im Radio meldete sich der Danziger Sender als ›Reichssender‹, es ertönte die Stimme des Gauleiters. Da konnte nichts Gutes kommen. Forster erklärte feierlich, dass Adolf Hitler Danzig befreit habe. Und die Danziger seien überglücklich, nun Bürger des Reichs zu sein. Meine Eltern blickten sich besorgt an. Forster beendete seine Rede mit den Worten: »Es lebe das befreite, wieder ins Reich heimgekehrte deutsche Danzig! Es lebe unser großdeutsches Vaterland! Es lebe unser geliebter Führer Adolf Hitler!« Dann ertönte ›Deutschland, Deutschland über alles, über alles in der Welt.‹

Ich hatte in dem Moment keine Ahnung, wohin die Geschütze zielten, und Angst, unser Haus könnte in die Luft fliegen. Umso erstaunter war ich, durch das Fenster zu sehen, dass in aller Frühe unheimlich viele Menschen auf der Straße umherliefen, sich vor den Plakaten versammelten und freudig erregt miteinander diskutierten. Dann eilte mein Opa Stanislaw herbei, denn er machte sich um seinen Sohn Bogdan Sorgen, den er überreden wollte, an diesem Tag nicht in die Bank zu gehen. Wenig später hörten wir jedoch im Radio die Meldung, dass jeder Danziger Bürger verpflichtet sei, seinen Arbeitsplatz aufzusuchen; wer es nicht tue, werde streng bestraft. Es war eine Falle, aber das konnten wir nicht wissen. Zur Flucht war es für Papa jetzt zu spät, denn es war klar, dass die Grenzen inzwischen geschlossen sein mussten. Also ging er zur Arbeit. Die Kleinen waren schon wach. Papa verabschiedete sich sehr innig von uns, drückte besonders die kleine Krystina und meinte: »Es wird schon alles gut gehen, macht euch keine Sorgen.«

Er hörte, dass an der Polnischen Post geschossen wurde, und ging zunächst nur in die Nähe des Bankgebäudes, das nicht weit entfernt vom Hauptbahnhof schräg gegenüber am Hohen Tor lag. Papa beobachtete den Eingang und die Fenster, konnte aber nichts Auffälliges feststellen. Er sah, wie einzelne Kollegen eintrafen und sich ratlos umschauten, da der Eingang noch verschlossen war. Die Schlüssel hatte Papa im Besitz, seit der Bankdirektor vor ein paar Tagen nach London abgereist war. Also entschloss sich Papa aufzusperren. Zu seiner großen Überraschung hielten sich allerdings in der Bank deutsche Geheimpolizisten und einige Uniformierte auf, die auf diesen Moment gewartet hatten. Papa und die anderen Männer wurden sofort festgenommen.

Mittlerweile war Mama sehr beunruhigt. Sie versuchte, in der Bank anzurufen, aber es meldete sich niemand. Darauf machte sie sich auf den Weg, um nachzuschauen.

Als Mama gegangen war, klingelte bei uns in der Wohnung das Telefon. Ich ging dran. Papa sagte: »Ich bin verhaftet und werde wahrscheinlich für kurze Zeit interniert. Du bist die Älteste, pass bitte auf Mama auf und hilf ihr. Grüße Mama herzlich! Und richte ihr aus, dass ich nicht nach Hause komme.« Dann wollte er noch etwas sagen, doch das Gespräch wurde unterbrochen und ich konnte mich nicht einmal verabschieden.

Die Verantwortung, die mir Papa übertragen hatte, war eine schwere Bürde. Ich habe während der Kriegsjahre immer und immer wieder an seine Worte denken müssen und sah mich verpflichtet, Mama auch in Situationen zur Seite zu stehen, wo ich eigentlich alle Kraft für mich alleine gebraucht hätte.

Mama wurde in die Bank nicht eingelassen. Nach ihrer Rückkehr zogen wir los, um Papa zu suchen. Wir wollten herausfinden, wohin man ihn gebracht hatte, um ihn mit Essen, Kleidung und Toilettensachen zu versorgen. Das Wetter war sonnig und heiter, es stand in krassem Widerspruch zu den schrecklichen Ereignissen, die sich an diesem Tag vielerorts in Danzig abspielten.

Wir wurden bei der Polizei, beim Gericht und im Gefängnis abgewiesen oder erhielten nichts sagende Auskünfte. Jedenfalls konnten wir ihn nicht finden. Dass er wie viele andere Polen unter Bewachung durch die Stadt bis zur Viktoria-Schule in der Holzgasse geführt wurde, konnten wir nicht wissen. Die Mädchen-Oberschule – für die Nazis taktisch günstig unmittelbar hinter dem Polizeipräsidium gelegen – war zu einem Gefangenenlager umfunktioniert worden. Am Eingang bildeten SA-Leute ein Spalier und schlugen mit Gewehrkolben rücksichtslos auf die eintreffenden Gefangenen ein, sodass manche blutüberströmt zusammenbrachen. In den Klassenräumen fanden, wieder unter Schlägen, Verhöre statt. Das Nazi-Regime zeigte sein wahres Gesicht und war entschlossen, mit unnachgiebiger Härte alle Menschen auszuschalten, die sich gegen die neuen Machthaber erheben und Widerstand hätten leisten können. Viele starben bereits in der Viktoria-Schule.

Von diesem Grauen wussten Mama und ich nichts, wir hätten es auch nicht für möglich gehalten. Wir kamen in die Nähe des Heveliusplatzes, der bereits am Altstädtischen Graben abgesperrt war und wo immer noch um die Polnische Post gekämpft wurde. Nur wenige Kilometer entfernt hörten wir die Schiffsgeschütze der ›Schleswig-Holstein‹, die ununterbrochen wie verrückt auf die Westerplatte schossen.

Trotz dieser Kämpfe herrschte so etwas wie Volksfeststimmung im mit Hakenkreuzfahnen ›geschmückten‹ Danzig. Menschenmassen flanierten durch die Straßen, so als ob sie die Schüsse überhaupt nichts angingen, freuten sich und strahlten das Glück der – wie sie es nannten – ›Wiedervereinigung mit dem Reich‹ aus, während wir in großer Sorge unseren Vater suchten. Es war absurd. Wir erfuhren, dass die Nazi-Schergen an diesem Tag viele Menschen in der Stadt verhaftet hatten. Die Festgenommenen wurden unter Bewachung durch die Straßen geführt, um sie der deutschen Bevölkerung zu zeigen: Seht her, das sind die polnischen und jüdischen Verbrecher, die haben wir unschädlich gemacht! Es sind ›Elemente‹, ›Untermenschen‹, man muss dieses ›Ungeziefer‹ zertreten!

Ich fragte Mama: »Wo bleibt das polnische Militär? Warum befreien sie uns nicht?« Sie zuckte verzweifelt die Schultern.

Warum hatten sie unseren Vater ohne Begründung verhaftet? Er war ein völlig harmloser und freundlicher Mensch. Als polnischer Patriot und Angehöriger des ›Westverbandes‹ stand er auf der schwarzen Liste. Die

Geheimpolizei hatte die Verhaftungswelle gründlich vorbereitet. Papas Leidensgenossen waren Juden und andere Polen. Tausende Ärzte, Priester, Beamte, Adlige, Gutsbesitzer, Rechtsanwälte und Geschäftsleute wurden an diesem und dem nächsten Tag eingesperrt und kurz danach ermordet. Das hatte das Reichssicherheitshauptamt in Berlin organisiert, die Zentrale der Nazi-Polizei. Sie nannten es ›Programm zur Vernichtung der polnischen Intelligenz‹. Eine Wahnidee. Sie wollten ›Lebensraum im Osten‹ erobern, wie sie es nannten, und diesen mit ›arischen‹ Menschen besiedeln. Wer nach ihrer Ansicht in der Lage gewesen wäre, Widerstand zu leisten, wurde vorsorglich ermordet. Die verbleibende Bevölkerung sollte als Arbeitssklaven die Agrarprodukte und Bodenschätze des Landes für die Nazis ausbeuten. Solche Pläne entsprangen den kranken Hirnen von Hitler, Himmler und Heydrich.

Als Mama und ich nach Hause kamen, erwartete uns eine weitere schlimme Überraschung. Vier Beamte der Gestapo waren dabei, unsere Wohnung zu durchsuchen. Fassungslos sah ich zu, wie sie auf der Jagd nach Bargeld, Schmuck und anderen Wertsachen Wäsche aus den Schränken rissen, Federbetten aufschlitzten und Bücher aus dem Regal warfen. Auch Mutters Pelzmantel ließen sie mitgehen. Was fast noch schlimmer war: Sie nahmen uns unsere Pässe ab.

Mama musste auf das Polizeipräsidium mitkommen. »Ich begleite dich«, rief ich, doch der Gestapo-Mann stieß mich grob zurück, als ich in das Auto einsteigen wollte. Ich hatte große Angst, dass auch Mama eingesperrt würde. Sie wurde verhört und gefragt, warum wir in die polnische Schule gehen, warum wir Polnisch sprechen, welche Rolle mein Vater in der Polnischen Gemeinde spielte, in welchen Vereinen meine Eltern waren und ob Papa Angehöriger einer Untergrundbewegung gewesen sei. Letzteres konnte Mama schon deshalb verneinen, weil sie davon nichts wusste. Mariannes Mutter erzählte Mama ein paar Tage später, dass Herr Kolter erfahren hatte, Papa sei Mitglied im ›Westverband‹ gewesen. Aber selbst diese Organisation setzte sich einfach nur für Polen ein und war keine bewaffnete Widerstandsbewegung.

Der dritte Tag nach Kriegsbeginn war ein Sonntag. Ich stand am späten Nachmittag mit Marianne im Garten und erzählte ihr von Papas Festnahme.

Auch sie stellte die gleichen hilflosen Fragen, die wir so oft hörten:

»Warum denn nur? Ich verstehe es nicht, dein Papa war doch so beliebt, er hat niemanden geschadet, sondern immer nur anderen Menschen geholfen.«

Plötzlich hörten wir einen unbeschreiblichen Heulton, der aus dem Himmel kam. Wir blickten nach oben und sahen, wie ein Flugzeug nach dem anderen auf uns herabzustürzen schien. Bevor wir überhaupt reagieren konnten, drehten die Maschinen ab und ließen dabei Bomben fallen, die der Westerplatte galten. Herr Kolter rannte aus dem Haus, deutete nach oben und rief begeistert: »Ein Stuka-Angriff!«

Die Sturzkampfbomber bildeten die Begleitmusik, als nun auch Opa Stanislaw als Vorsitzender des Kulturvereins im ›Polnischen Haus‹ verhaftet wurde. Auch er stand auf der schwarzen Liste. Als man ihn im Konzentrationslager Stutthof einlieferte, wurde als Haftgrund notiert, dass er ›feindlich gegen Deutsche eingestellt‹ sei.

Die Familie des Lagerkommandeurs SS-Sturmbannführer Max Pauly hatte früher ihre Schuhe bei meinem Großvater gekauft. Pauly forderte Opa auf, einen Entlassungsantrag zu stellen, weil er schon so alt war. Doch freute sich Opa zu früh, denn die Entlassung wurde nicht genehmigt. Im Lager unterstand meinem Opa die Schuhmacherwerkstatt. Vielleicht hatte der Ober-Nazi jetzt eine Quelle, die ihn kostenlos mit Schuhen versorgte.

Unser Telefon wurde alsbald gesperrt. Aber durch gegenseitige Besuche fanden wir nach und nach heraus, dass fast alle unsere Verwandten und Freunde auf ähnliche Weise betroffen waren. Das gab uns etwas Zuversicht, denn ewig würde man so viele Männer nicht festhalten können, glaubten wir. Trotzdem schlief ich mit dem Gedanken an meinen Papa ein und wachte damit auf, weil wir noch immer keine Nachricht von ihm hatten.

Es irritierte mich sehr, dass auch Marianne sich über die Wiedervereinigung Danzigs mit dem restlichen Deutschland freute. »Du musst das verstehen«, versuchte sie mir zu erklären, »Danzig ist ja wirklich eine deutsche Stadt. Von 400 000 Einwohnern sind mehr als 380 000 Deutsche. Behörden, Geschäfte, Kinofilme, die meisten Schulen und so weiter – alles deutsch. Und natürlich die Sprache. Wir gehören ganz einfach zu Deutschland.«

»Aber man hätte es doch auch so lassen können, wie es war«, hielt ich dagegen. Marianne wollte mir nicht wehtun und widersprach nicht. Stattdessen sagte sie: »Es ist nicht zu fassen, dass dein Papa verschwunden ist, das muss ein Irrtum sein.«

»Aber es betrifft doch nicht nur meinen Papa, sondern fast alle polnischen Männer in unserem Bekanntenkreis!«, rief ich aus. »Glaubst du an so viele Irrtümer auf einmal?«

Marianne drückte mich an sich, als in diesem Moment Herr Kolter das Zimmer betrat und den letzten Satz hörte.

»Mach dir keine Sorgen, Blondi – die Lage muss sich erst beruhigen, dann kommt dein Papa wieder frei. Und die Bank wird bestimmt auch wieder arbeiten wie früher. Ich will mich mal bei den Reichsgermanen erkundigen, wo dein Papa steckt.« Dann ging er aus dem Raum, mein Blick blieb an den glänzend braunen Stiefeln haften.

»Reichsgermanen?«, fragte ich irritiert.

»So nennen sie die Leute aus Berlin, die jetzt alles bestimmen wollen. Dabei sind wir, die deutschen Danziger, die Edelgermanen.« Marianne lachte und konnte einen gewissen Stolz kaum verbergen.

Ich fand das überhaupt nicht zum Lachen. Aber ich war auch neidisch auf Marianne. Ihr ging es gut, ihr Vater war nicht verschwunden, sondern im Gegenteil zum Leiter des Einwohnermeldeamtes befördert worden. Seinen Schnauzbart hatte er so zurechtgestutzt, dass er jetzt einem Hitler-Bärtchen ähnlich sah. Viele Deutsche verehrten den ›Führer‹, manche behaupteten sogar, ihn zu lieben. Ich konnte das überhaupt nicht begreifen. In meinen Augen war er hässlich und abstoßend und er gebärdete sich bei seinen Reden oft so, dass ich dachte, der Mann müsse komplett verrückt sein. Trotzdem jubelten ihm die Deutschen zu.

Ich hatte keine Lust, weiter mit Marianne zu reden. Und Horst? Seit dem 1. September hatte ich ihn nicht mehr gesehen, wer weiß, ob er nicht auch an irgendwelchen Schweinereien beteiligt war.

Adolf Hitler wurde in Danzig erwartet, er sollte in der mit Fahnen dekorierten und blumengeschmückten Stadt triumphalen Einzug halten. Sogar die Glocken der Kirchen mussten geläutet werden, gegen den Protest von Pater Mikos. Aber die Gestapo drohte, noch mehr Priester zu verhaften und umzubringen, falls er sich weigern sollte. Das Jubelgeschrei hing wie eine Dunstglocke über der Stadt. Das »Sieg heil!« drang bis in unsere Wohnung, und der Reichssender Danzigs schmetterte: »Die Fahne hoch, die Reihen fest geschlossen, SA marschiert, mit ruhig festem Schritt ...« Im Radio hörte ich die Reden Forsters und Hitlers, gehalten im ehrwürdigen Artushof, der durch die Anwesenheit der beiden Schreihälse und der vielen Nazi-Größen aus Danzig und Berlin beschmutzt wurde. Forster ahmte sein großes Vorbild bis in kleinste Details nach: Seine Rede hatte denselben Tonfall, er benutzte dieselben Vokabeln und provozierte mit denselben Hetztiraden die Begeisterungsstürme seiner Anhänger.

Hitler beendete seine Ansprache mit den Worten: »Danzig war deutsch, Danzig ist deutsch geblieben und Danzig wird von jetzt ab deutsch sein, solang es ein deutsches Volk gibt und ein Deutsches Reich!«

Das Deutsche Reich sollte nach den Vorstellungen des ›Führers‹ tausend Jahre dauern und zu meinem Entsetzen sah es damals tatsächlich danach aus. Es dauerte dann in Polen zwar ›nur‹ fünfeinhalb Jahre, die aber waren quälend lang. In dieser Stunde jedenfalls war ich völlig mutlos und kämpfte mit den Tränen.

Wieder einmal wurde unser Wohnviertel total abgesperrt, denn der Gauleiter gab in seiner Villa für Hitler einen Empfang. In unserer Straße wimmelte es von SS-Leuten, schneidige Kommandos hallten durch den Abend, Motoren heulten auf, Schäferhunde bellten. Dann plötzlich war der Spuk wie weggeblasen, Hitler in sein Hauptquartier im Casino-Hotel Zoppot abgefahren. Normalität kehrte zurück, hier und da durch einen nächtlichen Ruhestörer zerschnitten, der angetrunken grölte: »Die Fahne hoch …«

Tatsächlich fand Herr Kolter eine Spur von Papa. Er war in das Gefängnis ›Schießstange‹ gebracht worden. Aber als Mama dort vorsprach und sich hartnäckig bis zu irgendeinem Offizier durchfragte, erfuhr sie, dass Papa schon wieder verlegt worden sei.

»Wohin?«

Keine Antwort.

Im Oktober schließlich kam die offizielle Mitteilung, dass er in der Kaserne in Neufahrwasser interniert war. Endlich war die Ungewissheit beendet. Man gestattete uns, Päckchen mit Lebensmitteln und Kleidung für ihn abzugeben. Von Neufahrwasser wurde mein Vater auf einen Bauernhof in der Umgebung Danzigs verlegt. Er musste bei der Rübenernte helfen und konnte jemanden zu uns schicken mit der Nachricht, wo er zu finden war.

Meine Mutter fuhr sofort los. Sie entdeckte Papa vor der Scheune, als er gerade dabei war, sich den Oberkörper zu waschen. Ihre Wiedersehensfreude wurde überlagert von dem Schrecken, als sie sah, dass sein Körper von blauen Flecken übersät war. Mama brach in Tränen aus, doch Papa beruhigte sie: »Das tut nicht mehr weh, sie haben uns auf der Straße und in der Viktoria-Schule geschlagen. Hier werde ich nicht geschlagen, die Verletzungen sind dabei zu heilen.«

Papa erzählte ihr von den Folterungen, was Mama uns aber verschwieg. Sehr deprimiert und traurig kehrte sie zurück, kündigte aber an, dass wir Papa am nächsten Wochenende besuchen durften.

Als wir auf dem Hof eintrafen, rannte ich vorneweg, um endlich meinen Papa zu begrüßen. Ich sah einige Meter entfernt einen alten Mann mit Bart auf einem Hocker sitzen, der einen Strumpf stopfte. Ich schaute ihn an und ging an ihm vorbei auf der Suche nach meinem Vater. Plötzlich rief der alte Mann: »Ewa!« Es war mein Papa. Er war 41 Jahre alt, ich hatte ihn als großen, stattlichen Mann in Erinnerung. Und vor mir stand ein kleiner, gebrochener Mensch. Trotz großer Anstrengung konnte ich meinen Schock nicht verbergen und fing an zu weinen.

An Heiligabend durften wir Papa wieder besuchen. Meine Mutter bereitete ein gutes Essen zu, das wir in Töpfen mitnahmen. Er zeigte uns, wo er im Stall auf einem provisorischen Etagenbett schlief. Auf einem Hocker stand eine Waschschüssel. Über den Boden und einige Mauervorsprünge liefen Mäuse, die komischerweise keine Angst vor den Menschen hatten. Papa beruhigte mich: »Kind, mach dir keine Sorgen, mir tut niemand etwas, auch die Mäuse nicht. Ich bin hier ganz gut aufgehoben, sitze nicht in einer Zelle, sondern kann immer an die frische Luft.«

Von der Viktoria-Schule erzählte er uns nichts.

Mama bereitete in einem kleinen Raum das Abendessen vor und deckte den Tisch. Eigentlich waren wir ganz froh, denn Papa war voller Hoffnung. In der Ecke stand sogar ein kleines Tannenbäumchen. Wir konnten natürlich trotzdem nicht verdrängen, wie wir in den zurückliegenden Jahren das Weihnachtsfest gefeiert hatten. Als wir versuchten, ganz leise ein Weihnachtslied anzustimmen, versagte uns die Stimme – es ging einfach nicht. Wie es bei uns Sitte ist, teilten wir Oblaten und wünschten uns gegenseitig, dass wir im nächsten Jahr wieder zusammen sein würden.

Wir hatten niemanden bemerkt, der uns bewacht hätte. Papa hatte darum gebeten, dass wir seinen Fotoapparat mitbringen. Das war ein großer Fehler, wie wir schnell erkannten. Wir machten ein Foto mit Blitzlicht, da wurde plötzlich die Tür aufgerissen und ein bewaffneter Mann in Uniform stürzte herein.

»Wer hat hier fotografiert?«, herrschte er uns an. Er nahm den Fotoapparat an sich und forderte Papa auf, mit hinauszukommen. Wir flehten ihn an, es sei doch Heiligabend und wir hätten nicht gewusst, dass man nicht fotografieren durfte. Der Wächter ließ schließlich die Sache auf sich beruhen und hat wohl dafür den Fotoapparat als sein Eigentum betrachtet.

Papa sah schlecht aus, er war abgemagert, aber er machte Pläne, wie unser Leben weitergehen werde, und sagte, dass das nächste Weihnachtsfest bestimmt wieder so wie früher sein werde.

Es war Zeit für den letzten Bus. Am Ausgang des Hofes mussten wir Abschied nehmen. Danach habe ich meinen Papa nie mehr wieder gesehen.

Im Januar erhielten wir von ihm noch eine Postkarte, auf der er uns schrieb, dass er bald entlassen werde, er müsse sich nur vorher bei der Kommandantur in Stutthof melden, wo die Formalitäten der Entlassung vollzogen würden. Wir tanzten vor Freude durch die Wohnung. Dass Stutthof ein Konzentrationslager war, erwähnte er nicht. Nur Oma blieb misstrauisch, vielleicht wusste sie schon, was es mit dem Lager Stutthof auf sich hatte, und schwieg lieber. Erst nach dem Krieg erfuhren wir, dass unter den Gefangenen auf dem Bauernhof ein Spitzel der Nazis gewesen war, der über alles berichtete, was mein Vater und die anderen Polen sagten. Gestapo und SD hatten überall solche Informanten eingesetzt, das war mit Sicherheit für meinen Vater sehr verhängnisvoll. Denn unter Landsleuten verhielt er sich vertrauensselig und hat bestimmt nicht mit offenen Worten der Empörung über die Deutschen gespart.

Ab Mitte Januar verlegte man ihn nach Stutthof. Mein Gott, was wussten wir von Stutthof, dieser Hölle auf Erden? Wieder tappten wir im Dunkeln, wussten nicht, wo er sich befand. Auch zu Opa konnten wir keine Verbindung aufnehmen. Wie ich heute weiß, brachten sie Papa in einer Baracke mit so genannten politischen Gefangenen unter, die von den SS-Wächtern besonders schlecht behandelt wurden. Zu den Leidensgenossen zählten auch drei Priester und ein Abgeordneter des Danziger Parlaments.

Mama hingegen war guter Stimmung. Sie tat so, als habe Papa nur eine Reise angetreten und werde jeden Augenblick zurückkehren; sie rechnete von Tag zu Tag mit ihm. Deshalb war sie auch innerlich stark, als sie ein zweites Mal zur Vernehmung geholt wurde. Die Fragen waren immer wieder dieselben. Dann wurden auch Kazia und ich in das Polizeigebäude An der Reitbahn bestellt.

Sie trennten uns, aber die Türe zum Büro nebenan blieb offen, sodass ich Kazia zwar nicht sehen, aber ihre Stimme hören konnte.

Die Beamtin trug eine SS-Uniform und ich war auf der Hut.

»Warum bist du in das Polnische Gymnasium gegangen?«

»Weil ich polnischer Abstammung bin.«

»Du hast aber die Danziger Staatsangehörigkeit.«

»Ich bin Danzigerin und Polin.«

»Fühlst du dich nicht als Deutsche?«

»Nein.«

»Welche Sprache habt ihr zu Hause in der Familie gesprochen?«

»Polnisch.«

Dieser Geruch nach Bohnerwachs in den Fluren, in den Büros! Nie wieder in meinem Leben konnte ich diesen Pesthauch vergessen, den ich mit Obrigkeit, Gewalt und Allmacht verband. Wann immer ich ihn in einem Amtsgebäude roch, knipste ein Schalter die Erinnerung an, auch nach dem Krieg in Polen, wo erneut in Ämtern die Flure gebohnert und die Menschen entrechtet wurden.

»In welchen Vereinen war dein Vater tätig?«

»Weiß ich nicht.«

»War er im Westverband?«

»Keine Ahnung. Mein Vater hat einen Chor dirigiert, der hieß *Lutnia*.«

Sie fragte mich nicht nach Jan, nicht nach den Pfadfindern, nicht nach der Café-Langfuhr-Affäre. Das war gut.

»Gehst du zur Beichte?«

»Ja.«

»Bei wem?«

»Pater Mikos.«

»Hält er die Beichte in deutscher oder in polnischer Sprache ab?«

Das war eine Falle! Zum Glück wusste ich von Pater Mikos, dass er nach den Vorschriften des Gauleiters die Beichte nicht mehr in polnischer Sprache abnehmen durfte, es aber trotzdem tat. Ich antwortete:

»In Deutsch.«

Ich beobachtete, dass die Polizeibeamtin eine Akte vor sich liegen hatte, auf der Bogdan Salewski, also der Name unseres Vaters, stand. Nachdem wir entlassen waren, ging ich sofort zu Pater Mikos und warnte ihn. Er freute sich über meine Antwort bei der Polizei und lobte mich für meine Umsicht.

Dann kamen zwei Gestapo-Leute in unsere Wohnung und gaben meiner Mutter die Danziger Pässe zurück, was sie als ein gutes Zeichen wertete. Trotzdem fingen sie wieder an, alle Räume zu durchsuchen.

Meine Mutter protestierte, es sei doch schon alles durchsucht worden.

Der eine war etwas leutseliger und antwortete ihr: »Wir wollen wissen, ob Sie entgegen den Vorschriften ein Radio besitzen.«

Meine Mutter bat ihn, sich auf dem Polizeirevier zu überzeugen, dass wir unser Radio abgegeben hatten. Der andere schnitt seinem Kollegen das Wort ab: »Schluss jetzt, Sie können ja ein zweites Gerät besitzen! Leute wie Sie hören ausländische Sender ab!«

Offensichtlich waren wir vogelfrei, die Nazis konnten mit uns machen, was sie wollten, wir hatten keine Rechte.

Inzwischen besaßen sie die Macht in ganz Polen und hatten den ›Blitzkrieg‹, wie sie es nannten, gewonnen.

Marianne und ich taten so, als könnten alle Veränderungen unserer Freundschaft nichts anhaben. Sie, die Deutsche, ich, die Polin – was machte das für einen Unterschied? Aber in Wahrheit waren wir beide zutiefst verstört und übertünchten krampfhaft, dass mittlerweile Welten zwischen uns lagen. Es wäre besser gewesen, wir hätten darüber reden können. Ihr schlechtes Gewissen mir gegenüber, für das es keinen persönlichen Grund gab, und mein unausgesprochener Vorwurf wegen allem, was uns die Deutschen antaten, wofür sie nichts konnte, verschlossen uns den Mund.

Ich saß wieder mal bei Kolters in der Küche, wir sprachen über belanglose Dinge, zum Beispiel, ob sich Marianne die Haare jeden zweiten oder nur jeden dritten Tag waschen sollte. Auf dem Tisch lag der ›Danziger Vorposten‹. Gedankenlos blätterte ich in der Zeitung und zog eine Beilage heraus, deren Überschrift mir ins Auge sprang.

Merkblatt

» Wie verhalten wir uns gegenüber Polen?«

Haltet Abstand zu den Polen. Werdet nicht zu Verrätern an der deutschen Volksgemeinschaft.

»Was würdest du sagen, Ewa, wenn ich meine Haare abschneiden würde?«

Wie ein Automat antwortete ich: »Die Zöpfe stehen dir doch gut.«

Lasst Polen nicht mit an eurem Tisch essen. Bei euren Feiern und Festen haben Polen nichts zu suchen. Nehmt die Polen nicht in eure Gasthäuser mit.

Mariannes Stimme drang zu mir wie durch einen Nebel: »Aber Bubikopf ist modern.«

»Trotzdem, so hast du die Auswahl, kannst einen oder

zwei Zöpfe flechten oder die Haare offen tragen.« War das überhaupt meine Stimme?

Gebt den Polen auch sonst keine Vergünstigungen. Seid gegenüber den Polen selbstbewusst.

»Meinst du?«, fragte Marianne. »Aber vielleicht hast du Recht, wenn sie erst mal ab sind, dauert es lange, bis sie wieder wachsen. Komm wir losen, ob ich sie abschneiden soll.«

Haltet das deutsche Blut rein.

So wie es als größte Schande gilt, sich mit einem Juden einzulassen, so versündigt sich jeder Deutsche, der mit einem Polen oder einer Polin intime Beziehungen unterhält. Seid rassenbewusst und schützt eure Kinder. Ihr verliert sonst ...

»Hörst du mir überhaupt noch zu?«

Ich las laut weiter: »*... euer höchstes Gut: eure Ehre. Deutsche, seid zu stolz, euch mit Polen einzulassen!*«

Ich schob ihr das Papier über den Tisch. Entgeistert blickte Marianne zwischen mir und dem Zettel hin und her. Fing an zu lesen, schüttelte ungläubig den Kopf.

»Was kann ich denn dafür, du blöde Kuh!«, schrie sie mich in ihrer Hilflosigkeit an.

Sie las weiter, ich stand auf und wollte gehen. Tränen schossen ihr in die Augen, sie zerknüllte das Merkblatt und warf es auf den Boden.

»Verdammter Mist!«, schluchzte sie. Dann ging sie auf mich zu, schlang ihre Arme um meinen Hals und wurde von einem Schluchzen geschüttelt.

Als Lagerschuster hatte mein Großvater im KZ Stutthof eine gewisse Bewegungsfreiheit. So konnte er unauffällig am Zaun entlang bis zur Baracke für politische Gefangene gehen und dort seinen Sohn treffen. Manchmal brachte er Papa sogar etwas zu essen.

Die politischen Häftlinge wurden schikaniert und zu schrecklichen Arbeiten gezwungen. Sie mussten die Toiletten sauber machen, die in einem widerwärtigen Zustand waren. Oder sie mussten barfuß im Schnee arbeiten.

Am 17. März 1940 trat unter Vorsitz des Lagerkommandanten Pauly eine Kommission zusammen und wählte aus, wer als ›Aktivist für das Danziger Polentum‹ zum Tode zu verurteilen sei.

Am 22. März 1940, es war Karfreitag, fuhr in den frühen Morgenstunden ein Lastwagen vor der Baracke vor. 67 Männer, darunter mein Papa, mussten auf die Ladefläche steigen. Die Fahrt führte in ein Waldstück, etwa zwei Kilometer vom Lager entfernt. Dort angekommen, mussten die 67 Häftlinge absitzen und eine große Grube anlegen. Dann mussten sie sich bis auf die Unterhosen entkleiden und so jeweils zu zehnt nebeneinander am Grubenrand antreten. SS-Leute standen hinter ihnen und gaben ihnen einen Genickschuss. Ihre Körper fielen nach vorne in die Grube.

Die Mordaktion wurde von einer deutschen Frau beobachtet. Sie arbeitete für das Forstamt und pflanzte in der Nähe junge Fichten. So wurde sie unbemerkt Zeugin. Sie verbarg sich im Dickicht. Als das Massengrab zugeschüttet war, rückte die SS ab. Die Frau ging an diese Stelle und pflanzte drei Tannenbäumchen. Sie erzählte niemandem davon aus Angst, sie könnte als Zeugin ebenfalls umgebracht werden.

Nach mehr als einer Stunde kehrte der Lkw wieder in das Lager zurück – ohne die Männer. Häftlinge mussten die Kleidung entladen. Damit war allerdings klar, was geschehen sein musste, und heimlich sprach sich das Verbrechen wie ein Lauffeuer im Lager herum.

Mama, Kazia und ich hatten nicht die geringste Ahnung, was sich nur etwa 35 Kilometer von uns entfernt zutrug. Am selben Tag klingelte eine unbekannte deutsche Frau an unserer Wohnung. Ich öffnete die Tür, sie wollte meine Mutter sprechen.

»Die ist nicht zu Hause.«

»Bist du die Tochter?«

»Ja.«

»Sag deiner Mama, dass der Papa umgekommen ist.«

Ich war mit den Nerven fertig nach all den Schikanen und den Verhören bei der Polizei. Ich schrie sie an: »Was wollen Sie denn, wollen Sie uns auch quälen?!«

Sie antwortete: »Nein, nein, das ist wahr.«

Ich war völlig außer mir und schrie erneut: »Nein, Sie lügen! Mein Vater hat uns geschrieben, dass er bald entlassen wird!«

Da war sie auch schon verschwunden.

Ich wusste nicht, was ich tun sollte. Hatte ich geträumt? War da eben wirklich eine Frau, die ein dunkelblaues Kopftuch und einen weißen Mantel mit Gürtel trug, an unserer Türe? Hatte ich mich verhört? Wollte sie für das Winterhilfswerk sammeln und verkündete gar keine so schreckliche Botschaft? Fing ich langsam an, an Verfolgungswahn zu leiden?

Als ich mich etwas beruhigt hatte, kam ich zu der Überzeugung, dass ich wirklich mit dieser Frau gesprochen hatte, dass sie aber nicht die Wahrheit sagte. Woher sollte sie denn diese Information besitzen? Wir würden doch in einem solchen Fall bestimmt von einer amtlichen Stelle benachrichtigt, aber das war gottlob nicht geschehen. Und es schwirrten so viele Gerüchte durch die Gegend, jeder wusste irgendwelche Neuigkeiten, die einander nicht selten widersprachen. Ich entschied für mich: Solange nicht das Standesamt oder die Polizei oder eine andere Behörde eine Mitteilung machte, lebte mein Papa!

Ich wollte meiner Mama natürlich alles genau erzählen. Aber als sie dann endlich nach Hause kam, verließ mich der Mut. Sie war gerade guter Stimmung, hatte mit einer Freundin Kaffee getrunken. Sollte ich sie auf so ungewisser Grundlage in ein solches Tief stürzen? Wie würde sie es aufnehmen? Würde sie womöglich zusammenbrechen? Sie hatte doch schon Sorgen genug mit uns vier Kindern. Ich brachte es nicht übers Herz und schlich in mein Zimmer. Ich versiegelte die Schreckensnachricht in meinem Herzen und beschloss, niemandem davon zu erzählen, ausgenommen Pater Mikos.

Am Karfreitag war es unmöglich, Pater Mikos zu erreichen. Da Ostern im katholischen Polen ein sehr hoher Feiertag ist, wagte ich es auch nicht an den folgenden Tagen, denn als Priester hatte er viel zu tun. Erst am Dienstag der folgenden Woche ging ich zu ihm.

Er bewohnte das kleine, alte Pfarrhaus neben der Kirche, dessen Räume mit Holztafeln und Schnitzereien eine besondere Atmosphäre ausstrahlten und mich anzogen. Überhaupt fühlte ich mich bei ihm wohl, denn er war mir als Freund der Familie seit Jahren vertraut. Er war vier Jahre jünger als Papa und spielte ebenfalls Geige. In der letzten Zeit kam er immer öfter zu uns, um mit uns zu musizieren, um zu feiern oder auch nur ein Schwätzchen zu halten. Manche Priester sind unnahbare Respektspersonen, er war das Gegenteil.

Ich mochte ihn auch, weil er ein wirklich gut aussehender Mann war. Er hatte ein schmales, edles Gesicht und gütige Augen. Er interessierte sich für Literatur, rezitierte gern polnische Dichter und konnte gut zuhören. In seiner Gemeinde war er sehr beliebt. Er galt als energisch, nicht zuletzt wegen seiner Predigten, in denen er in den letzten Jahren jede Form von Ungerechtigkeit anprangerte und mutig gegen den Nazi-Terror Stellung bezog. Seinem Bischof gegenüber war er zwar Gehorsam schuldig, aber er machte es ihm nicht leicht. Nur widerstrebend befolgte er die Anordnung, nur noch in deutscher Sprache zu predigen. Alle Gegenstände mit polnischen Aufschriften musste er aus der Kirche entfernen und deutsche Gesangbücher einführen. Der Bischof beugte sich der Erpressung der Gauleitung und der Gestapo, denn es waren bereits 450 Priester im Bistum ermordet worden. Die Nazis behaupteten, polnische Pfarrer seien als Zellen des Widerstandes anzusehen. Der Bischof wollte nicht noch mehr Menschenleben riskieren und war deshalb in einer Zwangslage, sodass er sogar bei Hitlers Besuch die Glocken läuten ließ.

»Was sollte der Bischof sonst machen?«, fragte Pater Mikos resigniert.

Ich ging bei ihm zur Beichte. Er hielt sie in Polnisch ab, was verboten war. Ich fragte ihn, ob es eine Sünde war, wenn ein fünfzehnjähriges Mädchen ihren Freund küsste. Er hat mir Absolution erteilt und mir eine Wiederholung nicht verboten. Leider gab es Polen – oder sollte ich sie besser als verräterische Schweine bezeichnen? –, die den Nazis meldeten, dass Pater Mikos die Beichte nicht in Deutsch abnahm. Überall hatte die Gestapo ihre Spitzel. Der ›Sachbearbeiter für Kirchenfragen‹ notierte alles in der Akte Jerzy Mikos.

Pater Mikos hatte seinen ›ablieferungspflichtigen‹ Volksempfänger entgegen den Vorschriften behalten und hörte regelmäßig den englischen Sender BBC. So erfuhr ich von ihm, dass sich in London eine polnische Exilregierung gebildet hatte, die von dort aus gegen die deutsche Besetzung Polens agierte, eine geheime Armee aufbaute und für wahrheitsgemäße Informationen sorgte. Auf diesem Weg wurde mir auch bekannt, dass das polnische Militär gar keine Chance hatte, uns in Danzig zu befreien, denn die militärische Übermacht der Deutschen war gewaltig. Was konnte die Armee zum Beispiel mit einem Reiterregiment schon gegen Panzer ausrichten?

Ich saß bei Pater Mikos in seinem kleinen Büro. Auf dem Schreibtisch, den Stühlen und dem Boden lagen überall Bücher oder Stapel von Papieren. Mittendrin schuf er eine kleine Oase für eine brennende Kerze und zwei Tassen Tee.

»Du bist sicher, dass es eine deutsche Frau war, Ewa?«, fragte er.

»Ich habe keinen Zweifel, wenn ich sie auch noch nie gesehen habe.« Mich quälte nicht nur die Todesnachricht selbst, sondern auch, dass ich Mama immer noch nichts davon erzählt hatte.

»Du solltest es auf jeden Fall deiner Mutter berichten«, meinte Pater Mikos. »Aber ich will mich vorher erkundigen, dann können wir den Wahrheitsgehalt besser einschätzen. Ich vermute, dein Papa wird in Stutthof festgehalten. BBC hat vor ein paar Tagen erwähnt, dass das

Lager immer größer wird und bereits tausende Insassen hat. Es gibt Gefangene in Außenlagern, zu denen ich Kontakt habe. Vielleicht können sie nach Bogdan forschen.« Er registrierte meinen angstvollen Blick und fuhr fort:»Noch gibt es Hoffnung. Es wird viel Unsinn verbreitet. Nicht böswillig, sondern weil Vermutungen vorschnell zu Tatsachen erhoben werden. Oder weil manche sich wichtig tun, obwohl sie nichts Genaues wissen.«

Ich seufzte und war schon fast ein wenig erleichtert. »Und was ist mit dieser Geheim-Armee, kann man da mitmachen?«

Pater Mikos lächelte:»Lass mich über BBC mehr über die Heimatarmee in Erfahrung bringen, ich werde es dir berichten. Dann überlegen wir, wie wir diesem Hitler Beine machen. Ich werde dich mit den richtigen Leuten in Verbindung bringen, ich glaube, wir haben viele Möglichkeiten und gute Chancen.« Er lachte aufmunternd. »Auch du, Ewa, findest deinen Platz. Dieses Unrecht kann und wird nicht siegen!«

Im Nebenraum, in dem normalerweise Kommunionkinder unterrichtet wurden, wartete Gerlinde. Sie hatte bereits den Notenständer aufgebaut und öffnete gerade den Geigenkasten, als ich eintrat. Sie war ungefähr zwei Jahre älter als ich und nahm bei Pater Mikos Geigenunterricht. Ich kannte Gerlinde, deren Eltern Deutsche waren, nur flüchtig, trotzdem grüßte sie mich mit einem fast liebenswürdigen Lächeln, das mir ein komisches Gefühl verursachte.

Ihre Freundlichkeit täuschte, wie ich bald erfuhr. Nach diesem Besuch sah ich Pater Mikos nie wieder. Seine letzten Worte aber brannten sich in meine Seele ein. Hitler Beine zu machen, das war für mich wie ein elftes Gebot.

Gerlindes Eltern spielten mit Pater Mikos in einem Quartett, sie machten seit Jahren gemeinsam Hausmusik und waren gut befreundet. Die streng katholische Familie reagierte sehr beunruhigt, als Gerlindes Verhältnis zu einem evangelischen Freund immer enger wurde und beide sich gegen den Willen der Eltern verlobten. Sie baten Mikos, ihrer Tochter ins Gewissen zu reden. Der Priester tat dies seinem Glauben und seiner Überzeugung gemäß, dass nämlich eine Ehe mit einem evangelischen Mann nicht im Sinne der katholischen Kirche sei. Darüber war Gerlinde sehr erbost und noch mehr wohl ihr Verlobter, ein SS-Obersturmführer. Gerlinde erstattete Anzeige bei der Gestapo. Sie wisse, dass Mikos mit einem verbotenen Rundfunkgerät BBC höre, und sie sei Zeugin, dass er die Informationen aus feindlichen Propagandasendungen an polnische Gemeindemitglieder weitergebe. Bei einer Durchsuchung fand die Gestapo den Volksempfänger, auf der Skala des Radios war der Sender auf BBC London eingestellt. Mikos wurde verhaftet und wegen ›Rundfunkverbrechens‹ angeklagt. Der Prozess fand sogar vor dem Volksgerichtshof in Berlin statt. Der Angeklagte wurde nach der ›Verordnung über außerordentliche Rundfunkmaßnahmen‹ zum Tode verurteilt, weil er ›fremde Sender abgehört und das Gehörte in kirchlichen Kreisen verbreitet‹ hatte. Ein Gnadengesuch blieb erfolglos und Pater Mikos wurde im Zuchthaus Brandenburg-Görden hingerichtet.

Ob Gerlinde nur das Gespräch zwischen mir und Pater Mikos belauscht oder noch mehr ausspioniert hatte, weiß ich nicht zu sagen. Sie kannte nicht meinen Namen, weshalb ich nicht in die Fänge der Gestapo geriet. Jedenfalls sagte Gerlinde in dem Prozess gegen Pater Mikos als

Zeugin aus, zwei Tage, bevor sie ihren SS-Mann heiratete. Spätestens jetzt begann ich die Nazis wirklich zu hassen und nannte sie oft *Niemieckie Swinie* – ›deutsche Schweine‹. Glücklicherweise standen nicht alle Deutschen auf der Seite der Nazis. Aber den Hass vieler Deutscher auf uns Polen registrierte ich ja schon seit geraumer Zeit. Manche Polen, die deutsche Vorfahren hatten und die deutsche Staatsbürgerschaft annahmen, um auf der Seite der Sieger zu sein, strafte ich mit Verachtung. Selbst die Deutschen hatten nicht viel für sie übrig und nannten sie ›Wassergermanen‹ oder ›Halbgermanen‹. Aber sie brauchten sie als Soldaten und willige Arbeitskräfte. Einen unheimlichen Zorn jedoch hegte ich gegenüber Polen, die mit den Nazis gemeinsame Sache machten. Die ihre eigenen Landsleute verrieten, weil sie sich irgendeinen Vorteil davon versprachen.

Es gab auch polnische Frauen, die sich mit deutschen Männern einließen. Auf unseren Karikaturen sah das so aus: Ein Deutscher in Uniform hält an seiner Hand ein Schwein und blickt es liebestoll an. Ich kam damals gar nicht auf die Idee, dass es sich vielleicht um Beziehungen handeln könnte, in denen beide ehrliche Gefühle füreinander hegten.

Ende April kam Frau Kolter zu uns rüber und wollte Mama sprechen. In den letzten Monaten legte Mama Wert darauf, dass ich bei ihr war, wenn etwas wichtig zu sein schien, das machte mich stolz. So schickte sie mich nicht weg, als Frau Kolter sagte: »Mein Mann will nicht selbst in Erscheinung treten, aber er hat ein Papier gesehen, demzufolge in nächster Zeit das gesamte Privateigentum von Polen beschlagnahmt werden soll. Wenn Sie wollen, können wir einige Sachen für Sie in Verwahrung nehmen, bis die Zeiten wieder günstiger sind.«

Mama drückte Frau Kolter gerührt die Hand und sagte, dass sie jetzt den Glauben an die Menschheit doch nicht ganz verloren habe. So schafften wir einen Teil unseres Schmucks und einige wertvolle Teppiche zu unseren Nachbarn. Frau Kolter hat bis Mitte 1944 nach und nach alles verkauft und das Geld meiner in Danzig verbliebenen Oma gebracht, die dadurch besser überleben konnte.

Der grausame Justizmord an Pater Mikos deprimierte mich. Die Deutschen maßten sich das Bestimmungsrecht über Leben und Tod an. Sie waren die Herren, wir die Knechte, die Sklaven, die man einfach töten durfte, wenn man sie loswerden wollte. Sie hatten eine Abkürzung für uns erfunden, wir bestanden nur noch aus zwei Buchstaben: PM, das hieß ›Polnische Minderheit‹. Ich fühlte mich leer und zu nichts mehr nutze. Goebbels schrieb in sein Tagebuch, es sei schon ›allerhand Judenunrat liquidiert worden‹. Er hätte ergänzen können, dass man jetzt die Polen wie Läuse und Wanzen zertrete. Zur Schule durfte ich sowieso nicht mehr gehen, deshalb verließ ich unser Haus am liebsten gar nicht mehr, um nicht auf Schritt und Tritt mit der schreienden Ungerechtigkeit konfrontiert zu werden. In Ämtern hatten Polen den Deutschen den Vortritt zu lassen; wir durften nur zu bestimmten Zeiten einkaufen, wenn die Deutschen bereits ihre Taschen gefüllt hatten; die polnische Sprache sollte total ausgerottet werden; mehr als drei Polen war es nicht erlaubt, sich zu treffen, nicht mal in der eigenen Wohnung, bestimmte Straßenbahnlinien wurden für uns gesperrt, höhere Schulen oder Universitäten durften wir nicht besuchen. Himmler schrieb, wie er sich die Zukunft des polnischen Nachwuchses vorstellte: »Einfaches Rechnen bis höchstens 500 lernen, den Namen schreiben können und eine Lehre machen. Den Deutschen gehorsam zu sein, ist ein göttliches Gebot. Lesen zu können halte ich nicht für erforderlich.« Und selbst nach dem Tod waren die Menschen noch immer nicht gleich: »Bestattungen von Deutschen und Polen haben auf verschiedenen Friedhöfen stattzufinden.« Ansonsten galt das allgemeine Motto: »Juden und Polacken raus aus Danzig!«

Kurz vor Pfingsten 1940 erschienen plötzlich zwei ältere bewaffnete SA-Leute und ordneten an: »Einpacken! Einpacken! Einpacken! Ihr müsst innerhalb einer Stunde die Wohnung verlassen! 30 Kilo Gepäck pro Person sind erlaubt, kein Gramm mehr!«

Die Wohnung war für die Feiertage blitzblank geputzt, im Backofen befand sich ein Kuchen, denn Mama wartete auf Papa, sie rechnete fest mit seiner Entlassung. Sie war voller Hoffnung und verdrängte die Realität. Sie wollte und konnte sich nicht vorstellen, dass unschuldige Menschen umgebracht wurden, die niemandem etwas zuleide getan hatten.

Mama sagte: »Aber ich warte doch auf meinen Mann! Was ist mit meinem Mann?«

»Da wo Sie hinfahren, werden Sie Ihren Mann treffen«, antwortete einer der beiden.

Mein Herz fing an zu rasen. Würden wir wirklich unseren Papa wieder sehen? Aber das Gesicht der Frau, die mir die Todesnachricht überbrachte, war so voller Mitleid gewesen. Hatte sie nicht doch die Wahrheit gesagt?

Mir schossen drei Gedanken durch den Kopf: Ich

musste Jan benachrichtigen, denn wir waren am selben Nachmittag am Milchkannentor verabredet und er musste wissen, warum ich nicht kommen konnte. Außerdem musste Oma informiert werden. Und: Wir hatten noch Lebensmittelkarten! Das war damals enorm wichtig, denn man konnte nur mit solchen Karten einkaufen. Da wir die Danziger Staatsbürgerschaft besaßen, gaben uns die Nazis damals noch dieselben Karten wie den Deutschen auch, erst einige Zeit später haben sie es dann eingestellt.

Ich fragte den SA-Mann: »Kann ich noch schnell mit den Lebensmittelkarten einkaufen gehen?«

»Ja, aber dalli«, war die barsche Antwort.

Ich rannte los, als Erstes zur taubstummen Tante von Jan. Was für ein Glück, dass ich inzwischen wusste, wie man sich mit ihr verständigte. Sie wollte Jan alles ausrichten. Ich eilte weiter zu unserer Oma und sagte ihr Bescheid.

Dann raste ich in der Hundegasse in ein Lebensmittelgeschäft, die deutsche Inhaberin war bisher immer sehr nett zu uns gewesen. »Bitte, alles was auf der Karte drauf ist!«

»Warum denn gleich alles?«, wollte sie erstaunt wissen.

»Weil wir ausgewiesen werden.«

Sie verzog schmerzvoll das Gesicht, atmete tief aus und wischte verlegen ihre Hände an der Schürze ab. Dann packte sie mehrere große Tüten voll, die ich nach Hause schleppte.

Zu Hause war Mama beim Einpacken. Wir durften nur Garderobe mitnehmen und den Schmuck, den Mama und wir Kinder am Körper trugen. Die beiden SA-Männer überwachten alles sehr genau. Was an Geld,

Schmuck oder Silberwaren in Schubladen lag, mussten wir zurücklassen.

Inzwischen kam Anna Kolter zu uns rüber. Sie fragte die SA-Männer: »Was ist hier los, was geschieht mit meinen Nachbarn?«

»Die werden ausgewiesen.«

»Aber warum?«, fragte Frau Kolter. »Das sind anständige Leute, ich kenne sie schon seit über fünfzehn Jahren.«

»Das sind Polen, gute Frau, die fliegen raus.«

»Hören Sie mal, wer hat das angeordnet? Die Salewskis haben niemandem etwas getan!«

»Das geht Sie nichts an, gute Frau. Machen Sie jetzt keine Sperenzchen und verschwinden Sie!« Der SA-Mann schob Anna Kolter durch die Tür.

Ich lief hinter Frau Kolter her, sie umarmte mich lange und weinte. Meine Freundin Marianne war nicht zu Hause. Es gab mir einen Stich ins Herz, dass ich mich nicht von ihr verabschieden konnte.

Oft habe ich mich sehr dankbar an Frau Kolter erinnert, denn ihr Verhalten war nicht ohne Risiko für sie und ihren Mann, falls die SA-Leute eine Meldung geschrieben hätten.

Fanatische Vertreter des Nationalsozialismus waren die beiden Uniformierten nicht. Sie zeigten allerdings keine menschliche Regung. Ob sie Mitleid empfanden, ob sie ihren Auftrag billigten oder nicht, verbargen sie hinter einer gleichgültigen Amtsmiene. Solche Männer gab es viele, das Regime konnte sie bestens für seine Zwecke missbrauchen. Widerspruch war ihnen fremd, sie erfüllten gehorsamst ›ihre Pflicht‹.

Mein Papa, da war ich sicher, hätte sich anders verhalten. Dieser Gedanke machte mir Mut. Ich wollte zur Erinnerung meine Lieblingspuppe einpacken, aber der SA-Mann verbot es mir. Daraufhin schlug ich Teresa mehrmals mit großer Wucht auf den schweren Holztisch, sodass sie in tausend Stücke zersprang. »Wenn ich sie nicht haben darf, soll auch niemand sonst damit spielen.«

Der SA-Mann gab mir eine Ohrfeige, die ich trotzig verkraftete; auf keinen Fall hätte ich vor ihm geweint. *Szkop!*, dachte ich, das war unsere beleidigende Bezeichnung für seelenlose deutsche Befehlsempfänger.

Es war ein merkwürdiges Gefühl, als wir vor unser Haus traten und den beiden SA-Leuten unsere Wohnungsschlüssel übergeben mussten. Aber ich glaubte keine Sekunde, dass das ein Abschied für immer war, und auch nicht, dass die Nazis unser Eigentum plündern und fremde Menschen hier einziehen würden. Ich dachte, dass wir in ein paar Monaten wieder zurückkommen und die Türe aufschließen würden und dass dann alles wieder wie früher wäre. Deshalb war mir das Herz nicht so schwer wie vermutlich meiner Mutter. Ich dachte auch kurz an Marianne, aber am meisten belastete mich in diesem Moment, dass ich mich nicht von Jan verabschieden konnte.

Wir gingen durch den Vorgarten und wurden auf der Straße johlend und pfeifend von mehreren Jungen in HJ-Uniform empfangen. »Polacken raus! Polnische Schweine raus!«, riefen sie im Chor. Wir wurden in ein grünes Polizeiauto verfrachtet, dessen Motor zunächst nicht ansprang, so als wollte eine unsichtbare Hand das Unrecht in letzter Sekunde aufhalten. Als sich der Wagen schließlich doch in Bewegung setzte, klatschten die Hitler-Jungen Beifall. In diesem Moment hastete Jan um die Ecke. Er sah mich im Auto am Fenster sitzen und erfasste sofort die Situation. Unsere Blicke trafen sich, seine Lippen formten den Satz: »Ich liebe dich.« Unglücklich und glücklich zugleich ergab ich mich in mein Schicksal.

Sie brachten uns in das ›Polnische Haus‹ in der Wallgasse, wo wir früher oft gefeiert hatten, wo Theaterstücke aufgeführt worden waren oder Papa mit seinem Chor aufgetreten war. Jetzt war das Gebäude in der Hand der Nazis. Als wir ankamen, waren dort bereits andere polnische Familien versammelt. Unser Gepäck wurde gründlich nach Geld und Gold durchsucht. Hatten Frauen Zöpfe oder lange Haare, wurde sogar dort nachgeschaut, es war entwürdigend. Manche mussten sich sogar nackt ausziehen.

Dann wurden Mama und ich einer Kommission vorgeführt. Drei Beamte musterten uns abschätzig und fragten Mama: »Sie sind doch Danzigerin. Sie sind in Danzig geboren, Ihre Muttersprache ist somit Deutsch. Warum haben Sie Ihre Kinder als Polen erzogen?«

Mama antwortete, dass wir zwar die Danziger Staatsbürgerschaft besäßen, von unserer Abstammung her seien wir aber eine polnische Familie.

Dann rückte der Vorsitzende mit einem verlockenden Angebot heraus: »Sie haben bestimmt von unserem Programm der Germanisierung gehört, es geht um Ihre Umvolkung. Wenn Sie sich jetzt für die Deutschstämmigkeit entscheiden – bitte, Sie können zurück in Ihr Haus.«

Mama zögerte keine Sekunde und sagte ganz schlicht: »Ich bin keine Deutsche. Ich bin Polin und meine Muttersprache ist Polnisch.«

Später fragte ich sie: »Du warst ganz ruhig, so konsequent und sicher. Kamen dir keine Zweifel, auch wegen der ungewissen Zukunft für uns Kinder?«

Da erzählte mir Mama, dass Papa bei unserem letzten Besuch auf dem Bauernhof zum Abschied zu ihr gesagt hatte: ›Was auch immer passiert, vergiss nie, dass du und deine Kinder Polen seid!‹ Und sie fügte hinzu: »Wie kann ich mich denn zum Deutschtum bekennen und die deutsche Staatsangehörigkeit annehmen, wenn sich diese Deutschen wie die Barbaren benehmen?«

Wir wurden in einen Bus verfrachtet, der uns nach Gdynia bringen sollte. Kurz vor der Abfahrt tauchte wie durch ein Wunder meine Tante auf. Sie hatte die Erlaubnis erhalten, ein Zimmer in unserer Wohnung zu beziehen. Sie brachte uns den frisch gebackenen Kuchen und Getränke und erzählte, dass einer der beiden SA-Männer zurückgekehrt sei mit der vertraulichen Information, dass auch sie demnächst ausgewiesen werde und ihre Sachen in Sicherheit bringen solle. Als Gegenleistung für die Warnung erbat er sich Papas teure Angler-Ausrüstung, »die ja sowieso beschlagnahmt ist«.

Deportation

Der Bus fuhr zum Bahnhof in Gdynia. ›Gotenhafen Hauptbahnhof‹ las ich am Bahnhofsgebäude. Bilder der Vergangenheit stiegen vor mir auf: Wie wir mit Papa mit der Bahn nach Gdynia fuhren, als ich ganz klein war und wir noch kein Auto besaßen. Papa hielt eine grüne Bahnkelle in der Hand und schaute so lange aus dem Fenster, bis der richtige Bahnbeamte das Abfahrtszeichen gab. In dem Moment streckte Papa die Kelle hinaus, ich jauchzte und dachte, er hätte den Zug in Bewegung gesetzt. An der nächsten Station wiederholte sich das Spiel. Ich war ungeduldig und forderte Papa, der sich aus dem Fenster lehnte, auf: »Nun mach schon, lass ihn weiterfahren.«

Papa antwortete lächelnd: »Ich muss doch erst schauen, dass keine Menschen mehr vor der Lokomotive herumlaufen.«

Wir mussten einen Hintereingang zum Bahnhof benutzen. Auf einem Nebengleis stand ein Zug mit normalen Personenwagen unter Dampf, abfahrbereit. Der Bahnsteig wurde von mehreren SS-Männern mit Hunden bewacht. Mama schaute sich suchend um und weigerte sich dann einzusteigen. Sie sagte zu einem Uniformierten: »Ich fahre nicht mit, ich warte auf meinen Mann.«

»Er wird mit einem der nächsten Züge nachkommen«, versicherte der Uniformierte. »Nun steigen Sie schon ein.«

Mama ließ sich durch diese Worte beruhigen, mir aber wurde ganz schwindelig und Krystina fing jämmerlich zu weinen an. Ich fühlte mich in diesem Moment elend und deprimiert.

Während der Fahrt unterhielten sich die Erwachsenen wild gestikulierend, Gerüchte über das Ziel unserer Reise schwirrten hin und her. Erstmals erfuhr ich davon, dass es KZ gab, ich konnte mir darunter nichts vorstellen. »Was ist ein KZ, Mama?«

»Das heißt Konzentrationslager. Es kann sein, dass sie uns in so ein Lager bringen.« Andere berichteten eilfertig, dass in einem KZ gehungert werde und viele an Krankheiten starben. Kazia und Elzbieta wollten sofort etwas von unserem Kuchen haben, auch ich verspürte Heißhunger. Mama war wieder ganz ruhig. Der Zug hielt an größeren Stationen, weitere polnische Familien stiegen zu. Jedes Mal schaute Mama aus dem Fenster, ob nicht Papa auf dem Bahnsteig zu entdecken sei. Sie flüchtete sich offensichtlich in den Gedanken, Papa bald wieder zu sehen. Wir fuhren stundenlang, bis klar war, dass es in Richtung Kutno ging. Das bedeutete, wie ich mir von einem älteren Polen, der immer alles besser wusste, erklären ließ, dass wir wohl nicht als Arbeitssklaven nach Deutschland gebracht würden, denn dann wäre es ab Bromberg in Richtung Westen gegangen. Als dann der Zug die Richtung Lublin einschlug, kam das Gerücht auf, dass das Generalgouvernement unser Ziel sei.

»Generalgouvernement?«, fragte ich und erfuhr, dass die Nazis ein Gebiet in Polen so nannten, wohin Leute wie wir abgeschoben wurden und leben sollten. Immerhin sei das besser als ein KZ und besser als Zwangsarbeit in Deutschland, meinte Mister Allwissend.

Ab und an fand ich diese Fahrt ins Ungewisse auch spannend, jedenfalls solange Krystina nicht quengelte und Mama nicht traurig dreinschaute. Was wohl Jan dachte? Das Rattern der Räder auf den Schienen, das Rumpeln des Wagens über Weichen, das mühsame Schnaufen der Dampflokomotive machten mich schläfrig. Ich träumte, dass Papa lebte, uns aber verlassen hatte und eine andere Frau liebte. Er hatte uns verraten. Erschrocken wachte ich auf, Mama strich mir übers Haar.

Wir fuhren die ganze Nacht hindurch und den nächsten Tag. Der Zug bewegte sich sehr langsam und blieb oft stehen. Gegen Abend war schließlich Lublin die Endstation, wir mussten alle den Zug verlassen. Mama blieb mit ihren vier Kindern und dem Gepäck auf dem Bahnsteig einfach sitzen und erklärte einem Uniformierten: »Ich warte auf meinen Mann.«

»Oh lieber Gott«, dachte ich verzweifelt, »was ist mit Papa? Lebt er noch? Kommt er wirklich nachgereist?«

Als hätten sich die Nazi-Schergen abgesprochen, erhielt Mama wieder die Antwort, dass Papa mit einem der nächsten Züge eintreffe. Wohl oder übel gab sie sich zufrieden.

Vor dem Bahnhof warteten Bauern mit Pferdewagen. Wir und eine zweite Familie wurden einem solchen Gefährt zugeteilt, auf den hölzernen Leiterwagen verladen, dann ging es los. Ich hatte nicht erwartet, dass wir noch eine weitere Nacht unterwegs sein würden. Ich saß hart und unbequem auf einem Brett, schwankte übermüdet hin und her, und zu allem Übel fing es an zu regnen.

Nach einer Weile war unsere Kleidung völlig durchnässt, ich fror jämmerlich.

Erst in den frühen Morgenstunden erreichten wir das Dorf Zarpow und wurden vor einem Bauernhof abgesetzt. Wir klopften an die Haustür, aber niemand öffnete. Erschöpft schlief ich in der Morgensonne, die meine Kleidung trocknete, ein. Dann erschien der Bauer und begrüßte uns mit ausgebreiteten Armen. Seine Frau war erschrocken und weniger begeistert, sie hatte Arbeitskräfte erwartet und nicht eine Mutter mit vier Kindern. Der Bauer aber sagte gütig: »Wer weiß, wie es uns noch ergehen wird und ob nicht auch wir einmal Hilfe brauchen.«

Das Leben im Generalgouvernement bedeutete, wie ich bald merkte, einen Gewinn an Freiheit. Wir lebten weiter in Polen, konnten polnisch sprechen und hatten unsere Eigenständigkeit. Zwar existierten wir in armseligen Verhältnissen, doch atmeten wir polnische Luft und konnten unter unseren Landsleuten sein. Mit Gestapo und SS hatten wir jedenfalls weniger zu tun als in Danzig, die ließen sich hier auf dem flachen Land viel seltener blicken.

Die Bäuerin gab uns frisches Bauernbrot und Butter. Wir erhielten ein Zimmer mit einem Küchenherd, sonst war der Raum leer. Geschlafen haben wir auf Stroh, das wir aus der Scheune holten. Kein Stuhl, kein Bett – alles spielte sich auf dem Fußboden ab.

Die Haltung meiner Mama, die immerhin an einen gewissen Luxus gewöhnt war, imponierte mir. Wir lebten unter einfachsten Bedingungen. Die Arbeit auf dem Feld war schwer, als Gegenleistung erhielten wir Lebensmittel, mussten aber selbst kochen und Brot backen. Das Brennholz mussten wir uns im Wald suchen.

Am schlimmsten waren die Läuse. Sie waren einfach da, wir konnten noch so viel waschen und schrubben, es war ein ständiger Kampf. Wenn ich in Danzig mal ausnahmsweise einen Floh im Bett hatte, führte das sofort zu einer umfassenden Reinigungsaktion. Ich wurde gebadet, das Bettzeug abgezogen, die Wäsche gewechselt. Verglichen mit der gewohnten Hygiene war unsere Lage zum Verzweifeln. Jedenfalls wurden wir die Läuse nicht los. Man konnte ihnen zwar mit dem bewährten ›Sabadil-Essig‹ zu Leibe rücken, den wir uns auch besorgten. Aber kaum waren wir mal frei von Läusen, kamen wieder neue Scharen von irgendwoher und suchten sich unsere Haare als Wohnung, um sich darin munter zu vermehren.

Nach und nach wurde die Bäuerin freundlich zu uns. Mama schenkte ihr ein paar Kleinigkeiten und half in der Küche. Zum Beispiel zeigte sie ihr die unterschiedlichsten Möglichkeiten, Fleisch zuzubereiten. Denn unsere Wirtsleute waren einfache Bauern, sie haben geschlachtet, ein paar Würste gemacht und das Fleisch eingepökelt – mehr konnten sie nicht.

Für Mama müssen unsere Lebensumstände auf dem Hof eine Zumutung gewesen sein, auch wenn sie es nicht zeigte. Für uns Kinder dagegen bedeutete das alles ein Abenteuer, zumal wir dachten, es werde nicht lange dauern. Schnell hatten wir Kontakt mit den Kindern aus dem Dorf. Ich lernte, ohne Sattel zu reiten, und wir veranstalteten Pferderennen auf der Wiese. Oder wir spielten in den Ställen und Scheunen Versteck. Ich versteckte mich, indem ich mich ganz flach auf den Rücken von Iwan legte, meinem Lieblingspferd. Iwan muss es gefallen haben, denn er wieherte freudig. »Still, Iwan!«

Er wieherte noch einmal verräterisch.

»Halt dein Maul, sonst finden sie mich sofort!« Ich klopfte ihm freundschaftlich auf den Hals und machte mich auf seinem warmen, breiten Rücken ganz flach. Unter der Decke hing ein Schwalbennest fast in Reichweite und eine verängstigte Schwalbenmutter flog mit einem schimpfenden Zwitschern flatternde Kreise und Scheinangriffe in meine Richtung.

Die Freude des Pferdes hing wohl damit zusammen, dass ich ihm immer heimlich Extraportionen aus der Haferkiste gab. Aber mich faszinierten alle Tiere, selbst Regenwürmer oder Grashüpfer. Als ein paar Jungen einer großen Spinne die Beine ausreißen wollten, habe ich das wütend verhindert.

Abends bin ich meistens todmüde aufs Stroh gefallen und schnell eingeschlafen. Ich wollte nicht nachdenken, weder über Papa, noch über Jan oder mein schönes Danzig. Nicht immer gelang mir das. Dann kam die deutsche Frau mit dem dunkelblauen Kopftuch und dem weißen Mantel mit dem Gürtel in das Zimmer geschlichen, und ich weinte leise unter meiner Decke.

Endlich antwortete Jans Tante auf meinen Brief. In verschlüsselter Sprache gab sie mir zu verstehen, dass Jan in den Untergrund gegangen war. Weiter schrieb sie, dass er ›französisches Gebäck so liebe und versuche, welches zu beschaffen‹. Ich verstand ihre Zeilen so, dass Jan versuchte, sich nach Frankreich durchzuschlagen, um mit den Franzosen gegen die Deutschen zu kämpfen. Aber vielleicht bedeutete es auch etwas anderes. Es beruhigte mich ein bisschen, dass er offensichtlich nicht verhaftet worden und dass meine Anschrift bei der Tante hinterlegt war.

Zwei- oder dreimal im Monat tauchten die Deutschen in dem kleinen Dorf auf. Wir behandelten sie wie Luft, taten einfach so, als würden wir sie nicht sehen. Welche Uniformen sie trugen, weiß ich nicht mehr, ob sie Soldaten waren oder SS-Männer oder Polizisten, aber das war auch egal, sie waren unsere Feinde. Oft hielten sie mit ihrem Auto auf dem zentralen Dorfplatz und gingen in das einzige Gasthaus am Ort. Wir spielten mit einem Ball und beobachteten gleichzeitig jeden Schritt, den sie taten.

»Los, wir schrauben die Ventile auf und lassen die Luft aus den Reifen ab«, schlug ich vor.

Doch ein Bauernsohn, der schon etwas älter war, riet davon ab. »Lass die Finger davon! Sie werden sich dafür rächen und das ganze Dorf schikanieren!«

Aber ich wollte nicht so schnell aufgeben. Es musste eben wie ein Zufall aussehen und nicht wie Sabotage. Im Pferdestall fand ich Nägel, mit denen Hufeisen an die Pferdehufe gehämmert wurden. Die Nägel waren zwei bis drei Zentimeter lang und recht dick. Einen davon steckte ich in meine Schürzentasche und wartete auf die nächste Gelegenheit.

Wieder kamen sie und kehrten in das Gasthaus ein. Sie waren sich ihrer Sache so sicher, dass sie nicht mal einen Wachposten beim Auto zurückließen. Ich spielte mit Kazia den Ball so, dass er unter das Auto rollte. Während ich den Ball hervorholte, klemmte ich den Nagel so zwischen Pflasterstein und Rad, dass er sich beim Wegfahren in den Reifen bohren musste.

Gespannt warteten wir, während wir abwechselnd den Ball gegen eine Mauer prellten. Die Zeit kam mir endlos lange vor. Ich konnte mir gar nicht genug Varianten ausdenken, wie wir über den Kopf, zwischen den Beinen

durch, von der Seite oder rückwärts den Ball gegen die
Mauer warfen.

Endlich traten die vier Uniformierten aus der Tür,
gingen lachend und scherzend zu ihrem Auto, setzten
sich in den offenen Kübelwagen und fuhren los. Mit einem abschwellenden Pfffffffft entwich die Luft aus dem
Hinterreifen und das Auto hielt nach zehn Metern an.
Fluchend stiegen sie aus und machten sich an die Arbeit,
das Ersatzrad zu montieren.

Unseren Triumph zu zeigen, wäre gefährlich gewesen,
also spielten wir noch ein paar Minuten weiter mit dem
Ball. Dann rannten wir hinter eine Scheune und führten
einen Freudentanz auf.

Der Streich sprach sich herum und machte mich im
Dorf ein bisschen berühmt. Besonders bei den Juden,
denn ungefähr ein Viertel der Bewohner waren jüdischen
Glaubens. Sie waren noch ärmer als die meisten anderen,
besaßen nur armselige kleine Häuschen und hatten wenig zu essen. Viele Männer trugen Bärte und ihre Haare
in lang an den Schläfen herunterhängenden Korkenzie-
herlocken. Auch hier machte ich die Erfahrung, dass
jüdische Familien meist freundlicher waren als die übrige
Bevölkerung. Wenn ich heute darüber nachdenke, dass
man diese liebenswürdigen Menschen so gut wie alle in
sieben Gaskammern im Vernichtungslager Majdanek bei
Lublin umgebracht hat, dann bin ich nahe daran zu
verzweifeln.

Noch ließen die Nazis sie weitgehend in Ruhe. Die jüdischen Dorfbewohner hatten allerdings Informationen,
wie es in Deutschland aussah, und rechneten mit allen
möglichen Schikanen, wenn auch nicht mit ihrer Ermor-
dung. Der oberste SS-Führer des Distrikts hatte angeord-

net, dass sie einen ›Judenrat‹ bilden und ihre Mitglieder melden sollten. Der Befehl wurde befolgt, aber nur etwa die Hälfte aller jüdischen Bewohner standen auf der Liste. Doch was würden sie tun, wenn Gestapo und SS das Dorf umstellten und alle Einwohner aus den Häusern holten?

Es dauerte einige Monate, bis ich hinter das Geheimnis kam. Familie Horowicz hatte drei kleine Kinder. Die Eltern halfen für Butter, Käse oder Mehl auf den größeren Bauernhöfen bei der Arbeit. Als sie Mama fragten, ob ich ab und zu die Kinder versorgen könnte, war ich sofort dazu bereit und meine Mutter war einverstanden.

»Pass auf, Ewa«, sagte Aron Horowicz zu mir, »sollte die SS eine Razzia machen, während wir auf dem Feld sind, verschwindest du mit den Kindern im Versteck.« Er schob drei Dielenbretter beiseite, worauf eine Treppe sichtbar wurde, die nach unten führte. »Die Kinder wissen Bescheid, sie werden in diesem Fall keinen Ton von sich geben. Wir haben das trainiert, du brauchst dich deswegen nicht zu sorgen.«

Er ging mit mir die Treppe hinunter und zeigte mir, wie ich den Eingang von innen verschließen sollte.

Was ich dann sah, versetzte mich in großes Erstaunen. Ein unterirdisches Bunkersystem verband die einzelnen Häuser mit Gängen. Es gab abgeteilte Räume mit Schlafstellen, Luftschächte, einen mit Brettern ausgeschlagenen Brunnen, eine Toilette, elektrisches Licht und sogar ein Radio, dessen Antenne innerhalb des Schornsteins verlegt war. Tische und Bänke waren vorhanden, Geschirr und Lebensmittelvorräte.

»Ich bin der Architekt und Baumeister«, sagte Aron nicht ohne Stolz. »Schwöre, dass du keinem Menschen von unserem Versteck erzählst, auch nicht deiner Familie.«

Wir standen in einem unterirdischen Tunnel, dicke Balken stützten die Decke ab, ein fahles Licht beleuchtete die Wände aus Erde und Felsgestein.

»Ich schwöre.« Mir war ganz feierlich zu Mute und ich kam mir mit meinen sechzehn Jahren sehr wichtig vor. Bis zum Kriegsende behielt ich das Geheimnis für mich.

Die Kinder der Familie Horowicz konnten mich mit der Zeit immer besser leiden. Am Sabbat wurde ich regelmäßig an Jettchen erinnert.

Während das Babysitting für mich eine durchaus willkommene Abwechslung darstellte, hielt es Mama in diesem verlassenen Kaff nicht mehr länger aus. Sie, die Städterin, war hier auf dem Land verloren und fühlte sich so unglücklich, als müsste sie auf dem Mond leben. Außerdem gab es keine Möglichkeiten, nach Papa zu suchen. Nicht mal ein Telefon war vorhanden, denn die Deutschen hatten alle Leitungen unterbrochen. Mama hatte in Briefen allen Verwandten und Freunden unseren Aufenthaltsort mitgeteilt. Manche konnten antworten, andere erhielten die Post nicht, weil sie selbst irgendwohin verschleppt worden waren.

»Papa ist vielleicht längst frei und findet uns nicht«, befürchtete sie.

Wann immer sie in Bezug auf Papa Hoffnungen äußerte, beschlichen mich Angst und ein schlechtes Gewissen.

Als uns Henryka, Mamas Danziger Freundin, schrieb, dass sie inzwischen in Warschau wohnte und ob wir nicht zu ihr kommen wollten, fiel die Entscheidung von einer Minute auf die andere.

Ich sagte meinen jüdischen Freunden ›Shalom‹, spendierte Iwan ein Extrafrühstück Hafer, putzte unser Zimmer, das inzwischen ganz wohnlich geworden war, und fing langsam an, mich auf Warschau zu freuen.

Ob wir meinen Vater finden würden? Ich hoffte es. Ein neues Abenteuer? Vielleicht.

Im Untergrund

Der freundliche Bauer, der uns ein Jahr lang beherbergt hatte, brachte uns mit dem Pferdewagen nach Lublin. Nachdem wir Fahrkarten gekauft hatten, standen wir vor dem Problem, ohne Kontrolle in den Zug zu gelangen, denn eigentlich hätten wir von einer Dienststelle der Sicherheitspolizei einen so genannten Reise-Auftrag oder einen Durchlass-Schein benötigt. Solche Papiere hätte man uns niemals bewilligt.

Wir registrierten, dass die herumstehenden Polizisten sich mehr für männliche Reisende interessierten, eine Mutter mit vier Töchtern erregte nicht unbedingt ihren Verdacht. Wir warteten unauffällig auf eine Gelegenheit. Als die beiden Uniformierten, die offensichtlich für unseren Bahnsteig zuständig waren, von drei Männern die Ausweise verlangten, setzten wir uns in Bewegung und gingen ganz ruhig an ihnen vorbei. Geschafft!

Henryka, die Freundin meiner Mutter, wohnte in der Marszalkowska-Straße, eine der Nord-Süd-Achsen, die in der Warschauer Innenstadt östlich vom Hauptbahnhof verlief. Die geräumige Altbauwohnung im dritten Stock war das genaue Gegenteil zum Bauernhof. Die Zimmer

hatten große Fenster und hohe, mit Stuck verzierte Decken. Wie genoss ich das Badezimmer! Das Gefühl von
normaler Körperpflege und einem Bad in der Wanne
hatte ich fast schon verloren.

Gebannt lauschte ich auf den Atem der Millionen-
stadt, das nächtliche Gebrause der Züge, Straßenbahnen
und Autos, ein Geräuschpegel, der auf- und abschwoll,
manchmal abriss, aber nie wirklich zur Ruhe kam.

Es war nicht selbstverständlich, dass Henryka und
ihr Mann Antoni eine fünfköpfige Familie aufnahmen.
Mama verkündete ihre Absicht, möglichst bald für uns
eine eigene Unterkunft zu finden, denn Krystina – inzwischen vier Jahre alt – war das reinste Nervenbündel. Sie
war seit ihrer Geburt nicht zur Ruhe gekommen, wurde
ständig Aufregungen, Strapazen und Ortswechseln ausgesetzt und war dadurch zutiefst verunsichert und ent-
wurzelt. So war es kein Wunder, dass sie ein ziemlich
schwieriges Kind war, das wegen jeder Kleinigkeit heulte.

Antoni arbeitete als Ingenieur bei der Bahn, die der
Deutschen Reichsbahn unterstand. Dass dies für mich
noch große Bedeutung haben würde, ahnte ich damals
noch nicht.

Die nächsten Wochen machte ich mich mit der Innenstadt und der historischen Altstadt vertraut. Ich streifte
durch den Hof des Königsschlosses, durch die St. Johan-
nes-Straße, die Jesuitenstraße und die Bierstraße und
über den alten Marktplatz, wo die Pferdedroschken standen. Ich registrierte, dass die Warschauerinnen ihrem
Ruf, so elegant wie die Pariserinnen zu sein, nach Kräften gerecht wurden. 1941 hatten sie meist nicht viel an
Garderobe, doch mit großer Phantasie drapierten sie einen Gürtel, einen Schal, einen Umhang, und schon wirk-

ten sie mondän. Ich kam mir dagegen klein und unscheinbar vor, ein hässliches Entlein.

Ich wunderte mich, dass die Warschauer Bevölkerung scheinbar normal neben der deutschen Besatzungsmacht lebte, deren Uniformen, Fahnen, Autos und deutschsprachige Schilder im Stadtbild nicht zu übersehen waren. Und die ihren üblichen Terror machten. Gerade hatten sie zwei junge polnische Frauen wegen Sabotage zum Tode verurteilt, weil sie ein deutsches Fahndungsplakat abgerissen hatten.

In der Straßenbahn war das vordere Abteil für Deutsche reserviert und ich bereitete mir ab und zu das trotzige Vergnügen, dort einzusteigen, denn ›Blondi‹ sah ja wie eine Deutsche aus und beherrschte auch deren Sprache. Dass mir diese Gesetzesübertretung in der Elektrischen einmal das Leben retten sollte, hätte ich mir damals noch nicht träumen lassen. Meistens jedoch fand ich es schöner, mit meinen Landsleuten zusammen in der Straßenbahn zu fahren, vor allem, wenn jemand ein Spottlied auf die Deutschen anstimmte und das ganze Abteil mitsang.

Immer wieder stieß ich auf Trümmer, denn Warschau hatte sich bei Kriegsbeginn einen Monat lang verteidigt und war von deutschen Flugzeugen bombardiert worden. Eines Tages stand ich im Norden der Stadt vor der über drei Meter hohen Mauer des jüdischen Ghettos. Sie war mit Stacheldraht bewehrt und achtzehn Kilometer lang. Die Absperrung umschloss einen Stadtbezirk, in dem über 300 000 Juden – fast ein Drittel der Bevölkerung Warschaus –, auf engstem Raum zusammengepfercht, zu leben und zu sterben gezwungen waren. Beim Anblick dieses Elends, das man von außen nur ahnen konnte, erinnerte ich mich intensiv an Jettchen und dann an Pater Mikos und mein Gelöbnis. Ich schwor mir erneut: Du musst etwas unternehmen, du musst gegen die Deutschen kämpfen! Aber wie sollte ich das anfangen?

Im Unterschied zu Danzig waren die Deutschen in Warschau in der Minderheit, sie machten nur etwa drei Prozent der über eine Million Einwohner aus. SS, SD, Gestapo und Militär hatten zwar die Macht an sich gerissen, aber anders als in Danzig waren sie hier nicht in der Lage, alles zu kontrollieren. Deswegen tauchten wir in der Anonymität dieser Großstadt unter, fanden auf einem illegalen Arbeitsmarkt Beschäftigung und lasen Untergrundzeitungen. Es gab sogar geheime polnische Schulen und eine geheime Universität. Trotz Verbots sprachen wir auch in der Öffentlichkeit polnisch. Ich stellte mir die Frage: Wieso riskierten die vielen Polen nicht die Revolution und warfen die paar Nazis aus Warschau einfach raus? Aber das war wohl etwas naiv gedacht und, wie sich drei Jahre später zeigen sollte, nicht so einfach.

Henryka kannte viele Leute und hatte gute Beziehungen. Sie vermittelte mir eine Stelle als Dienstmädchen bei einem älteren polnischen Rechtsanwalt. Der Haushalt war sehr gepflegt und die Hausfrau überaus penibel und sauber, sodass ich meine Läuse, die ich vor ihr unter einem Turban versteckte, endlich los wurde. Meine Mutter fand eine Beschäftigung als ›Saalhelferin‹ im Lazarus-Krankenhaus, das die Deutschen als Lazarett benutzten. Als meine Chefin das erfuhr, verbot sie mir, Mama zu sehen, denn sie hatte Angst, dass ich irgendwelche ansteckenden Krankheiten in ihr Haus brächte. Daraufhin kündigte ich dieses Arbeitsverhältnis.

Mama fand in der Bielanska-Straße in der Nähe des Ghettos eine Wohnung, die einmal einer jüdischen Familie gehört hatte. Dort hatten wir zwar auch nur einen Raum und schliefen weiter zu dritt in einem Bett, aber das Zimmer war immerhin doppelt so groß wie das bei Henryka. Allerdings gab es keine Heizung und der Winter 1941/42 war sehr streng. Wir besaßen einen aus einem Marmeladeneimer gebastelten Ofen und mussten vorsichtig sein, dass nicht alles in Brand geriet. Einerseits waren wir froh, Henryka nicht mehr zur Last zu fallen, doch die ständigen Quengeleien von Krystina waren selbst für mich nicht leicht zu ertragen. Mama knüpfte Kontakte, um etwas über Papa in Erfahrung zu bringen. Das Ergebnis war niederschmetternd, denn niemand konnte mit Informationen dienen. Ich hatte wieder diesen schrecklichen Traum, in dem Papa mit einer anderen Frau erschien und von uns nichts mehr wissen wollte.

Magisch zog mich das Ghetto an. Ich hoffte so inständig, dass Jettchen die Flucht nach Amerika geglückt und dass sie nicht hier oder an einem ähnlich finsteren Ort einem fast sicheren Tod durch Hunger und Krankheit ausgesetzt war. Immer wieder fragte ich mich, wofür die Juden ein solches Schicksal verdienten. Ich fand keine Antwort. Zur Strafe gehörten die *Niemieckie Swinie* genauso behandelt, dachte ich. Ich sammelte Brot, und wenn der Posten am Tor gerade mal nicht aufpasste, reichte ich es blitzschnell jemandem, der zufällig in der Nähe vorbeiging, denn die Ghettostraßen waren immer von zahllosen Menschen bevölkert. Einmal ertappte mich eine Nachbarin, als ich Brot über die Mauer werfen wollte. Sie nahm mir das Brot ab und sagte: »Bist du verrückt geworden? Die Juden haben es nicht verdient, dass du dich in Gefahr bringst! Endlich ist die Zeit gekommen, dass mit denen aufgeräumt wird und Ordnung herrscht, sie haben uns nur ausgenutzt und betrogen.«

Ich fauchte sie an: »Das ist gelogen! Ich habe in Danzig und Zarpow Juden gekannt, das waren alles liebe Menschen! Haben Sie denn gar kein Mitleid?«

Eines Tages stand am Tor ein SS-Posten in Uniform und mit Karabiner, der mir bekannt vorkam. Ich ging näher ran und war mir meiner Sache sicher: Das konnte nur Bruno sein, der Sohn von Tante Ola. Wir blickten uns an, er verzog keine Miene, dann drehte er sich um. Tante Ola war eine Kusine meiner Mama, sie hatte uns in Danzig oft besucht und wir Kinder mochten sie sehr. Sie konnte so wunderbar Klavier spielen, manchmal habe ich mit ihr vierhändig gespielt. Und nun war ihr Sohn, ein Junge in meinem Alter, ein SS-Mann! An diesem höllischen Ort! Genausogut hätte er irgendwo in einem KZ auch meinen Papa oder meinen Opa bewachen können. Ich zitterte am ganzen Leib und ging schnell weg. Er gehörte doch zu unserer polnisch-patriotischen Familie und stand jetzt auf der Seite des Feindes! Als ich mich nochmals umdrehte, hatte auch er sich nach mir umgedreht, schaute aber sofort in eine andere Richtung. Meine Mutter, der ich die entsetzliche Entdeckung berichtete, wollte es nicht glauben und meinte, ich hätte mich wohl geirrt.

Unmittelbar nach dem Krieg traf ich Bruno in Danzig in der Nähe des Gerichtsgebäudes. Er trug Sträflingskleidung und schob eine Schubkarre, denn er musste die Straße fegen. Man hatte ihn zu zwei Jahren Gefängnis verurteilt. Er sah miserabel aus und war auch nicht sehr gesprächig, aber er bestätigte, dass er mich am Tor des Ghettos erkannt hatte. Seine Eltern hatten sich 1939 in die Volksliste eingetragen, wurden als Deutsche anerkannt und er zur SS eingezogen. Er hatte kein Glück im weiteren Leben, denn er wurde zum Alkoholiker und ist früh gestorben.

Nachdem Mama mit der deutschen Oberschwester im Lazarett gesprochen hatte, wurde auch ich dort angestellt. Irgendwie mussten wir ja Geld verdienen, um zu leben. Wir hielten uns illegal in Warschau auf, konnten aber trotzdem unter deutscher Verwaltung arbeiten – das zeigt, dass die angeblich so perfekt organisierten Nazis nicht immer und überall den Überblick hatten.

Für mich folgte eine schwierige Zeit: schlecht schlafen, frieren, früh aufstehen. Im Krankenhaus war es zwar warm, aber was für ein Elend herrschte dort! Die deutsche Wehrmacht hatte in Russland ein Fiasko erlebt, der Vormarsch war in dem strengen Winter ins Stocken geraten. Hitler hatte gedacht, nach dem Überfall auf Polen und Frankreich könnte er noch einen weiteren ›Blitzkrieg‹ führen und auch Moskau im Handstreich erobern. Aber der Plan scheiterte, die Wehrmacht war für einen solchen Winter nicht ausgerüstet, während die Rote Armee viel besser damit umgehen konnte und erfolgreich Widerstand leistete. Viele deutsche Soldaten im Lazarett kamen direkt aus Russland, mit schwersten Erfrierungen besonders an Füßen und Händen. Man konnte die Patienten gar nicht zudecken, alles war entzündet und der ganze Saal stank Ekel erregend nach Eiter. Ich musste mit Desinfektionsmittel den Boden wischen. Viele Soldaten hatten so große Schmerzen, dass sie mich anflehten, nur nicht mit dem Schrubber das Bettgestell zu berühren, denn jede kleinste Erschütterung war ihnen unerträglich. Sie waren so jung und taten mir einfach Leid. Viele sind gestorben. Ich musste die Leichen waschen, was ich ganz schrecklich fand. Wenn wir eine kurze Pause machten, weil aus der Küche das Essen gebracht wurde, benutzten wir eine ausgediente Toilette als Aufenthaltsraum.

Auch wenn die deutschen Ärzte und Schwestern sehr nett zu uns waren und genauso hart arbeiteten wie wir, begann mich der Konflikt zu zerreißen: Ich arbeitete für den Feind! Einerseits war ich voller Mitleid für jeden Einzelnen. Aber sollte ich andererseits einen Beitrag dazu leisten, dass diese Männer wieder gesund gepflegt wurden und dann erneut gegen uns kämpfen, vielleicht sogar auf Jan schießen konnten?

An den Wochenenden besuchte ich ab und zu Henryka und Antoni, die viel Verständnis für mich zeigten und nach und nach einen Eindruck von meiner politischen Einstellung gewannen. Ich stellte fest, dass in der großen Wohnung unbekannte polnische Männer auftauchten, die sich in den großen Salon zurückzogen. Zunächst dachte ich mir nichts dabei, weil ich noch zu sehr mit meinen eigenen Problemen beschäftigt war.

Ich erzählte Henryka meinen Traum.

»So etwas lässt sich nicht einfach in die Wirklichkeit übertragen«, meinte sie. »Ich glaube eher, dass dich dein Unterbewusstsein trösten will, denn in deinem Traum lebt dein Papa noch. Er hat zwar die Familie verlassen und liebt jetzt eine andere Frau, das ist bitter, aber es ist nicht so schlimm wie der Tod.«

Einen Moment zögerte ich, ob ich Henryka von der

deutschen Frau erzählen sollte, die die Todesnachricht überbracht hatte, tat es dann aber doch nicht.

Henryka sprach mir Mut zu: »Es gibt so viele Möglichkeiten. Vielleicht wird er gezwungen, in einem Rüstungsbetrieb in Deutschland zu arbeiten, ohne Kontakt zur Außenwelt. Kein Wunder, wenn ihr nichts in Erfahrung bringen könnt.«

Ohne dass wir es bemerkten, spannen die beiden ihre Fäden. Antoni verschaffte meiner Mutter eine Stelle als Pförtnerin in der Direktion der Reichsbahn. Damit erhielt sie auch eine beheizte Souterrainwohnung in einem angrenzenden Bahngebäude. Mir besorgte Henryka eine Stelle in einem Tabak-Großhandel. Das deutsche Geschäft, das ein Monopol auf Tabakwaren besaß, erhielt von einer zentralen Stelle des deutschen Distriktgouverneurs große Lagerbestände an Zigaretten, Zigarettenpapier, Zigarren und Tabak zugeteilt, die dann an deutsche Behörden oder Kantinen, die einen Bezugsschein vorlegen mussten, weiterverkauft wurden. Aber auch deutsche Privatkunden konnten mit ihrer Raucherkarte bei uns einkaufen. Von da an ging es bergauf. Zunächst einmal machte mir die Arbeit selbst Spaß. Außer mir gab es noch zwei deutsche und zwei polnische Angestellte. Ich machte mich mit dem Sortiment vertraut und kapierte schnell, worauf es ankam, sodass mir die Chefin schon am zweiten Tag den Auftrag gab, die Kasse zu bedienen. Für mich war das ein großer Vertrauensbeweis. Ganz nebenbei gab der Umgang mit den deutschen Kunden meinen deutschen Sprachkenntnissen den letzten Schliff, sodass bald niemand mehr einen polnischen Akzent heraushören konnte. Die Kunden nahmen sicher an, ich sei nicht Ewa, sondern Eva.

Das Geschäft lag in der Krakauer Straße gegenüber dem deutschen Wehrmachtskommando. Davon einmal abgesehen, handelte es sich um ein sehr gutes Viertel im Herzen Warschaus. Neben uns gab es auf der einen Seite eine Buchhandlung und ein Schuhgeschäft und auf der andern einen Fotoladen.

Unser Geschäft war elegant ausgestattet, es gab Büros und eine Sitzecke für Kunden. Meine direkte Vorgesetzte war Martha, eine Wienerin, die von allen ›Miezi‹ gerufen wurde. Die Inhaberin Dorothea Michel war als Volksdeutsche in Lodz geboren, das die Nazis jetzt Litzmannstadt nannten, und sprach perfekt polnisch und deutsch. Als ich meine neue Stelle antrat, war ich eine graue Maus und besaß nur abgetragene und unansehnliche Kleidung, mehrfach geflickt und mit aufgenähten Lappen an den Ellbogen. So passte ich gar nicht in den vornehmen Laden. Frau Michel ging mit mir in ein Damenkonfektionsgeschäft und kleidete mich von Kopf bis zum Fuß neu ein, sogar ein Hut gehörte dazu. Eine Kleiderkarte brauchten wir nicht, zwei Stangen Zigaretten wirkten Wunder. Zusätzlich schenkte mir die fürsorgliche Frau auch noch Kleidung von ihrer Tochter Ursula, die in meinem Alter war. Ich kam mir vor wie an Weihnachten und konnte mein Glück kaum fassen. Gleichzeitig merkte ich, wie sehr mein Selbstbewusstsein wuchs. Ich band mir ein rotes Seidentuch ins Haar – voilá, da bin ich, liebe Warschauerinnen!

Ab jetzt fuhr ich in der Elektrischen öfter im Abteil für Deutsche.

Im Laden führte Frau Michel die Oberaufsicht, Herr Michel war für die Buchhaltung verantwortlich und Miezi war Geschäftsführerin. Die rationierten Tabakwaren durften nur gegen Bezugsscheine oder gegen Coupons der Tabakkarte verkauft werden. Für jede Schachtel ›Juno‹ musste der Abschnitt mit einer kleinen Schere aus der Karte herausgeschnitten werden. Später wurden die Abschnitte sortiert und zur Abrechnung mit dem Distrikt-Wirtschaftsamt auf Kartons geklebt. Bald erhielt auch Kazia einen Nebenverdienst, indem sie beim Aufkleben der Karten half.

Das Mittagessen holten wir im nahe gelegenen Hotel Bristol, meist handelte es sich allerdings um eine dünne Wassersuppe. Was übrig blieb, durfte ich mit nach Hause nehmen.

Henryka sagte mir mit einem gewissen Nachdruck, den ich zunächst nicht einordnen konnte, dass ich auf Miezi und das Ehepaar Michel bauen könne. Ein Gefühl des Vertrauens entwickelte sich ohnehin, denn ich fühlte mich bei ihnen wohl. Waren keine Kunden im Geschäft, durften wir polnisch sprechen, was eigentlich strikt verboten war.

So vergingen vielleicht sechs Wochen. Eines Tages saß ich mit Herrn Michel im Kellerraum und wir sortierten Tabakabschnitte.

»Das ist eine langweilige Arbeit, findest du nicht auch, Ewa?«, fragte Herr Michel.

Ich wollte eine höfliche Antwort geben: »Nein, nein, ich mache das gern.«

»Aber wir könnten die Zeit sinnvoll nutzen, was meinst du?«

Ich wusste nicht, worauf er hinauswollte. Herr Michel machte ein geheimnisvolles Gesicht, schob die Schiebetür eines kleinen Schrankes auf und wartete auf meine Reaktion.

»Oh!«, sagte ich überrascht, denn da stand ein Radio. Herr Michel lächelte und schaltete das Gerät ein. Offenbar suchte er einen bestimmten Sender. In polnischer Sprache lief gerade ein Bericht über die militärische Lage in der Sowjetunion. Schon im ersten Satz fiel die Formulierung ›Aggressor Nazi-Deutschland‹, da wusste ich sofort Bescheid.

»BBC London«, flüsterte ich mit leuchtenden Augen.

Herr Michel nickte und wir hörten gespannt zu:

»Nachdem bereits die Eroberung Moskaus durch die Truppen scheiterte, zeigt die deutsche Wehrmacht jetzt Erschöpfungszustände. Im Norden musste sich das Heer bis hinter den Fluss Wolchow zurückziehen. In der Mitte gelang der Roten Arme der Durchbruch im Raum Smolensk und auch im Süden eine Stabilisierung des Frontverlaufs. Hitler hat den Oberbefehlshaber des Heeres, von Brauchitsch, entmachtet und selbst die militärische Führung übernommen. Hohe Verluste auf deutscher Seite sind ein Zeichen dafür, dass die Rote Armee den Spieß umdrehen konnte und auf dem Vormarsch ist.«

Es überraschte mich kaum noch, dass Herr Michel nun sagte: »Das Glück des Kriegsverbrechers Hitler hat sich gewendet, ich hoffe, er wird bald besiegt werden.«

Die Michels standen also auf unserer Seite! Als Deutsche durften sie zwar ein Radio besitzen, aber auch ihnen war es streng verboten, Feindsender abzuhören. Herr Michel bot mir an: »In der Mittagspause und abends, wenn die Angestellten nicht da sind, kannst du auch selbstständig in den Keller gehen und BBC hören. Du darfst nur niemals vergessen, vor dem Abschalten wieder den Reichssender Berlin einzustellen.« Er zeigte mir die Frequenzen: Ganz links lag der Landessender Be-

159

romünster und rechts daneben der Reichssender Berlin. Weiter rechts kamen Radio Hilversum und etwa in der Mitte BBC London.

Am liebsten hätte ich Herrn Michel umarmt, aber dazu hatte ich dann doch zu viel Respekt vor ihm.

Das Schicksal von Pater Mikos vor Augen, dachte ich lange nach und entschied, weder mit Mama noch mit Kazia darüber zu reden. Man konnte nie wissen, was einmal passieren würde und in welche Schwierigkeiten sie wegen meines ›Abhörverbrechens‹, wie die Nazis es bezeichneten, dann kämen. Trotzdem berichtete ich ihnen freudestrahlend, dass die Deutschen in Russland auf dem Rückzug waren, ohne meine Quelle zu nennen. Das war endlich einmal eine gute Nachricht, die uns Auftrieb gab.

Ich war mir nicht sicher, wie ich mich jetzt gegenüber Henryka verhalten sollte. Ich besuchte sie gleich am nächsten Wochenende und nahm mir vor, erst mal vorsichtig auf den Busch zu klopfen. Und so sagte ich zu ihr: »Die Rote Arme baut in Smolensk eine neue Abwehrfront auf.«

Sie schmunzelte: »Aha, ich merke, du warst im Keller.« Damit war eigentlich alles gesagt. Aber Henryka ging noch einen Schritt weiter: »Du hast in den beiden Michels und in Miezi gute Freunde. Miezi hat übrigens einen jüdischen Ehemann, den sie in ihrer Wohnung versteckt.« Ich machte große Augen. »Und weil ich dir ganz und gar vertraue, Ewa, ist es wohl an der Zeit, dass auch du bestimmte Aufgaben übernimmst. Du bist intelligent und zuverlässig. Außerdem habe ich schon lange gemerkt, wie du darauf brennst, gegen die Nazis zu kämpfen.«

»Wir müssen ihnen Beine machen, dass sie Schuhe und Strümpfe verlieren«, sagte ich überzeugt und stolz.

»Na ja«, Henrykas Kopfbewegung unterstrich ihre Bedenken, »so einfach wird das nicht sein. Aber wir werden siegen, denn wir sind stärker!«

»Ja.« Davon war ich überzeugt.

»Wir sind stärker, weil wir die Moral auf unserer Seite haben und unsere Feinde das Unrecht«, ergänzte sie.

Ich war in diesem Moment sehr glücklich und umarmte sie, was mir bei einer Frau viel leichter fiel. »Danke!«, sagte ich ergriffen.

»Hast du schon etwas von der *AK* gehört?«, fragte sie.

»Ja, die *Armia Krajowa*, die Heimatarmee. Ich weiß davon durch Pater Mikos.«

»In unserem Bezirk hat Kapitan Tytus das Kommando; Tytus ist sein Deckname. Ich treffe ihn in den nächsten Tagen, du wirst dann hören, wie es weitergeht.«

Als ich nach Hause kam, war ich bester Laune. Ich löste Kazia ab, die Krystina versorgte und auf sie aufpasste. Ich putzte freiwillig die kleine Wohnung im Bahngebäude, während draußen die Züge mit der Aufschrift ›Räder müssen rollen für den Sieg‹ vorbeiratterten. Ich sang Krystina ein polnisches Volkslied vor: »*Szla dzieweczka do laseczka ...*

Ein Mädchen ist in den Wald gegangen,
sie hat einen Förster getroffen,
der ihr sehr sympathisch war ...«

Später bereitete ich das Abendessen zu, weil Mama bald von der Arbeit zurückkommen würde. Plötzlich hatte mein Leben wieder einen Sinn. Ich streckte und dehnte meinen Körper, fühlte mich stark, spielte mit

Krystina ›Karussell‹ und wirbelte sie durch das Zimmer, bis sie vor Vergnügen quietschte.

Auch hatte ich plötzlich die Zuversicht, dass Jan lebte und sich schon irgendwie durchschlagen würde, genau wie ich. Mit seiner Tante wechselte ich Briefe, doch von ihm gab es immer noch keine Nachricht. Da es vielen polnischen Bekannten so ging, die einen nahen Verwandten suchten, gehörten solche Ungewissheiten zu unserem traurigen Alltag. In den letzten Wochen hatte mich das manchmal richtig depressiv gemacht, doch nun schöpfte ich wieder Hoffnung. Überdies hörten die Erinnerungen an die Todesbotin auf, mich zu begleiten.

Am nächsten Morgen machte ich mich auf den Weg zur Arbeit im Tabakgeschäft. Am Hauptbahnhof *Glowny* stieg ich wie üblich von der einen Straßenbahn in die andere um und setzte mich in das Abteil für Deutsche auf einen Fensterplatz. Die Straßenbahn fuhr durch die lang gestreckte Neue-Welt-Straße, während ich etwas schläfrig nach draußen blickte. Bald würde die Universität kommen, danach das Bristol-Hotel, wo ich aussteigen musste. In Höhe der Ordynacka-Straße blieb die Bahn stehen. Meine Aufmerksamkeit wurde auf eine Gruppe junger Frauen gelenkt, die die Uniform deutscher Luftwaffenhelferinnen trugen und vor einem Postamt standen. Der Straßenbahnführer gab das Klingelzeichen zur Abfahrt, die Türen schlossen sich, die Elektrische setzte sich wieder in Bewegung. Plötzlich wurde ich aus meiner Schläfrigkeit gerissen und war hellwach. Eine der Luftwaffenhelferinnen war Marianne! Meine Danziger Freundin Marianne! Das konnte doch nicht wahr sein! Ich hatte den Impuls, gegen die Scheibe zu trommeln, aufzuspringen, vielleicht sogar die Notbremse zu ziehen. Im letzten Moment erinnerte ich mich, dass ich unter den deutschen Fahrgästen besser nicht auffallen sollte. Ich reckte den Kopf, während die Entfernung zu Marianne immer größer wurde. Ihre Haare mit den dunkelbraunen Zöpfen, das gebräunte Gesicht, ihre Körperhaltung – wie war mir das alles vertraut! Es gab keinen Zweifel, sie war es. Gemütlich rumpelte die Bahn weiter, die Fahrt kam mir endlos vor. An der nächsten Haltestelle stieg ich aus und rannte zurück. Ich hatte keine Ahnung, wie ich mich ihr nähern sollte, ob ich sie überhaupt ansprechen durfte im Kreis dieser ›Kameradinnen‹. Egal, Hauptsache, ich erwischte sie noch, dann konnte ich immer noch überlegen und entscheiden. Außer Atem hetzte ich bis zum Postamt – und sah gerade noch die Rücklichter eines deutschen Militär-Mannschaftswagens, der offensichtlich die Gruppe abgeholt hatte.

Marianne in Warschau – ich konnte es nicht fassen. Den ganzen Tag beschäftigte mich dieser Gedanke und ich zermarterte mir das Hirn, wie ich sie finden könnte.

Abends im Bett sah ich mich im Garten in Danzig. Marianne schlug ein Wettrennen über die Wiese bis zum Hühnerstall vor, das waren etwa achtzig Meter. »Auf die Plätze ... fertig ... los!« Ihre Zöpfe flogen. Ich gab ihr einen kleinen Vorsprung, kurz vor dem Hühnerstall überholte ich sie und erreichte als Erste das Ziel.

»Du hast beim Start gemogelt!«, schimpfte sie.

»Das ist unlogisch«, erwiderte ich, »denn die erste Hälfte lagst du vorn.«

»Doch, du hast einen Frühstart hingelegt.« Sie war schon immer eine schlechte Verliererin gewesen, jetzt suchte sie nach Revanche.

»Wir klettern die deutsche Eiche hoch.«

Den Erfolg musste ich ihr jetzt gönnen, obwohl ich da oben immer ein bisschen Höhenangst hatte.

»In Ordnung«, stimmte ich zu, »aber das ist eine polnische Eiche.«

Marianne war schon wieder guter Laune. »Einigen wir uns auf deutsch-polnische Eiche.«

Behände wie ein Äffchen schwang sie sich von Ast zu Ast nach oben. Ich folgte ihr langsam und ging auf Nummer sicher, prüfte die Tragfähigkeit der Äste und achtete auf meinen Griff, immer den Sportlehrer bei Reckübungen im Ohr: »Daumen nach innen!« Marianne saß inzwischen mit angezogenen Knien ganz oben im Wipfel auf einem Zweig und sah aus wie ein Uhu. Die Eiche schwankte sanft im Wind, ich vermied es, direkt nach unten zu schauen. Der Ausblick über Danzig war grandios. Wir zählten die Kirchen auf: Marien, Nicolai, Katharinen, Brigitten ...

»Dir gehören die Kirchen«, sagte Marianne, »und mir das Rathaus, die Kinos und das Theater.«

»Das könnte dir so passen. Ich bin nur einverstanden, wenn ich zusätzlich den Hauptbahnhof und den Hafen bekomme. Und dann mache ich eine Weltreise und lasse dich hier auf der Eiche sitzen.«

Beim Abstieg hoffte ich fest, von Zweigen aufgefangen zu werden, wenn ich nach unten fallen sollte. Dann wälzten wir uns lachend im Gras. Ich wachte davon auf, wie ich mich in meinem Bett wälzte.

In den nächsten Tagen ging ich früher los und wartete jeweils um die gleiche Uhrzeit vor dem Postamt, aber die Gruppe tauchte nicht mehr auf. Ich fuhr mit dem Bus zum Flughafen raus, weil ich hoffte, dass sie als Luft-waffenhelferin vielleicht dort tätig war. Ich wusste von Henryka, dass diese deutschen Mädchen als Telefonistinnen, Funkerinnen oder Fernschreiberinnen eingesetzt wurden. Die Nazis nannten sie ›Blitzmädel‹. Aber ich traf auf ein abgesperrtes Sicherheitsgebiet und wurde von einem Posten abgewiesen, obwohl ich mich als deutsche Danzigerin ausgab und meinen Danziger Pass vorzeigte. Das war nicht ohne Risiko, denn der Pass war nicht mehr gültig, weil es einen eigenständigen Danziger Freistaat gar nicht mehr gab. Später rief ich in der Wehrmachtskommandantur und im Luftwaffen-Verbindungsstab an und wurde natürlich abgewiesen. In den nächsten Wochen beobachtete ich im Stadtgebiet aufmerksam alle Passanten und wünschte mir herbei, dass ich Marianne zufällig begegnen würde. Leider waren meine telepathischen Kräfte offenbar beschränkt.

Als wir in der Marszalkowska wohnten, erkannten weder meine Mutter noch ich, dass sich in dieser Wohnung eine geheime Zentrale der Heimatarmee *AK* befand. Henryka war Chefin des Koordinationsbüros. Hierher kamen die einzelnen Gruppenführer, um Befehle entgegenzunehmen und Flugblätter oder die Untergrundzeitung ›Klabautermann‹ abzuholen, die sie dann heimlich verteilten.

Das alles erfuhr ich, als ich Kapitan Tytus kennen lernte. Er war ungefähr fünfzig Jahre alt. Auf den ersten Blick hatte er etwas Gemütliches, was mit seinem vollen runden Gesicht, seiner Stirnglatze und seiner kugeligen Figur zusammenhing. Aber ich merkte schnell, wie energisch und entschlossen er Entscheidungen traf und dass er sich äußerst flink bewegen konnte.

Er hielt es nicht für nötig, mich auf meine Treue zu Polen anzusprechen, da verließ er sich voll und ganz auf das Urteil von Henryka.

»Du bist nicht ganz unabhängig«, sagte er, »denn du musst auch deine Mutter unterstützen. Wir werden selbstverständlich darauf Rücksicht nehmen.«

Eigentlich war mir das gar nicht recht.

»Die Aufträge richten sich nach der Dringlichkeit, was gerade wichtig ist und erledigt werden muss. Zurzeit haben wir ein Problem mit der Post. In der polnischen Post sitzt der Nazi-Sicherheitsdienst SD und liest mit. Wir müssen deshalb vertrauliche Briefe durch Boten transportieren, dabei kannst du helfen. Wenn du dich eingearbeitet hast, wirst du auf die Heimatarmee vereidigt. Dein Deckname ist Janka. Mit wem immer du zu tun hast, benutze nur diesen Namen. Außer Henryka, Antoni und mir weiß niemand, dass Ewa Salewski Janka ist. Das geschieht zu deinem Schutz, denn leider hat die Gestapo ihre Spitzel auch in unseren Reihen. Wenn diese Verräter über ›Janka‹ berichten sollten, können dich unsere Feinde trotzdem nicht identifizieren.«

Ich nickte. Janka gefiel mir gut.

»Du bist berechtigt, in bestimmten Situationen selbstständig zu entscheiden, wenn du uns nicht erreichen kannst. Aber du bist verpflichtet, uns über jeden Schritt nachträglich zu berichten.«

»Ist doch klar«, stimmte ich zu.

Tytus gab mir die Hand und lächelte freundlich. »Auf gute Zusammenarbeit!« Damit war ich entlassen, denn er hatte weitere Dinge mit Henryka zu besprechen. Als ich bereits die Türe in der Hand hatte, sagte er: »Noch etwas, die *AK* braucht immer Geld und sie wird irgendwann Medikamente benötigen. Wenn dir ein Pole oder eine Polin zuverlässig erscheint, dann bitte um eine Spende. Und in Apotheken kannst du nach Medikamenten fragen.«

Es gab, wie ich bald merkte, einen ungeschriebenen Grundsatz, nämlich Anordnungen auszuführen, ohne zu fragen. Nie hätte ich aus Neugier mehr wissen wollen, als entschieden war, mir mitzuteilen.

Toll – nun gehörte ich dazu! Ich war jung, ich hatte Phantasie, ich wollte etwas erleben, auch das spielte eine Rolle.

Das Zustellen der Post war eigentlich langweilig. Aber im Bewusstsein, wie wichtig diese Aufgabe war, erlangte die Tätigkeit einen völlig anderen Stellenwert. Außerdem musste ich doppelt vorsichtig sein, als Kurier nicht in eine Polizeikontrolle zu geraten. Zur Tarnung hatte ich immer frankierte Briefe und Postkarten in der Tasche, so als sei ich gerade auf dem Weg zur Post oder zum nächsten Briefkasten.

Am Wochenende oder nach der Arbeit war ich in Warschau mit dem Bus oder mit der Straßenbahn unterwegs. Den Weg prägte ich mir vorher ein, denn einen Stadtplan mitzuführen, hätte Verdacht erregen können. Nebenbei klapperte ich Apotheken ab und sammelte Spendengelder ein. Ich versuchte mich auf potentielle Spender einzustellen und hatte mir eine Palette von Argumenten zurechtgelegt. Vom Appell an die Vaterlandsliebe über die Sicherheit für die Familie durch die *AK* bis zum verführerischen Lächeln, denn ich spielte damit, wie ich auf Männer wirkte. Diese Koketterie machte mir besonderen Spaß. Nie wäre ich Jan untreu geworden, aber wenn es dem guten Zweck diente, ließ ich meinen Charme spielen. Die Männer hatten schneller den Geldbeutel offen, als sie es wahrhaben wollten. An manchen Tagen konnte ich achtzig Zloty in die Kasse von Henryka legen, so viel verdiente ich in einem ganzen Monat. Kapitan Tytus war voll des Lobes. Eines Tages meinte er, ich hätte schon das Geld für einige Kalaschnikows besorgt.

Der Umgang mit meinen Freunden, meine Arbeit im Tabakladen und der Einsatz in der *AK* verwandelten mich in wenigen Wochen in ein frohes, unternehmungslustiges Mädchen. Mich erfasste eine revolutionäre Begeisterung, der ich alles andere unterordnete. Ich schob alles Negative einfach zur Seite. Meine Sache war der Kampf gegen die Nazis und die Überzeugung, dass es zwar nicht einfach sein würde und zähe Geduld brauchte, aber dass wir die deutschen Besatzer am Ende vertreiben würden. Alle Verhandlungen zwischen der *AK* und der Exilregierung in London liefen darauf hinaus, den polnischen Widerstand schlagkräftig zu machen.

Ich war überzeugt, dass mein Freund Jan kämpfte wie ich und sich melden würde. Und mein Papa? Ich hoffte inständig, dass er noch lebte, und ich wollte daran glauben. Die Frau mit dem dunkelblauen Kopftuch und dem weißen Mantel mit Gürtel wagte es nicht mehr, mich zu beeinflussen.

Dann kam ein Brief aus Danzig von Jans Tante. Sie schrieb verschlüsselt, dass Jan ›das französische Feingebäck‹ nicht habe kaufen können, dass er aber demnächst ›mit einer Flasche Danziger Goldwasser‹ bei mir vorbeikommen werde. Das hieß im Klartext: Mein geliebter Jan lebte und war frei. Es hatte nicht geklappt, sich zu den Franzosen durchzuschlagen, und nun würde er bald bei mir in Warschau auftauchen! In dem Moment war ich felsenfest davon überzeugt, dass der Glaube Berge versetzen konnte. Aus lauter Freude kaufte ich ein kleines Fläschchen ›Danziger Goldwasser‹, einen süßen Kräuterlikör, in dem Goldplättchen schwammen, und trank mir mit Kazia einen Schwips an. Wir legten eine Swing-Platte auf und tanzten durch das Zimmer. Als Mama nach Hause kam, drehte sie mit vorwurfsvollen Blicken sofort die ›entartete, verjudete Musik‹, wie die Nazis sie nannten, leise, denn im Haus wohnten hohe Beamte der Reichsbahn.

Es vergingen acht endlos lange Tage voller Sehnsucht und Erwartung, aber auch begleitet von der Angst, ob Jan und ich uns vielleicht verändert hatten und ob wir uns noch mochten. Als ich am neunten Tag nach Hause kam, stand ein großer Blumenstrauß auf dem Tisch. Mich durchfuhr ein freudiger Schreck und da hielt mir Jan auch schon von hinten die Augen zu. Wir lachten und weinten und brauchten vier Tage, um uns alles zu erzählen, was sich in der Zwischenzeit ereignet hatte. Die Tage und Nächte schoben sich ineinander, wir schliefen bis mittags und gingen nachts im Sächsischen Garten spazieren. Wir streichelten und liebkosten uns, hüpften übermütig durch die Straßen, schlenderten am Weichselufer entlang. Wir küssten uns und kuschelten – auf der Welt gab es nur uns, sonst dachten wir an gar nichts.

Dann kam uns wieder die zweitwichtigste Sache in den Sinn. Wir strichen um die Hauptquartiere der Nazis: das Polizeiviertel in Mokotow, die Gestapo-Zentrale in der Szuchastraße und das gefürchtete Gestapo-Gefängnis Pawiak, das Brühlsche Palais am Pilsudski-Platz, der Sitz des Warschauer Gouverneurs und des Stadtkommandanten, die Wehrmachtskommandantur in der Krakauer

Straße. Wir schworen den verhassten Deutschen Rache und dass wir nicht ruhen und rasten würden, bis sie aus Warschau hinausgefegt waren wie Unrat.

Jan war ganz mager und ausgezehrt. Auf dem Schwarzen Markt besorgte ich Butter und Vollmilch, damit er wieder zu Kräften kam. Er war ruhelos und nahm alsbald an der geheimen Universität sein Studium auf. Auch drängte er mich, mein Abitur zu machen, aber wie sollte ich das bei der Fülle meiner Aufgaben anstellen?

Ich stellte Jan allen meinen Freunden vor und er brannte darauf, endlich Kapitan Tytus kennen zu lernen.

Der Hauptmann wollte wissen, was Jan seit Kriegsbeginn erlebt hatte.

»Ich war bei den Pfadfindern in einer Marine-Gruppe. Als nach dem Überfall der Hitler-Banditen die Verhaftungen im Gange waren und Ewa ausgewiesen wurde, bin ich mit meiner Gruppe in Gdynia abgetaucht. Wir versuchten Sabotageakte im Hafen und es gelang uns, mit der einzigen Haftmine, die wir besaßen, ein deutsches Boot zu versenken. Aber wir hatten weder ausreichend Waffen, noch Munition.« Jan berichtete fast atemlos: »Zu dritt entschlossen wir uns, auf französischer Seite gegen die Nazis zu kämpfen. Allerdings dachten wir, dass es unmöglich sein würde, durch das Deutsche Reich nach Frankreich zu gelangen. Also schlugen wir uns bis Lettland durch und hofften auf einen sicheren Weg, vielleicht über Schweden oder mit einem Schiff. In Kowno arbeitete ich vorübergehend bei einem Bäcker.«

Mein Freund machte eine Pause, denn nun kam der schwerste Teil seiner Erlebnisse, die er noch lange nicht verkraftet hatte. »Dann stieß ich auf jüdische Partisanen, die aus einem Ghetto entflohen waren. Wir fanden Zuflucht in den Wäldern östlich von Wilna und kämpften dort gegen die Deutschen. In diesem Gebiet wüteten die deutschen Einsatzgruppen, unterstützt von lettischer Polizei. Sie erschossen tausende von Juden, es war schrecklich.« Er stockte einen Moment, überwältigt von den Bildern, die er nie mehr würde vergessen können. Die Dörfer, in denen die Mörder der Einsatzgruppen alle Männer in die Kirche trieben und dann die Kirche anzündeten und jeden erschossen, der daraus fliehen wollte. Andere Dörfer, die angeblich Partisanen unterstützt hatten, hatten sie völlig menschenleer angetroffen, bis sie die Leichen entdeckten, auch von ermordeten Frauen und Kindern. Verlassene Exekutionsstätten in den Wäldern, wo nur noch Massengräber und Berge von leeren Patronenhülsen von dem Grauen zeugten, das hier stattgefunden hatte.

»Und warum bist du nach Warschau gekommen?«, wollte Tytus wissen.

»Das Gebiet war sumpfig, ich vertrug das Klima nicht und wurde ständig krank. Als Partisan kannst du dir das nicht erlauben. Daneben empfand ich immer mehr den Drang, direkt etwas für mein Land tun zu wollen, also in Polen zu kämpfen.«

Kapitan Tytus nickte. »Gut, du wirkst noch etwas erschöpft. Sobald du dich erholt hast, übernehme ich dich in die Sturmabteilung, deine Erfahrung als Partisan können wir gebrauchen. Dein Deckname ist Ksiaze.«

Dann wandte er sich mir zu: »Ewa, du wirst ab sofort für den ›Klabautermann‹ Artikel schreiben, Texte für Flugblätter erstellen und in unserer Druckerei helfen.«

»In Ordnung«, sagte ich. »Wer genehmigt meine Texte?«

»Henryka genehmigt die Flugblätter. Der ›Klabautermann‹ wird von einer Redaktion erstellt, übergib deine Manuskripte Henryka.« Seine Anweisungen waren wie immer knapp und eindeutig.

»Mein schöner Prinz«, flüsterte ich Jan ins Ohr, denn Ksiaze heißt ›Prinz‹, und knuffte ihn in die Seite.

Der Hauptmann lächelte, tat aber so, als hätte er nichts gesehen. »Ihr beide könnt außerdem Flugblätter und den ›Klabautermann‹ verteilen, aber seid vorsichtig!«

Die Druckerei lag im Hinterhof eines Hauses in der Piusstraße im Stadtteil Mokotow. Sie war als Fahrrad-Reparaturwerkstatt getarnt. Ein professioneller Drucker reparierte tagsüber Fahrräder, nachts stellte er mit unserer Hilfe Flugblätter, den ›Klabautermann‹, aber auch falsche Lebensmittelkarten, Bezugskarten für Fett, Marmelade, Milch, Sonderkarten für Kleinkinder und Schwerarbeiter und falsche Tabakkarten her. Ich sortierte, heftete, verpackte und bediente unter Anleitung des Meisters die Druckmaschine. Trotz der Nachtschicht ging ich tagsüber meiner Arbeit nach. Wir alle waren hoch motiviert, sodass wir die Müdigkeit aus unserem Leben fast ausradiert hatten.

Immer wenn ich an der Kasse im Tabakladen Dienst versah, kamen Soldaten der *AK*, soweit sie Deutsch konnten, und kauften mit den falschen Karten Zigaretten. Ich kannte die Männer nicht persönlich, sie wussten aber, dass an der Kasse ein Mitglied der Untergrundbewegung saß. Ich kann es nicht so genau beschreiben, es war eine Mischung aus Stolz und Solidarität, wenn wir nur einen Blick tauschten, ohne auch nur einen Gesichtsmuskel zu bewegen. Sie bezahlten den normalen Preis, sodass für niemanden ein Verlust eintrat.

Im Vergleich zu den echten Bezugskarten fiel mir – da ich an der Herstellung beteiligt war – natürlich die Fälschung auf. Der dünne Karton fühlte sich anders an und die Farbe schien etwas blasser zu sein. Ich sah es als meine Pflicht an, bei der Abrechnung meinen Chef auf die falschen Karten aufmerksam zu machen. Herr Michel ordnete an, dass diese Karten wie alle anderen aufgeklebt werden und wir einfach abwarten sollten, ob die Monopoldirektion beim Distrikt-Wirtschaftsamt reagiert. Das geschah nicht, sodass die Zigarettenquelle die ganze Zeit über nicht versiegte.

Im Übrigen profitierte auch unsere Familie davon, denn wir kauften ebenfalls mit falschen Tabakkarten Zigaretten ein. Dazu muss man wissen, dass deutsche Zigaretten begehrt waren und als eine Art Zahlungsmittel dienten. Mit ihnen wurden Tauschgeschäfte gemacht und Dienstleistungen bezahlt. Auf dem Warschauer Schwarzmarkt war so gut wie alles zu haben, jedenfalls bis Mitte 1944. Dadurch ging es uns besser, denn von meinem Gehalt konnten wir gerade mal eine Woche und vom Monatsverdienst meiner Mutter allenfalls eine zweite Woche leben.

Wenn ich BBC hörte, machte ich mir keine Notizen, sondern versuchte, die Informationen im Kopf zu behalten. Nun erstellte ich auf der Schreibmaschine im Ein-Finger-Such-System ein Flugblatt. Es trug die Überschrift: ›Deutsche in Warschau!‹ Rechts davon zeichnete ich ein Hakenkreuz, dessen Konturen zerflossen und sich auflösten. Dann schrieb ich:

»Wissen Sie, dass Feldmarschall Rommel in Afrika bei El-Alamein geschlagen ist?

Wissen Sie, dass amerikanisch-britische Invasionsstreitkräfte in Marokko und Algerien gelandet sind?

Wissen Sie, dass die 6. deutsche Armee im Raum zwischen Wolga und Don eingeschlossen ist?

Wissen Sie, dass immer Rückzug und Flucht gemeint sind, wenn der deutsche Wehrmachtsbericht von ›Begradigung der Front‹ oder ›planmäßiger erfolgreicher Absatzbewegung‹ spricht?

Wissen Sie, dass sich Churchill und Stalin in Moskau trafen, um den Untergang des Dritten Reichs zu beschließen?«

Henryka prüfte den Text. »Ich finde ihn sehr gut, Ewa, aber meinst du nicht, dass am Schluss noch eine Aufforderung fehlt, wie sich die Deutschen in Warschau aufgrund dieser Tatsachen verhalten sollten, welche Schlüsse sie ziehen müssten?«

»Nein«, antwortete ich, »das reicht aus und müsste eigentlich zu einer großen Verunsicherung beitragen.«

»Aber wir haben doch Forderungen an die Deutschen«, meinte Henryka. »Sie sollen kapitulieren, denn Hitler ist ein Verbrecher und sein Imperium dem Untergang geweiht.«

Ich war anderer Ansicht. »Das ist doch genau der Fehler, den die deutsche Propaganda macht, indem sie uns ihre Denkweise aufzwingen will. Sie erreichen damit nur, dass wir umso enger zusammenrücken und uns im Widerstand einig sind. Ich finde, die Leser sollen ihre Rückschlüsse selber ziehen.«

Henryka war wohl nicht ganz überzeugt, genehmigte aber den Druck.

Als wir damit loszogen, hatte Jan ungefähr fünfhundert Exemplare im Rucksack und ich die gleiche Menge in einer Umhängetasche. Einige unserer Freunde ließen Flugblätter in der Straßenbahn liegen, aber das war sehr gefährlich. Man konnte es höchstens beim Aussteigen versuchen, aber ein Nazi-Spitzel hätte sich erinnern und eine gute Personenbeschreibung abgeben können. Auch Bahnhöfe und Züge mieden wir, weil hier eine starke Überwachung das Risiko erhöhte. Klar war auch, dass wir damit keine deutschen Ämter betreten konnten, allerdings schickten wir das Flugblatt mit der Post dorthin – sogar direkt an die Adresse der Gestapo. Die würde es erstens ohnehin von irgendeinem linientreuen Deutschen oder einem polnischen Spion erhalten und zweitens sollten sie sich dort ruhig über unsere Dreistigkeit ärgern.

Wir gingen durch Kaufhäuser und legten die Zettel an die Kasse oder zwischen die Ware. Oder wir legten sie zwischen die Seiten von Telefonbüchern in Telefonzellen. Oder in die Toiletten von Restaurants und Kaffeehäusern. Mit einiger Sicherheit kam die Nachricht in die Hände von Deutschen, wenn man an Verkaufsständen die Flugblätter in deutsche Zeitungen steckte – am liebsten in den ›Völkischen Beobachter‹ –, aber das war aufwändig und schwierig.

Dann gingen Jan und ich in das Atlantik-Kino in der Chmielna-Straße. Kinos waren für uns Polen generell verboten. Wir besuchten nicht gerne eine Vorstellung, denn außer Deutschen genossen nur solche Polen das Privileg, die mit den Nazis kooperierten. Deshalb befand sich an den Hauswänden aller Warschauer Kinos die gereimte Inschrift: *Tylko Swinie siedza w Kinie* – Nur

Schweine sitzen im Kino. Wir nahmen es gezwungener-
maßen in Kauf.

Am Eingang standen zwei polnische Polizisten in
dunkelblauer Uniform. Wir trauten solchen Polizisten
nicht, weil sie mit der Besatzungsmacht kooperierten,
auch wenn es welche gab, die auf unserer Seite standen,
vereinzelt sogar als Mitglieder der *AK*. Ich kaufte für die
Nachmittagsvorstellung an der Kasse zwei Karten, es
gab den neuesten Film von Zarah Leander, ›Die große
Liebe‹. Als ärgerlich empfand ich die ›UFA-Tonwoche‹,
die Rüstungsminister Speer zeigte, wie er ein Werk zur
Produktion des ›Tiger-Panzers‹ besichtigte, den er 1943
in den Kampf schicken wollte. Feldmarschall Rommel,
in der Wochenschau ›Wüstenfuchs‹ genannt, wurde als
Held glorifiziert, der angeblich seinem Widersacher,
General Montgomery von der britischen 8. Armee, überlegen war.

Dann der Film. Zarah Leander sang: ›Davon geht
die Welt nicht unter, wenn uns der Schädel auch raucht,
davon geht die Welt nicht unter, die wird ja noch gebraucht.‹ Ich fand den Text zynisch, die Musik im Wal-
zertakt allerdings einschmeichelnd. Gegen Ende des
Films stand ich auf und ging zuerst zur Damen-Toilette
und dann zur menschenleeren Herrentoilette, um Flugblätter zu deponieren. Ich kehrte zurück und setzte mich
neben Jan. Kurze Zeit später war der Film zu Ende, der
Vorhang schloss sich vor der Leinwand und das ge-
dimmte Licht flammte auf. Jan und ich trennten uns
in Richtung des rechten und linken Ausgangs. Dabei ließen wir auf der Stuhlreihe unauffällig Flugblätter fallen.
Plötzlich gellten Alarmpfiffe aus Trillerpfeifen. Ich stand
noch in einer Stuhlreihe, weit entfernt vom Ausgang.

Rechts vor mir warteten ebenfalls Leute, hinter mir war niemand mehr. Ich ließ die Tasche von meiner Schulter herunter unauffällig zu Boden gleiten. Dann gab ich ihr mit dem Fuß einen Schubs, sodass sie unter die Stühle rutschte. An den Ausgängen tauchten Uniformierte auf und sperrten ab. Ich sah zu meiner Beruhigung Jan nicht mehr, offensichtlich war er schon draußen. Ein SA-Offizier trat vor den Vorhang.

»Meine Damen und Herren! Alle Platz nehmen! Ausweiskontrolle!«

Ich hatte keinen Zweifel, dass jemand die Flugblätter auf der Toilette entdeckt und den Einsatz ausgelöst hatte. Ich setzte mich. Zwei Stühle weiter lag die Tasche unter dem Stuhl, kaum zu sehen. Aber zwei hell schimmernde Flugblätter lagen sehr auffällig auf den Sitzen, ungefähr sechs oder sieben Plätze neben mir.

Die Ausweiskontrolle zog sich eine Weile hin. Rechts neben mir saßen drei Deutsche und unterhielten sich unbefangen. Ich hatte meinen schon lange nicht mehr gültigen Danziger Reisepass in der Jackentasche stecken. Die Tasche mit den Flugblättern enthielt keine persönlichen Unterlagen, die mich identifizieren konnten. Was würde geschehen, wenn der Kontrollierende in meiner Reihe die hellen Blätter entdeckte? Verdammt, ich war die letzte Person in meiner Reihe und die Leute vor mir würden bestätigen, dass sie vorher dort nichts gesehen hatten, also konnte nur ich die Täterin sein. Jetzt näherte sich einer der Uniformierten unserer Reihe. Die drei reichten ihm ihre Ausweise gemeinsam. Er schaute in einem Fahndungsbuch nach. Dann verlangte er von den beiden Frauen, dass sie ihre Handtasche öffneten, und durchsuchte sie. Der Mann hatte keine Tasche dabei. Nun wandte sich der Uniformierte mir zu. Ich stand auf und versperrte ihm so den Einblick in die Stuhlreihe und tat, als könne ich ihm auf diese Weise besser meinen Pass geben. Er prüfte meinen Namen im Fahndungsbuch.

»Haben Sie keine Kennkarte aus dem Reich?«, fragte er.

»Doch, die liegt zu Hause. Ich benutze mal die Kennkarte, mal den Danziger Pass.«

»Haben Sie eine Arbeitsstelle in Warschau?«, fragte er, während er – wie bei anderen auch – meinen Namen notierte.

Mist, was sollte ich sagen? Nannte ich das Tabakgeschäft Michel und würde nachträglich die Tasche entdeckt, könnte er sich erinnern.

»Ich arbeite beim Luftwaffen-Verbindungsstab.« Diese Ausrede war mir spontan eingefallen, weil ich dort auf der Suche nach Marianne angerufen hatte.

Er gab mir den Pass zurück.

»Handtasche?«

»Ich habe keine Handtasche dabei.«

»Danke.«

Er nahm sich die Leute in der nächsten Stuhlreihe vor. Ich setzte mich. Noch war die Gefahr nicht gebannt, denn er konnte zufällig in meine leere Stuhlreihe schauen und die im Dämmerlicht aufdringlich leuchtenden Zettel sehen. Mein Herz pochte.

Dann wurden die Ausgänge frei gegeben.

Jan wartete voller Sorge in einer Seitenstraße. Und auch mir wurden nachträglich noch die Knie weich, ich musste mich gegen die Hauswand lehnen, um nicht einzuknicken. Das war knapp. Wenn Jan in die Kontrolle geraten wäre, dann hätte ihn die Gestapo geschnappt. Er besaß zwar auch den Danziger Pass, sprach aber sehr schlecht Deutsch.

Nachdem wir uns beruhigt hatten, überlegten wir, was wir falsch gemacht hatten. Es war ein Fehler gewesen, die Toilette nicht erst am Ende des Films aufzusuchen und dann sofort zu verschwinden. Wir nahmen uns vor, Kinos in Zukunft überhaupt zu meiden.

Genau zur gleichen Zeit verteilten auch die Mitglieder der ›Weißen Rose‹ in München Flugblätter. Hätte ich damals von der Verhaftung der Geschwister Scholl und deren Freunden erfahren und dass sie vier Tage später bereits zum Tode verurteilt und hingerichtet worden waren, wäre mir das Herz in die Hose gerutscht.

Manchmal saß Jan stumm neben mir und hing düsteren Gedanken nach, denn die grausamen Bilder aus Lettland ließen ihn nicht los. Mit Zärtlichkeit gelang es mir meist, seine schrecklichen Erinnerungen für eine Weile zu verscheuchen. Er war mein Freund, mein Bruder, mein Partner, mein Geliebter und mein Kampfgefährte. Das ließ sich kaum noch steigern, daher war ich überrascht, als er eines Tages fragte: »Was hältst du davon, wenn wir uns verloben?«

Ich hatte noch nicht darüber nachgedacht und gab ihm zunächst statt einer Antwort einen Kuss.

Ich war mit ihm so verbunden, dass es eigentlich nicht nötig war, sich formell zu verloben, schon gar nicht in diesen schweren Zeiten. Er schmiedete aber sofort Pläne, dass wir nach dem Ende des Krieges heiraten würden. Mit dem Kinderkriegen wollte er noch etwas warten, erst sollten wir studieren und einen Beruf ergreifen. Er war in diesem Moment voller Zuversicht und Hoffnung und malte unser Leben in bunten Farben. Ich prüfte mich und fand, dass ich dieses Leben gerne mit ihm teilen wollte, also stimmte ich der Verlobung zu.

Henryka und Antoni besaßen südlich von Warschau ein Sommerhaus, abgelegen mitten im Wald. Dort trafen wir uns an einem Wochenende mit unseren Freunden von der *AK*. Die ersten Stunden waren mit theoretischem Unterricht und dem Üben bestimmter militärischer Vorgehensweisen ausgefüllt. Dann kochten Jan und ich das Mittagessen, wir waren sechzehn Personen. Nachmittags kamen Henryka und Antoni mit Kuchen und bald auch Mama mit meinen Geschwistern. Später spielten wir alle Volleyball. Ich war ganz ruhig und sah dem Abend gelassen entgegen. Wir zündeten ein Lagerfeuer an, dann kam der feierliche Moment, in dem Jan und ich uns die Ringe ansteckten, uns küssten und alle uns hochleben ließen. Danach sangen wir polnische Lieder. Wir fühlten uns frei und waren glücklich.

Meine Mutter wird sich ihre Gedanken über meinen Freundeskreis gemacht haben, doch sprachen wir nicht über die Untergrundbewegung, weder damals noch irgendwann später. Ich fühlte mich an mein Schweigegebot gebunden.

Die Redaktion des ›Klabautermann‹ ließ mich wissen, dass sie von mir einen Artikel brauchte, das Thema könne ich selbst wählen. Ich weiß nicht, wer der Untergrundzeitung den Namen gegeben hatte, denn ein Klabautermann ist, wie ich im Wörterbuch überprüfte, ein Schiffskobold. Im Kampf gegen die Nazis fand ich den Namen nicht passend, sondern verharmlosend, aber daran konnte ich nichts ändern.

Meine Überschrift lautete: »Der Kohlenklau ist Hitler.«
Meine Ausführungen bezogen sich auf eine groß angelegte Propagandakampagne der Nazis zum Kohlensparen, weil die Kohle vor allem in der Rüstungsindustrie dringend gebraucht wurde. Dazu hatten sie eine Kunstfigur erfunden, eben jenen ›Kohlenklau‹. Er wurde als eine Art Einbrecher abgebildet, ein schwarz gekleidetes Monster, halb Mensch, halb Tier, mit schiefem Gesicht, Schiebermütze und Klauen, der mit einem Sack gestohlener Kohlen über der Schulter davonschleicht und rücksichtslos über eine Stadtsilhouette mit Industrieschornsteinen hinwegstiefelt, wo diese Kohlen angeblich dringend benötigt wurden. Die Figur war sehr geschickt ausgedacht.

Wir hatten Dezember 1942 und es kündigte sich erneut ein äußerst strenger Winter an. Nicht nur in Warschau, auch in Deutschland fiel das Thermometer auf Minustemperaturen unter 20 Grad. Trotzdem verlangte die Kohlenklau-Aktion, dass man die Heizperiode später beginnen und früher beenden und sogar heizfreie Tage einlegen sollte.

Die Figur war so populär, dass bei den Deutschen sofort jemand rief: »Der Kohlenklau kommt!«, wenn in einem beheizten Raum versehentlich mal die Tür offen blieb.

Der Inhalt meines Artikels hatte die Tendenz: Die ›deutschen Volksgenossen‹ können ruhig frieren, Hauptsache Hitler hat genug Kohlen für seine Rüstungsindustrie und für Lokomotiven, die die Truppen an die Front befördern, wo die Soldaten dann ›verheizt‹ werden. Schließlich malte ich dem ›Kohlenklau‹, den wir abbildeten, noch ein Hitlerbärtchen.

Ich war ziemlich stolz, als nicht nur Henryka meinen Artikel gut fand, sondern auch Kapitan Tytus sein Lob mitteilen ließ.

Diese Ausgabe des ›Klabautermann‹ haben Jan und ich dann mit besonderem Eifer unter die Leute gebracht. Wir nahmen uns die Krankenhäuser vor, zogen auf der Toilette weiße Kittel über, liefen durch die Flure und legten den ›Klabautermann‹ ab, wo immer sich eine Gelegenheit ergab. Nur im Krankenhaus ›Lazarus‹, wo man mich hätte erkennen können, erledigte Jan die Aufgabe alleine.

Manchmal hatten wir den Eindruck, dass uns jemand beobachtete oder dass jemand einen Verdacht schöpfte, dann stieg in mir die Angst hoch. Es ging aber alles gut und wir freuten uns jedes Mal, es geschafft zu haben.

Am nächsten Tag besuchten wir abends das deutsche Wohnviertel am Platz der drei Kreuze. Die Nazis hatten sich für ihre Büros und Wohnungen die besten Gegenden Warschaus ausgesucht und die Häuser oder Villen dort einfach beschlagnahmt. Wir steckten unsere Zeitung in die Briefkästen. Hier änderten wir unsere Arbeitsweise. Ich schlenderte ohne Tasche durch die Straße und überprüfte, ob nicht eine Polizeistreife unterwegs oder irgendwo ein Auto abgestellt war, in dem jemand saß. Hier und da gab es Leute, die den Bürgersteig von Schnee säuberten. Neben der Polizei gab es ja noch den ›Selbstschutz‹ und außerdem die Blockwarte, vor denen man sich in Acht nehmen musste. Konnte ich nichts feststellen, gab ich Jan ein Zeichen, der dann mit dem Verteilen begann, während ich weiter die Gegend beobachtete. Musste ich ihn warnen, ahmte ich den Ruf des Käuzchens nach.

Wir wunderten uns, wie sorglos die deutschen Familien lebten, dass sie zum Beispiel die Hausflure nicht verschlossen hielten, wo sie doch von Feinden umgeben waren. Vermutlich glaubten sie in ihrem Größenwahn, sie seien unverwundbar und niemand würde es wagen, sie anzugreifen.

»Vielleicht halten sie uns für zu schwach«, meinte Jan, »aber die werden sich noch wundern.«

»Wahrscheinlich legen sie es als Schwäche aus«, stimmte ich zu, »dass wir nicht ihre Skrupellosigkeit besitzen, uns an Frauen und Kindern zu vergreifen.«

Ich schrieb regelmäßig für Kapitan Tytus Berichte über die Meldungen von BBC London. Das Programm kündigte sich immer durch dumpfe Paukenschläge an: Bum, bum, bum – Pause – bum, bum, bum – Pause – und so fort. Die Hauptsendung begann abends um 19.30 Uhr: »Hier ist BBC London für polnische Hörer.« So erfuhr ich, dass die 6. Armee in Stalingrad vernichtet wurde und Feldmarschall Paulus kapitulieren musste. Sowjetische Offensiven zerschlugen in diesem Winter außerdem die 8. italienische und die 2. ungarische Armee, die auf deutscher Seite kämpften. Und auf einer Konferenz in Casablanca beschlossen der amerikanische Präsident Roosevelt und der englische Premierminister Churchill, Deutschland zur bedingungslosen Kapitulation zu zwingen. Propagandaminister Goebbels, das Großmaul, rief im Berliner Sportpalast zum ›totalen Krieg‹ auf und tausende fanatisierte Zuhörer grölten ihre Zustimmung.

Außerdem schrieb ich Berichte über die Gespräche unserer deutschen Kunden im Tabakladen. Dabei ging es weniger darum, welche Worte sie mit mir wechselten – das waren zumeist Belanglosigkeiten – sondern vielmehr um das, was sie untereinander redeten. In den Laden kamen vor allem Angehörige des benachbarten Wehrmachtskommandos, aber auch Polizisten in Uniform, Verwaltungsbeamte oder Gestapo-Leute in Zivil.

Ich erfuhr zum Beispiel, dass ein Oberst nach Prag versetzt worden war und dass sein Zug am nächsten Tag um 10.25 Uhr von Warschau *Glowny* abfuhr. Das konnte für meine Auftraggeber belanglos sein, oder auch nicht, falls sie etwa einen Anschlag auf einen Militärzug vorbereiteten.

Wenn sich zwei Zivilisten unterhielten und der eine zum anderen sagte:

»Kannst du mir für die Aktion morgen 25 Mann stellen, wir treffen uns um 19 Uhr am Friedhof Litzmannstädter Straße«, dann war höchste Eile geboten, Kapitan Tytus sofort zu unterrichten, denn hier stand eine Razzia oder, schlimmer, eine Strafexpedition bevor.

Oft drehten sich die Gesprächsfetzen, die ich aufschnappen konnte, um Beförderungen, um das Kriegsverdienstkreuz, ab und zu um irgendeinen Ärger mit Vorgesetzten. Die militärische Lage löste allgemein Besorgnis aus, was manchmal offen diskutiert wurde, sie wähnten sich ja in einem deutschen Geschäft. Ich hörte es mir mit Schadenfreude an.

Einmal fiel der Satz: »Mussolini rät dem Führer, den Ostfeldzug zu beenden und mit Stalin Frieden zu schließen – typisch Italiener, so ein Hasenfuß.«

Ich erfuhr nie, was meine Mitteilungen bewirkten. Aber ich stellte mir vor, dass an einer zentralen Stelle mit vielen solchen Meldungen ein wichtiges Lagebild entstehen musste. Deswegen war ich eifrig bemüht, die Ohren zu spitzen.

Wenn bei einer Aktion der Heimatarmee ein deutscher Polizist oder Soldat zu Tode kam, übten Gestapo und Sicherheitsdienst grausame Rache. Nach einem Himmler-Befehl hatten für einen getöteten Deutschen viele Warschauer ihr Leben zu lassen, mal fünfzig, mal hundert, in einem Fall sogar zweihundert Menschen. Wahllos wurden die Leute festgenommen und an Ort und Stelle mitten in der Stadt erschossen. Am nächsten Tag verkündeten im gesamten Stadtgebiet Plakate, auf denen die Namen der Ermordeten aufgeführt waren, von der Vergeltungsaktion. Wieder einmal schlug unsere Empörung über die *Niemieckie Swinie* in Hass um. Diese Brutalität! Diese unvorstellbare Grausamkeit! Diese Unmenschlichkeit! In mir setzte sich eine ungeheure Wut fest. Ich wusste, dass die *AK* trotzdem ihre Politik nicht ändern würde, auch wenn die Opfer schrecklich waren. Wenn ein Angriff der *AK* bevorstand, wurden wir von Kapitan Tytus zu besonderer Vorsicht ermahnt.

Man spürte die Nervosität der deutschen Besatzungsmächte, denn die Legende, Hitler sei unbesiegbar, war zerstört. »Unrecht Gut gedeiht nicht«, zitierte Mama ein deutsches Sprichwort.

Wir jubelten über die Kapitulation der 6. Armee in Stalingrad und hatten Informationen, dass die Alliierten eine Invasion vorbereiteten. Dadurch verbreitete sich ein Gefühl der Hoffnung.

An einem Freitagnachmittag kam ich aus der Marszalkowska und wollte versuchen, Lebensmittel für das Wochenende zu kaufen. Ich stieg in den letzten Wagen der Elektrischen. An dem Tag hatte ich keine Lust, im Abteil der Deutschen zu sitzen und mich wie üblich beim Ein- und Aussteigen von den eigenen Landsleuten mit gehässigen Blicken mustern zu lassen. Die Bahn fuhr in Richtung Norden, ich wollte am Krasinskich-Park aussteigen, um von dort in die Altstadt zu laufen. In Fahrtrichtung links erstreckte sich das Jüdische Ghetto.

An der Haltestelle Krolewskastraße umringten plötzlich SS-Leute den letzten Wagen und stürmten hinein. »Raus! Alle raus!«

Murrend und schimpfend stiegen wir aus, von groben Stößen der Uniformierten getrieben. Ich dachte, dass es mit dem Ghetto zusammenhängen musste, und hatte kein gutes Gefühl.

Sie trieben uns auf den Bürgersteig. Ich sah noch mehr SS-Männer, die mit Schäferhunden die Straße nach oben und unten absperrten. Mein Herz begann wie wild zu schlagen. Ich holte meinen Danziger Pass heraus, hielt ihn einem Uniformierten unter die Nase und rief: »Ich bin Danzigerin! Ich bin Deutsche!«

Er schob mich einfach weiter, für ihn war klar, dass alle Polen sein mussten, die die Straßenbahn wie Polen benutzten. Was ja auch stimmte.

Dann sah ich einen Offizier in meiner Nähe. Ich hatte gute Erfahrungen damit gemacht, möglichst energisch aufzutreten, obwohl ich in diesem Moment innerlich vor Angst bebte.

»Was fällt Ihnen ein, ich bin Deutsche!«, herrschte ich ihn an.

Tatsächlich nahm er meinen Pass und sah ihn sich an.

»Ungültig!«

»Ich bin Danzigerin!«

»Kennkarte?«

»Habe ich zu Hause.«

Er musterte mich. »Alten Ausweis in der Tasche und

den gültigen daheim – Sie wollen mich wohl vergack-
eiern. Da rüber zu den anderen, aber schnell!«

Ich wollte nicht aufgeben. »Ihren Namen! Ich werde
mich beschweren.«

Nun funkelten seine Augen böse. »Jetzt mach keine Fi-
simatenten, sonst kriegst du eine gelangt.« Er holte aus,
um nach mir zu schlagen, ich wich aus.

»Polensau!«, sagte ein *Szkop*, der daneben stand,
packte mich am Ärmel und schleuderte mich in Richtung meiner Landsleute.

Wir mussten uns an einem Gebäude an der Wand entlang aufstellen, eine lange Reihe von etwa dreißig Menschen. Dann traten zehn SS-Männer nach vorne und
verteilten sich entlang unserer Reihe.

Mich packte das blanke Entsetzen. Was ging hier vor?
Sie wollten uns töten!

Tatsächlich entnahmen die SS-Schweine ihre Waffen
dem Halfter und luden durch. Das metallene Klacken
der Pistolen gellte in meinem Ohr.

Das darf nicht sein, ich will leben! Ich schloss meine
Augen, das Bild von Papa erschien, dann Mama, Jan,
meine Geschwister. Nein, bitte nicht, nein!, dachte ich
verzweifelt, doch unerbittlich traten die zehn Mörder
dichter an uns heran.

»Umdrehen! Hände nach oben an die Wand!«

Ich drehte mich um, fühlte die kalte Mauer an meiner
Handfläche. Wenige Schritte neben mir mein Mörder.
Da zerrissen schon die ersten Genickschüsse mein Trom-
melfell. Ich wankte, presste meine Stirn an den groben
Stein der Mauer, gleich würde ich ohnmächtig werden,
ich sah Pater Mikos vor meinen Augen, ich betete.

Plötzlich ertönte ein Kommando: »Stopp! Unterbrechen!« Die Schüsse verklangen, ich konnte nicht mehr denken, wusste, dass es gleich weitergehen und ich tot sein würde.

Eine Hand berührte mich an der Schulter und drehte mich um. »Sie da! Vortreten!« Ich blickte auf einen hohen SS-Offizier. Ein General oder so etwas Ähnliches. »Mitkommen!«

Ich wusste nicht, wie mir geschah, und folgte ihm. Er führte mich zu einem Kübelwagen. Hinter meinem Rücken ging das entsetzliche Schießen weiter, ich zuckte zusammen.

»Steigen Sie ein.«

Am Steuer saß ein uniformierter Fahrer. Er ließ den Motor an. Der SS-General ging einige Schritte weiter. In dem Moment, in dem das Auto mit mir losfuhr, sah ich Marianne. Meine Freundin Marianne, wie sie mit weit aufgerissenen Augen, in denen sich Abscheu und Fassungslosigkeit paarten, zwischen dem Auto, in dem ich saß, und der Hinrichtungsstätte hin und her schaute. Der SS-General trat zu ihr, legte den Arm um sie und führte sie weg – zeitgleich entschwand sie aus meinem Gesichtsfeld, denn das Auto bog um die Ecke.

In Höhe des Ostbahnhofs hielt der Fahrer an. »Sie können aussteigen.«

Benommen und ohne ein Wort zu sagen verließ ich das Auto.

Zwei Tage lang weinte ich mir die Seele aus dem Leib. Niemand konnte mich trösten. Das schlechte Gewissen beutelte mich, dass ich gerettet war und alle anderen sterben mussten. Ich lebte und ich wollte leben. Doch war ich tief erschüttert und kriegte mich nicht mehr ein.

Mama holte einen Arzt, aber ich wollte ihn nicht sehen. Jan saß hilflos bei mir. Ich ging zu Henryka, um ihr alles zu erzählen. Ich hatte Angst, dass sie mir nicht mehr vertrauten, mich vielleicht für eine Agentin der Nazis hielten. Sie versicherte mir, dass sie keine Sekunde an mir zweifle. Ich glaubte ihr nicht.

Marianne – meine Freundin! Sie hatte mich gerettet. Aber wäre es vielleicht besser gewesen, sie wäre nicht zufällig vorbeigekommen? Was hatten die anderen armen Opfer in dieser Sekunde wohl gedacht, wieso ich – ausgerechnet ich – verschont wurde? Und hätte ich nicht etwas unternehmen müssen? Ich machte mir Vorwürfe. Ich hätte diesen SS-General bitten müssen, dass er nicht nur mir hilft, sondern das Morden gänzlich stoppt. Unsinn, sagte ich mir, dazu hatte er niemals die Berechtigung. Wahrscheinlich überschritt er ohnehin seine Kompetenzen – Marianne zuliebe. Sie waren ein Paar, daran zweifelte ich nicht. Marianne liebte einen der Mörder, der gleichzeitig mein Retter war. Ich sah ihre Augen vor mir. Marianne war noch immer keine Nazi-Frau, das war sicher. Das beruhigte mich etwas. Warum war sie nicht zu mir ins Auto gestiegen? Nein, das hätte sie nicht tun können, nicht in der Uniform der Luftwaffenhelferin. Es hätte sie in größte Schwierigkeiten gebracht. Vielleicht hatten sie ohnehin etwas riskiert, sie und ihr SS-Freier. Ob sie nach mir suchen würde? Ich vermutete es. Aber ich konnte nichts tun, als einfach nur abzuwarten, ich hatte keine Chance, sie zu finden. Ich dankte meinem Schutzengel, dass er die Begegnung mit ihr, auf die ich so lange gehofft hatte, gerade in diesem Moment herbeigeführt hatte. Eigentlich hatte ich mir diese Begegnung ganz anders vorgestellt. In meiner Phantasie traf ich sie zufällig in der Stadt. Wir würden in irgendeinen Hausflur verschwinden, wo die Polin ohne Zeugen die Luftwaffenhelferin umarmen könnte. Ach Marianne, wir hätten uns so viel zu erzählen gehabt!

Henryka bestellte mich zusammen mit Jan in die Marszalkowska-Straße. Ich war darauf gefasst, dass man mir das Misstrauen aussprechen und mich aus der *Armia Krajowa* hinauswerfen würde.

Zusammen mit Kapitan Tytus waren mehrere Offiziere versammelt. Ich fühlte mich beklommen und dachte, es werde ein Tribunal stattfinden. Die Anklage: Die Soldatin der *AK* mit dem Decknamen Janka ist eine Spionin der Nazis. Beweis: Bei einer Strafexekution der SS wurde sie wegen ihrer Verdienste um das Großdeutsche Reich in letzter Sekunde von einem SS-General vor dem Erschießen bewahrt. Eine ehemalige deutsche Freundin soll das veranlasst haben? Das kann jeder behaupten!

Im Salon stand ein Kerzenständer mit brennenden Kerzen auf dem schweren Tisch. Jan und ich saßen auf der einen Seite, die *AK*-Führer auf der anderen. Ich fragte mich, warum Jan in die Sache hineingezogen wurde. Oder sollte er vielleicht als mein Verteidiger auftreten?

Der Hauptmann begrüßte uns freundlich, aber das wollte noch nichts heißen. Dann sagte er: »Janka und Ksiaze, ihr habt euch schon mehrfach in der *AK* bewährt und seid verdienstvolle Soldaten. Es ist deshalb überfällig, dass wir eure Vereidigung vornehmen. Seid ihr dazu bereit?«

Jan sagte laut: »Ja!« Ich nickte nur, mir liefen die Tränen über die Wangen.

Dann sprachen wir die Eidesformel nach:

»*Wobliczu Boga Wszechmogacego* ... Angesichts des allmächtigen Gottes und der heiligen Jungfrau Maria, Königin Polens, schwöre ich, dass ich

– meinem Vaterland treu bleiben und zu meinem Vaterland, der polnischen Republik, zur Bewahrung der Ehre unnachgiebig stehen werde,

– mit allen meinen Kräften bis zur Aufopferung meines Lebens kämpfen werde und

– Geheimnisse standhaft bewahren werde, gleichgültig, was mit mir geschehen wird.

So helfe mir Gott ... *Tak mi dopomoz Bog.*«

Mir fiel nicht nur ein Stein vom Herzen, sondern die ganze Last der vergangenen Tage. Ich war wieder glücklich und konnte gar nicht verstehen, warum ich an mir gezweifelt hatte. Mochten die anderen denken, was sie wollten, ich schlang Jan meine Arme um den Hals und küsste ihn.

Zuerst tranken wir alle ein Glas Wein. Dann wurde Tytus dienstlich. Er berichtete, dass sie Pläne hatten, von einem Friedhof aus das Juden-Ghetto anzugreifen, und zwar den von den Deutschen so genannten ›Umschlagplatz‹ am nördlichen Ende des Ghettos. Hier wurden täglich etwa 7000 jüdische Opfer in Güterwaggons verladen, jeweils hundert Menschen in einen Wagen. Am Tag darauf kam der Zug leer zurück und stand für den nächsten Transport bereit.

Nun aber, berichtete Tytus weiter, sei am 19. April 1943 im Ghetto ein Aufstand ausgebrochen. Seit 1942 seien etwa 300 000 der insgesamt 350 000 Juden des Ghettos in das Lager Treblinka abtransportiert worden. Immer mehr verdichte sich der Verdacht, dass sie dort systematisch ermordet würden. Die im Ghetto Verbliebenen entschlossen sich zu dem Verzweiflungsakt, sich gegen die deutschen Peiniger mit Gewalt zu erheben, bevor auch sie in das Todeslager kämen.

Dann sprach er mich an: »Das Erschießen von dreißig Polen vor den Toren des Ghettos sollte ein Präventivschlag sein, eine Warnung an die Warschauer, den Ghetto-Aufstand nicht zu unterstützen. Diese Verbrecher schrecken vor nichts zurück und beinahe wärst du, Janka, unter den Opfern gewesen.«

Ja, dachte ich, du hast dem Tod erstmals wirklich ins Auge geblickt. Sicher ist es nicht im Sinne von Marianne, aber für mich erwächst daraus nur noch mehr der Auftrag zu kämpfen. Ich nickte. »Werden wir den Juden helfen?«

»Es gibt eine jüdische Kampforganisation ZOB, die wir mit Waffen versorgen. Im Ghetto selbst haben wir fast keine Chance einzugreifen, im Moment toben dort Straßenkämpfe. Wir helfen aber den Flüchtenden und verschaffen ihnen Verstecke.«

Dann sagte Tytus zu Jan: »Und du, Ksiaze, gehörst ab sofort der Sturmabteilung unseres Bataillons an.«

Das lenkte meine Gedanken von mir selbst ab, denn nun begannen die Sorgen um Jan.

Nach wie vor saß ich an der Quelle für falsche Bezugsscheine aus unserer Druckerei und für Zigaretten aus Michels Geschäft. Die Zigaretten benutzte ich zum Einkauf von Arzneimitteln, die in einem Magazin der AK gelagert wurden. Das bildete momentan den Schwerpunkt meiner Tätigkeit für die AK.

In der Mittagspause und gegen Abend verschwand ich im Keller. Im Polnischen Programm von BBC erfuhr ich, was in Warschau ohnehin nicht zu übersehen war: Das Ghetto brannte, die armen jüdischen Kämpfer wurden von SS- und Polizeiverbänden ausgeräuchert und nach einem Monat so gut wie alle getötet. Im SS-Bericht klang das so: »Das Niederbrennen von Häuserblocks ist die einzige Methode, um dieses Gesindel und Untermenschentum an die Oberfläche zu zwingen.« Für mich war das ein Fanal, denn ich dachte wieder an Jettchen: Wir müssen auch für die jüdischen Opfer Rache üben! Unser Aufstand wird besser organisiert sein als dieser, er muss mit einem Sieg enden!

Andere Meldungen bestärkten mich. Die deutschen U-Boote waren weitgehend ausgeschaltet und die Rote Armee noch immer auf dem Vormarsch. Irgendwann würden die Sowjets Warschau erreichen und dann Berlin. Und dann, ja dann endlich ginge es dem Oberschreihals an den Kragen!

Ich saß an der Kasse, schnippelte Abschnitte aus Tabakkarten und nahm das Geld entgegen. Manchmal bildete sich eine Warteschlange, meist kurz vor Geschäftsschluss, wenn sich viele noch eine Packung Zigaretten für den Feierabend holten. Manche schienen nur in ihren Büros zu hocken. Sie setzten die vom Reichssicherheitshauptamt in Berlin ausgeheckten Mordpläne in örtliche Konzepte um und gingen dann nach Hause zu ihren Familien. Andere wurden losgeschickt, auch nachts, und mussten die Aktionen ausführen. So jedenfalls malte ich mir das aus, denn irgendwie musste der Terror ja organisiert sein. Es kostete mich immer größere Überwindung, die Deutschen zu bedienen und dabei noch ein freundliches Gesicht zu machen.

Am Ende der Reihe stand ein junger Oberleutnant und

wartete geduldig, bis er sein Päckchen Pfeifentabak abrechnen konnte. Ich gab ihm das Wechselgeld und schloss die Kasse, ohne ihn anzuschauen. Erst als er weiter stehen blieb, schaute ich auf und sah in ein Gesicht mit Brille, blauen Augen und weichen Zügen. Er wirkte sympathisch, aber ich ließ mich bei unseren Feinden nie auf solche Empfindungen ein.

»Sind Sie auch von Ihrer Familie getrennt?«, fragte er.

»Nein«, antwortete ich kurz angebunden.

»Ich komme aus Osnabrück«, fuhr er fort. »Ich hätte mir nie träumen lassen, einmal hier zu landen.«

Er wollte mich unbedingt in ein Gespräch verwickeln, ich schaute Hilfe suchend nach dem nächsten Kunden, aber es war niemand mehr in Sicht.

»Und Sie, wo kommen Sie her?«, wollte er wissen.

»Aus Danzig.«

»Eine wunderschöne deutsche Stadt.«

Was sollte ich darauf sagen? Dass Danzig eine wunderschöne deutsche, aber auch eine polnische Stadt war? Hoffentlich scherte sich der Typ bald zum Teufel.

»Sie heißen Eva, das habe ich schon mitbekommen.«

Jetzt hatte ich genug, ich stand auf. Ewa mit ›w‹, wenn Sie wissen, was ich meine, hätte ich ihm am liebsten gesagt.

»Ja, ich bin Ewa.«

»Und ich Ludolf von Gleiberg.«

Dass er adlig war, machte ihn auch nicht zu einem besseren Menschen.

»Also, ich muss jetzt die Abrechnung machen, auf Wiedersehen.« Ich entnahm die Kassette mit dem Geld und zog den Schlüssel aus der Kasse.

Er blickte mir nach und ein ganz kleines bisschen bereute ich in diesem Moment, dass ich so unhöflich gewesen war.

Ich erzählte Jan von der Unterhaltung. Zu meiner Überraschung gab er mir den Rat, dem Gespräch mit dem Deutschen nicht auszuweichen. Vielleicht könnte ich ihn aushorchen und für die *AK* Informationen sammeln.

Zwei Tage später erschien der Oberleutnant wieder, diesmal um die Mittagszeit. »Haben Sie Lust auf eine Tasse Kaffee?«, fragte er sehr direkt, nachdem er wieder Pfeifentabak gekauft hatte.

Ich beschloss, etwas freundlicher zu ihm zu sein und wenigstens einen kleinen Scherz zu machen. »In zwei Tagen ein ganzes Päckchen Tabak? Sie rauchen wohl Tag und Nacht?«

»Ich habe zwei Gründe für den Kauf. Erstens wollte ich Sie wegen der Tasse Kaffee fragen. Und zweitens horte ich Tabak in meinem Spind, man muss ja heutzutage von einem zum anderen Tag mit der Versetzung an die Front rechnen, da ist ein Vorrat ganz nützlich.«

Ich wollte ihm nicht so ohne weiteres einen Gefallen tun. Außerdem musste ich noch den BBC abhören. Deshalb sagte ich: »Heute geht es nicht, vielleicht morgen Nachmittag, nach drei Uhr.«

In der BBC-Sendung erfuhr ich eine weitere Siegesmeldung, nämlich dass die Rote Armee Charkow erobert hatte.

Am Nachmittag des nächsten Tages saßen wir in der Empfangshalle des Hotels Bristol. Das war zwar kein neutraler Boden, denn in dem Hotel stiegen Nazi-Größen ab, doch in diesem Fall fand ich die unpersönliche Atmosphäre ganz passend. Gleiberg trug seine Uniform, aber das war mir egal, ich war ja nicht seinetwegen gekommen.

»Ich bin Ihnen sehr dankbar, Fräulein Eva, dass Sie meiner Einladung folgen«, bemerkte er. »Immer nur Gespräche mit Kameraden sind auf Dauer schwer zu ertragen.«

»Sie suchen also eine Abwechslung?«, provozierte ich ihn ein bisschen.

»Nein, ich will nur mal mit einem vernünftigen Menschen sprechen, das ist alles.«

Er stopfte umständlich seine Pfeife. »Ich empfinde in Warschau eine untergründige, unheimliche und bedrohliche Spannung. Ehrlich gesagt, das ist alles zum Kotzen: hier sein zu müssen, dieser Krieg, das Leiden und Sterben, die eigene Unsicherheit und die Sehnsucht nach meiner Verlobten Ute.«

»Auch ich bin verlobt«, sagte ich.

»Das hatte ich schon vermutet, weil Sie einen Ring tragen.«

»Sind Sie Berufssoldat?«

Er machte ein fast beleidigtes Gesicht. »Ich bin im Stadtarchiv Osnabrück angestellt und studiere nebenbei in Münster Kunstgeschichte. Freiwillig bin ich nicht nach Warschau gekommen, weiß Gott nicht.«

»Sie konnten das nicht verhindern?«

»Wie denn? Entweder man hat Beziehungen oder einen Beruf, mit dem man in der Heimat unabkömmlich ist.«

»Wie mir scheint, sind Sie recht unglücklich. Haben Sie schon einmal darüber nachgedacht zu desertieren?« Ich wollte ihn aus der Reserve locken.

»Das kommt für mich nicht in Frage. Ich kann doch

nicht mein Vaterland verraten – nein, mit einer solchen Schuld möchte ich nicht leben. Außerdem wäre mir dann die Rückkehr in das ›tausendjährige Reich‹ verwehrt.«

»Tausend Jahre, sind Sie da sicher?«

»Nein. Vielleicht sind es nur noch zwei Jahre. Oder noch weniger.« Und nach einer nachdenklichen Pause: »Falls ich es überlebe.« Er hüllte sich in eine Rauchwolke, so als wollte er am liebsten unsichtbar sein.

Abends schrieb ich über das Gespräch ein Protokoll und übergab es Henryka. Jan riet mir, ruhig noch ein bisschen weiter zu spionieren. Ich dachte: Bin ich jetzt eine Spionin? Komisch, damit hätte ich nie etwas zu tun haben wollen. Spione waren für mich immer Betrüger, denn sie mussten zwangsläufig lügen, um ihre Rolle zu spielen.

Oberleutnant von Gleiberg rief mich wenige Tage danach um die Mittagszeit im Geschäft an. »Hallo Fräulein Eva, kommen Sie doch einfach rüber in mein Büro auf eine Tasse Kaffee.«

Ich schluckte. Sollte ich in die Höhle des Löwen gehen? Auf der Skala der Schurken rangierte für uns die Wehrmachtskommandantur gleich hinter Gestapo und SD. Andererseits, muss ich gestehen, kitzelte mich die Neugier, und für die *AK* konnte es auch kein Fehler sein.

Der Oberleutnant wartete bereits am Wachhäuschen. Er gab dem Posten ein Zeichen und ich folgte Gleiberg, ohne dass jemand einen Ausweis verlangte oder meinen Namen notierte. Wir benutzten den Aufgang des Haupttreppenhauses. Einige Soldaten, meist mit Orden behängt, begegneten uns und musterten mich. Manche zogen mich geradezu mit ihren Blicken aus. Das machte mich aggressiv, was bildeten sich diese Scheißkerle ein?

Ich schwankte, ob ich nicht doch einen Fehler beging, zumal es im Gang des zweiten Stockwerks penetrant nach Bohnerwachs stank.

Dieser Mief wurde in Gleibergs Büro durch den intensiven Geruch nach Pfeifentabak vertrieben. An der Wand hing eine riesige Landkarte, auf die viele Zeichen und Zahlen in verschiedenen Farben gemalt waren.

Ich fiel gleich mit der Tür ins Haus: »Was machen Sie eigentlich den ganzen Tag außer Pfeiferauchen?«

Er goss den bereits vorbereiteten Kaffee aus einer Kanne in zwei Tassen. »Zucker? Milch?«

»Bitte beides.« Ich dachte schon, er werde meine Frage übergehen.

»Ich bin Stabsoffizier und habe die tägliche Lage vorzubereiten. Das heißt, ich werte die Wehrmachtsberichte des Führerhauptquartiers und des Oberkommandos des Heeres aus, fasse sie zusammen und zeichne sie auf der Landkarte ein.«

»Und wie ist die Lage?«, fragte ich weiter ganz direkt.

»Beschissen.« Er lachte. Dann wurde er ernst. »Darüber rede ich nicht, das ist GKdoS.«

»GKdoS?«

»Geheime Kommando-Sache.«

Wieder folgte die Zeremonie des Ansteckens der Pfeife, die wohl auch die Funktion hatte, seine Verlegenheit zu überbrücken.

»Die Zeit unseres Beisammenseins ist mir viel zu kostbar, um mit Ihnen über den Krieg zu sprechen.«

Er ging zu anderen Themen über und redete über die Architektur Danziger Kirchen. Ich tat so, als ob ich etwas davon verstünde, diskutierte mit ihm auf der einen Ebene und sammelte gleichzeitig auf der anderen meine Gedanken: Er ist ganz nett, kein begeisterter Soldat, aber trotzdem auf der Linie des Regimes. Fazit: Für die *AK* keine Erfolg versprechende Quelle und damit auch für mich uninteressant.

So kam es mir ganz gelegen, dass er mir beim Abschied sagte, er müsse eine Woche lang auf einen Lehrgang. Damit war ich ihn erst einmal los.

Jan meinte, ich sei zu ungeduldig gewesen und zu direkt.

»Du meinst, ich war zu plump?«

»Nein, das wäre falsch ausgedrückt. Man müsste sich mit ihm mehr Zeit lassen, bis er Vertrauen gewinnt. Schließlich erfährt er die militärische Lage aus erster Hand.«

Ich vertrat die Ansicht, dass wir über ihn an wichtige Informationen nur herankämen, wenn ich mit ihm ins Bett ginge, aber das kam natürlich nicht in Frage, auch nicht für Jan. Allerdings war ich mir keineswegs sicher, ob Gleiberg das überhaupt anstrebte, sonst hätte er wohl kaum seine Verlobte erwähnt.

»Vielleicht ist er ehrlich?«, überlegte Jan.

»Ja, ich glaube schon.«

»Und er hält dich für eine Deutsche«, meinte Jan.

»Mit Sicherheit.« Davon war ich überzeugt. »Er hätte sich nie erlaubt, eine Polin in das Allerheiligste der Nazi-Soldaten einzulassen. Käme es heraus, würde man ihn vor ein Militärgericht stellen.«

Jan war jetzt Soldat in der Sturmabteilung der *AK* und hatte ganz andere Aufgaben als ich. Das Bataillon führte zu dieser Zeit Sabotage-Aktionen durch. Sein erster Einsatz galt einem nächtlichen Einbruch in ein Waffenlager der Deutschen. Ich wäre so gerne mit dabei gewesen, aber das wollte Jan auf gar keinen Fall. So musste ich schlaflos zu Hause warten. Glücklicherweise lief alles glatt, ohne Schießerei.

Mamas Souterrainwohnung war ein ideales Versteck, denn die Gestapo kam nicht auf die Idee, in einem Reichsbahngebäude etwas Verdächtiges zu vermuten. Nach dem erfolgreichen Beutezug brachte Jan einen Teil der Waffen zu uns, die unter den Betten zwischengelagert wurden. Das geschah, wenn Mama Dienst hatte, denn sie durfte nichts davon wissen.

Jan bewahrte dort auch militärische Lehrbücher und Dienstvorschriften der *AK* auf, außerdem sein Tagebuch und andere Hefte und Bücher, die er für sein Studium an der geheimen Universität benötigte. Die Professoren trafen sich mit den Studenten in Privatwohnungen und hielten dort auch ihre Vorlesungen. Nach dem Krieg wurde das geheime Studium anerkannt.

Als Mitglied im Studentenverband *Bratniak* half Jan, geheime Konzerte zu organisieren und in Wohnungen Theateraufführungen oder Dichterlesungen zu veranstalten. So erinnere ich mich an ein ergreifendes Chopin-Klavierkonzert bei Kerzenlicht. Eingeladen wurde durch Mund-zu-Mund-Propaganda, manchmal druckte ich sogar Eintrittskarten.

Auf diese Weise lernte ich viele Warschauer Künstler kennen, die Mitglieder der Untergrundbewegung waren. Trotz der widrigen Umstände wollten wir nicht auf Kultur verzichten, und natürlich waren die kulturellen Veranstaltungen ein Ventil, um das alles überhaupt auszuhalten und durchzustehen.

Nicht zuletzt wollten wir uns amüsieren! Wir veranstalteten Tanzabende in Wohnungen, spielten Platten mit Swing und Jazz, eine Musik, die die Nazis als ›Negermusik‹ diffamierten.

Schön war es nicht, täglich die Züge mit der Aufschrift ›Räder müssen rollen für den Sieg‹ vor Augen zu haben. Aber Antoni hatte nicht ohne Grund Mama in die Position der Pförtnerin der Reichsbahndirektion gebracht. So schrieb ich, während sie Nachtdienst hatte, das gesamte Telefonverzeichnis der Warschauer Eisenbahn ab. Nach Mitternacht schlich ich durch das mehrstöckige Gebäude und machte eine Lageskizze von den wichtigen Büros. In Mamas Pförtnerloge befanden sich die Schlüssel zu den Eingängen der einzelnen Flure, nicht jedoch zu den Büros. Ein Schlosser in der *AK* zeigte mir, wie man Wachsabdrücke der Schlüssel herstellte. Er fertigte nicht nur Nachschlüssel, sondern gab mir außerdem einen Satz Dietriche und zeigte mir den Umgang damit. Nach und nach kannte ich mich mit Schlössern und Schlüsseln ganz gut aus.

Die *AK* war brennend daran interessiert zu erfahren, wann bestimmte Züge verkehrten, nämlich die Truppentransporte Richtung Ukraine, Transportzüge mit Panzern, Artillerie und ähnlichen Waffen und Munitionszüge. Einen Munitionszug zu sprengen, stand ganz oben auf der Liste der Vorhaben. An zweiter Stelle stand das Ziel, Züge zum Entgleisen zu bringen.

Warschau war ein Verkehrsknotenpunkt, auch für die Eisenbahn. Daraus ergab sich das Problem, dass sehr viele Züge fuhren und die *AK* keine Zivilisten gefährden wollte, schon gar nicht unsere Landsleute. Außerdem hatten wir sichere Hinweise darauf, dass über Warschau

Juden mit Zügen in die Lager transportiert wurden. Auch sie durften auf keinen Fall in Gefahr gebracht werden.

Wir gingen davon aus, dass der Betriebsleiter in der Direktion der Reichsbahn Fahrpläne für den Zugverkehr besaß, die in seinem Büro zu finden sein mussten. Unsere Hoffnung richtete sich auf Sonderfahrpläne für die jeweils kommenden ein oder zwei Tage, das hätte für unsere Planungen ausgereicht.

Es war Freitagabend, die deutschen Reinigungsfrauen hatten das Gebäude verlassen. Ich brachte meiner Mutter, deren Schicht bis Mitternacht ging, das Abendessen und schlich dann in den ersten Stock, wo das Büro des Betriebsleiters lag. Das Türschloss öffnete ich mit einem Dietrich. Der Raum stank nach kaltem Rauch. Licht durfte ich nicht einschalten, sodass ich mir im Lichtkegel einer Taschenlampe einen Überblick verschaffte. Auf dem Schreibtisch lagen mehrere dick mit Papieren gefüllte Mappen. In einem Wandregal standen Aktenordner aufgereiht. Ein grüner Panzerschrank beherrschte das Büro auf der einen Seite, eine Sitzecke auf der anderen. Natürlich war der Safe das Objekt meiner Begierde, aber er war leider verschlossen.

In meiner Phantasie hatte ich mir an die Wand gepinnte Fahrpläne vorgestellt, aber dort fand ich leider nur das Porträt des Oberschreihalses vor. Ich widmete mich den Akten auf dem Schreibtisch: Stellungnahmen, Erlasse des Reichsverkehrsministeriums, Vermerke über Besprechungen, Entwurf einer Dienstanweisung für Bahnpersonal, Beschaffungspläne für Lokomotiv-Kohle ... Ungeduldig blätterte ich weiter und weiter. Meine Hoffnung sank, denn wenn hier schon nichts zu finden war, wie dann in den zahllosen Ordnern im Regal?

202

Plötzlich hörte ich, noch weit entfernt, Männerstimmen. Blitzschnell schlüpfte ich aus dem Zimmer und konnte gerade noch abschließen.

Ich hörte Schlüsselrasseln, die Stimmen kamen näher. Im Flur hatte ich noch zehn Meter bis zum Treppenhaus zurückzulegen. Ich merkte, dass ich es nicht schaffen würde. Ich sah schemenhaft zwei Uniformierte, da flammte auch schon entlang des ganzen Flures das Licht auf.

»Bahnpolizei! Stehen bleiben oder ich schieße!«

Ich schlenderte möglichst unbefangen auf die beiden zu und fluchte in Gedanken auf Polnisch: So eine Scheiße – ale Gowno!

»Sieh mal einer an, wen haben wir denn da?«

»Nun stecken Sie mal Ihre Waffen ein. Wen Sie da haben? Eine Frau, die dringend aufs Klo muss.«

»Ach nee, wie komisch. Und das ausgerechnet im dunklen Flur der Reichsbahndirektion.«

Ich musste überspielen, dass ich kurz davor war, die Fassung zu verlieren. »Wenn ich den Lichtschalter gefunden hätte, wäre es mir auch lieber gewesen.«

Jetzt standen die beiden direkt vor mir. Sie strahlten richtiggehend, hatten sie doch völlig überraschend einen Fisch an der Angel.

»Und dieses Märchen wollen Sie uns auftischen? Na, dann kommen Sie mal mit.«

»Moment!!« Ich blieb wie angewurzelt stehen. »Ich gehe nur mit, wenn Sie mir vorher zeigen, wo das Klo ist, sonst geht es in die Hose.«

Die Taschenlampe, der falsche Flurschlüssel und die sechs Dietriche in meiner Jacke brannten wie Feuer durch den Stoff auf meiner Haut.

»Aber Ihre Tasche bleibt hier!«

Ich schlüpfte in die nahe Damentoilette und versenkte dort lautlos Taschenlampe, Schlüssel und Dietriche im Kasten der Wasserspülung. Dann wartete ich einen Moment, zog die Spülung und kam, mir noch die Hände mit einem Taschentuch abtrocknend, wieder raus. Jetzt war ich schon etwas erleichtert, denn in meiner Umhängetasche, die sie an sich genommen hatten, befanden sich nur einige belanglose Dinge.

Wir gingen die Treppe hinunter.

Meine Mutter wusste, dass ich in Schwierigkeiten war, aber sie hatte sich vollkommen in der Gewalt.

Als sie in Hörweite kam, sagte ich: »Fragen Sie die Frau! Ich bin hier zufällig vorbeigekommen, bin rein und habe nach einer Toilette gefragt.«

Mama schaltete sofort: »Ich habe noch gesagt, dass das Klo im Keller ist, da ist sie schon die Treppe hochgerannt.«

»Ja und?«, herrschte sie der Bahnpolizist an.

»Ich habe gedacht, sie wird schon wieder runterkommen, wenn sie nichts findet.«

Beide schüttelten den Kopf. Dass die Flurtüre eigentlich hätte abgeschlossen sein müssen, peilten sie offensichtlich nicht.

»Sind Sie Deutsche?«, fragte er mich.

»Natürlich.« Ich machte eine Kunstpause. »Haben Sie nicht auch schon mal eine zum Platzen volle Blase gehabt?«

»Sie kommen mit zur Wache!«

Im Wachraum durchsuchten sie meine Tasche und verlangten meinen Ausweis.

»Habe ich nicht bei mir. Außerdem ist das völlig überflüssig, oder ist Pipimachen strafbar?«

»Ihr Name?«

»Eva Saalmann.«

Ich bereute jetzt, dass ich mich nicht einfach als Mamas Tochter ausgegeben hatte, das wäre vielleicht plausibler gewesen. Meine erste Reaktion war, dass ich Mama aus allem raushalten musste, denn auf keinen Fall durfte bei uns durchsucht werden, es lagen noch Waffen in der Wohnung. Nun war es ohnehin nicht mehr zu ändern.

Ich versuchte es noch einmal: »Was, bitte, werfen Sie mir eigentlich vor?«

»Es wird mir ein innerer Reichsparteitag sein, Sie als Spionin zu entlarven.« Bei seinen Worten deutete er mit einer waagrechten Handbewegung am Hals an, dass er für diesen Fall meinen Kopf vom Rumpf getrennt sehen wollte.

Niemieckie Swinie, dachte ich aufgebracht, blieb aber möglichst ruhig. »Das ist doch absurd, Sie haben gehört, was die Pförtnerin gesagt hat.«

Der andere Bahnpolizist räusperte sich: »Machen Sie keine Mätzchen, Sie bleiben erst einmal hier, solange Sie nicht identifiziert sind, basta.«

Ich musterte die Örtlichkeiten, um eine Möglichkeit zu erspähen, wie ich abhauen könnte. Doch da kam mir eine andere Idee. »Rufen Sie in der Wehrmachtskommandantur an und lassen Sie sich die Privatnummer von Oberleutnant Ludolf von Gleiberg geben, er kennt mich gut.«

Der eine Bahnpolizist begann zu telefonieren, während mich der andere, der mich unter das Fallbeil wünschte, misstrauisch fixierte.

Ich schickte ein Stoßgebet nach dem anderen zur Mutter Gottes, dass Gleiberg von seinem Lehrgang zurück und zu Hause sein möge. Dann meldete sich Gleiberg tatsächlich – welch ein Glück!

»Sagen Sie ihm, ich sei Eva.«

Er tat wie geheißen.

Dann forderte ihn Gleiberg offenbar auf, mich zu beschreiben.

»Also blond, Bubikopf, schlank, groß, äh ... gute Figur«, verhaspelte er sich mit einem Blick auf mich. Gleibergs Antwort konnte ich nicht hören, aber der Uniformierte fragte noch einmal zurück. »Sie versichern also, Herr Oberleutnant von Gleiberg, dass die Frau eine Deutsche ist ... Absolut zuverlässig, sagen Sie? ... Überzeugte Nationalsozialistin, gut. ... Jawoll, verstanden. Entschuldigen Sie die Störung zu so später Stunde, Herr Oberleutnant. Heil Hitler.«

»Sie können gehen, Frau Saalmann!« In seinem Gesicht stand groß die Enttäuschung geschrieben, dass er den zappelnden Fisch wieder von der Angel lassen musste. Dabei hatte dieser *Szkop* schon das Messer der Guillotine für mich wetzen lassen, dachte ich. Ich merkte, wie ich wieder Oberwasser bekam. »Eine Entschuldigung fällt Ihnen wohl nicht ein?«

Er presste die Lippen zusammen und öffnete mir die Tür.

Ich ging nach Hause, wohl wissend, dass die Sache noch immer gefährlich werden könnte, solange Taschenlampe, Schlüssel und Einbruchswerkzeug nicht aus dem Wasserkasten verschwunden waren. In ihrer nächsten Dienstschicht besorgte das Mama, die mich trotzdem nicht darauf ansprach, dass ich offensichtlich für die Heimatarmee arbeitete.

Ich saß an der Kasse des Tabakladens, als mich Herr Michel zum Telefon rief und mir zuflüsterte: »Wehrmachtskommandantur.«

»Guten Tag, Fräulein Eva. Hier spricht Ludolf von Gleiberg. Ich wollte mich von Ihnen verabschieden, ich bin zur Heeresgruppe Mitte versetzt worden und reise ab. Nach Charkow, wo der Krieg tobt, mitten rein in die Hölle sozusagen.« Seine Stimme klang leise und müde.

»Das tut mir Leid«, antwortete ich ehrlich.

»Ich wollte Ihnen noch etwas gestehen, bitte erschrecken Sie nicht. Ich weiß, dass Sie Polin sind.«

Das verschlug mir die Sprache.

»Bitte sagen Sie jetzt nichts, Sie haben von mir nichts zu befürchten.«

»Aber wieso ..., wie kommen Sie darauf ..., ich ...« Ich fing ich an zu stottern.

»Sie haben sich bei unserem ersten Gespräch, als wir im ›Bristol‹ saßen, verraten«, unterbrach er mich. »Wir sprachen vom deutsch-polnischen Freundschaftsabkommen und Sie sagten: ›Als unser Präsident Pilsudski 1935 starb ...‹ Da hatten Sie kurz die Kontrolle über sich verloren, eine Deutsche hätte ihn niemals als *ihren* Präsidenten bezeichnet. Schwamm drüber, Fräulein Ewa, ich muss jetzt leider aufhören.«

»Gott schütze Sie«, stammelte ich betreten. Dann machte es klack und die Leitung war getrennt.

Eine Woche später. Wir mussten es zwischen zwei Zügen innerhalb von zwanzig Minuten schaffen. Antoni hatte herausgefunden, dass ein Zug mit deutschen Soldaten um 23.40 Uhr *Glowny* verließ, um 23.50 Uhr im Danziger Bahnhof von Warschau einlief und fünf Minuten später weiter nach Russland rollte. Ich ging Jan so lange auf die Nerven, bis er bei Kapitan Tytus die Erlaubnis einholte, dass ich mitmachen durfte.

Wir operierten auf den Gleisanlagen mitten in der Stadt. Ein Notstromaggregat versorgte das Schweißgerät mit Strom. Ich half dabei, rund um die Arbeitsstelle Decken hochzuhalten, damit der Lichtbogen beim Schweißen nicht auffallen konnte. Ringsum sicherten uns *AK*-Soldaten mit ihren Waffen. Innerhalb von fünf Minuten hatten wir ein etwa zwei Meter langes Stück Schiene herausgeschweißt und nach zehn Minuten aus dem Gleisbett entfernt.

Aus sicherer Distanz beobachteten wir die Wirkung unserer Aktion. Der Zug kam in langsamer Fahrt heran, dann gab es ein kreischendes Geräusch und die Lokomotive stellte sich quer. Die ersten Waggons legten sich krachend seitlich auf die Böschung, zwei weitere entgleisten scheppernd. Wir jubelten und zogen uns endgültig zurück.

Natürlich berichteten die Zeitungen mit keinem Satz von dem Sabotageakt, obwohl die Bahnlinie mindestens 12 Stunden unterbrochen war und viele Züge umgeleitet werden mussten. Ich weiß nicht, ob es unter den deutschen Soldaten Todesopfer gab. War mir das damals wichtig? Da sie tausende Polen ermordeten, kannte ich keine Skrupel. Ich bin allerdings sicher, dass ich die Aktion verhindert hätte, wenn Oberleutnant von Gleiberg in diesem Zug an die Front nach Charkow gereist wäre. Manchmal stand die Spionin, Saboteurin und Kämpferin Janka neben Ewa und fragte sie: Sind wir eigentlich noch ein und dieselbe Person? Ewa nickte heftig, damit Janka ihre Unsicherheit nicht bemerkte.

Ich wusste von BBC London, dass Charkow wieder in die Hände des deutschen Feindes gefallen war und dass Hitler die ›Operation Zitadelle‹, eine neue Offensive gegen die Sowjetunion, angeordnet hatte. Im Raum Charkow waren daher heftige Kämpfe entbrannt. Ich betete, dass die Deutschen verlieren würden, aber auch, dass Ludolf von Gleiberg weder verwundet noch getötet würde und nicht in Gefangenschaft geriete. Vielleicht würde er auch nach Italien verlegt werden, denn General Eisenhower landete mit britischen und amerikanischen Streitkräften am 10. Juli 1943 in Sizilien. Wenige Tage später eröffneten die Russen ihre Generaloffensive am Donez und diese Dampfwalze der Roten Armee konnten die Nazis nicht mehr aufhalten.

Ich bat Jan um Verständnis, dass ich für einen Feind betete. Er antwortete: »Auch ich schließe Gleiberg in mein Gebet ein.«

Die Lebensumstände in Warschau wurden härter. Das Schwarzbrot war kaum noch genießbar, die Marmelade unappetitlich, die Zuteilungen für Zucker, Sago, Kartoffelstärkemehl, Ei-Pulver, Kunsthonig, Tee oder Kaffee-Ersatz stockten oft, Fleisch und Margarine wurden Mangelware. Unsere echten und falschen Lebensmittelkarten verloren dadurch an Bedeutung. Zu einem großen Teil waren wir auf den Schwarzmarkt angewiesen, aber das war nicht ungefährlich, denn überall hatte die Gestapo ihre Spitzel. Mit deutschen Zigaretten als Tauschware erwischt zu werden, konnte für Polen, für die die menschenverachtende Polen-Sonderstrafrechts-Verordnung galt, bereits mit der Todesstrafe vor einem Sondergericht enden. Aber Kazia und ich hatten jede ihre zuverlässigen Quellen, sodass wir nur selten wirklich hungern mussten. Kazia machte Dreiecksgeschäfte: Sie tauschte Zigaretten gegen Aspirin und Aspirin gegen Lebensmittel. Wir mussten uns jeden Tag immer wieder neu behaupten, nichts war selbstverständlich, nichts war sicher.

Wieder einmal war ich von einer Razzia betroffen und konnte am Napoleon-Platz gerade noch in das deutsche Abteil der Elektrischen schlüpfen. Eine deutsche Frau half mir sogar: »Schnell, schnell, man ist nie gegen Verwechslungen gefeit.« Sie nahm an, ich sei eine Deutsche, und ich dankte ihr auf Deutsch. Wir sahen von unserem scheinbar sicheren Platz aus, wie Menschen in der Straße wahllos zusammengetrieben und mit Schäferhunden auf die Ladefläche von Lastwagen gehetzt wurden. Dann fuhr die Straßenbahn weiter. Die Opfer solcher Aktionen wurden entweder als Zwangsarbeiter nach Deutschland geschickt oder als Geißeln zur Vergeltung erschossen. Bei solchen Racheerschießungen fetzten die Kugeln durch die Leiber der Opfer hindurch, Querschläger trafen weitere Menschen und schlugen in Straßenbahnwagen oder Autos ein. Wir hatten davon gehört, dass bei Exekutionen die Gewehre von den Vorgesetzten geladen werden. Unter die scharfe Munition mischten sie Platzpatronen, sodass der einzelne Soldat hoffen konnte, er habe aus seinem Karabiner Platzpatronen verschossen und niemanden getötet. Eine perfide Seelsorge in einer gewissenlosen Welt.

In den Hauptstraßen gab es Lautsprecher, die deutsche Marschmusik spielten, Propagandaparolen trommelten und manchmal – das war besonders zynisch – die Namen von erschossenen Polen verkündeten. Am Tag nach der

Razzia hörte ich die Meldung: »Der Oberst der Schutz-polizei Gresser wurde erschossen und sein Fahrer schwer verwundet. Es sind deshalb als Sühne für die gemeine Tat fünfzig Polen hingerichtet worden.« Als Antwort darauf erschoss die *AK* zwei berüchtigte Gestapo-Beamte. So drehte sich die Gewaltspirale immer weiter und jede Seite glaubte sich im Recht.

Aus den Lautsprechern tönten auch die angeblichen Siegesmeldungen der deutschen Armee über die Alliierten an den verschiedenen Fronten, was bei uns Passanten immer höhnisches Gelächter auslöste.

Aber es gab auch eine sichtbare Gegenbewegung. Ein Zeichen unseres Widerstandes hatte die Bedeutung: »*Polska walczy!* – Polen kämpft!« Es sah aus wie ein An-ker, dessen Mittelteil ein großes ›P‹ bildete. Unübersehbar leuchtete das flammende Symbol von vielen Mauern und Hauswänden in der Stadt, manchmal waren die Hakenkreuze damit übermalt worden.

Junge, mutige Polen traten in der Innenstadt mit ei-nem Akkordeon oder einer Geige auf und machten Stra-ßenmusik. Sie sangen patriotische Lieder oder gaben be-kannten polnischen Liedern neue Texte. So lautete zum Beispiel ein veränderter Refrain: »Die Deutschen, heil Sieg – verlieren den Krieg ...« Wir blieben stehen und sangen im Chor den Refrain. Doch musste man sich vor polnischen Spitzeln in Acht nehmen. Manchmal zer-streute sich eine solche Ansammlung in Windeseile. Ich aber summte weiter vor mich hin: Die Deutschen, heil Sieg – verlieren den Krieg ...!

Seit Juli 1943 hatten die Alliierten ihre Luftoffensive gegen deutsche Städte eröffnet, beginnend mit Hamburg. Bereits das erste Bombardement forderte 30 000 Tote.

Gewalt wurde mit Gewalt beantwortet, Schrecken und Grausamkeit mit gleichen Mitteln heimgezahlt. Ich empfand Mitleid mit der Zivilbevölkerung, unser eigenes Leid vor Augen. In einem Flugblatt schrieb ich, dass Hermann Göring jetzt seinen Namen in Hermann Meier ändern werde, denn er hatte zu Beginn des Zweiten Weltkrieges als Luftfahrtminister erklärt: »Wenn je ein feindliches Flugzeug über deutsche Grenzen kommt, will ich Meier heißen.«

Manchmal war Jan zwei Wochen unterwegs. Sie fuhren ins Manöver in die Wälder am Bug und übten. Oder sie führten Aktionen durch, die er mir nicht verriet. Er wollte nicht, dass ich mich ängstigte, aber damit erreichte er nur das Gegenteil. Strikt lehnte er es ab, dass ich mich beteiligte, und sagte immer, ich müsse auch für Mama und die Geschwister sorgen. Das war für ihn bequem und machte mich ärgerlich, denn er riskierte zwar sein Leben, wollte aber nicht, dass ich gefährdet würde. Damit tat er mir keinen Gefallen, denn an seiner Seite wäre ich viel ruhiger gewesen, selbst in einem Einsatz.

In meinen Träumen lebte die Gefahr weiter. Ich sah mich immer wieder in der Situation, an die Wand gestellt und erschossen zu werden. Ich fühlte den kalten Stahl der Waffe in meinem Genick, hörte den Schuss in panikartiger Furcht. Dann zerplatzte irgendetwas in viele bunte Farben. Ich wachte auf und saß mit rasendem Herzklopfen im Bett. Ich legte mich hin, beruhigte mich etwas, schlief wieder ein und träumte den Traum weiter. Ich blickte auf einen toten Körper, der auf dem Gehweg lag und von dem ich annahm, dass es meiner sei. Ich sprach mit ihm: »Nun bist du also tot, Ewa.« Der tote Körper gab mir keine Antwort. Um mich herum war Stille. Ich fühlte mich ganz leicht. Jemand beugte sich über die Leiche und jammerte. Jetzt erkannte ich, dass es Marianne war. Ich sagte: »Was willst du denn, Marianne, mir geht es doch gut.« Ich blickte die Straße entlang, noch immer liefen SS-Leute mit Schäferhunden umher, aber sie stellten keine Bedrohung für mich dar. Ich sah Mariannes SS-General, er schien nach mir zu suchen und war ganz aufgeregt.

Wieder vertraute ich mich Henryka an, denn ich hatte so eine Ahnung, dass solche Träume meinen Tod ankündigten. Meine kluge *AK*-Chefin zerstreute diese Befürchtungen: »Du hast ein Trauma erlebt. Dein Unterbewusstsein holt dieses Trauma immer wieder hervor und versucht es zu bearbeiten. Mit Ereignissen, die in der Zukunft liegen könnten, hat das überhaupt nichts zu tun.«

Eines Abends klingelte es an unserer Tür, ich öffnete, vor mir stand ein Soldat in deutscher Uniform. Ich wollte ihm schon die Tür vor der Nase zuschlagen, als ich ihm ins Gesicht sah. Mein Gott, es war Bronislaw, ein Danziger Schulfreund vom Polnischen Gymnasium, der mit mir bei den Pfadfindern gewesen war.

»Komm rein.«

Ich musste mich erst einmal überwinden, in ihm nicht den Feind zu sehen, und versuchte, mich auf alte Zeiten zu konzentrieren. Er wirkte verstört und wurde aufgrund der vorwurfsvollen Blicke noch kleinlauter.

»Meine Eltern waren so dumm, die Volksliste zu unterschreiben«, presste er heraus. »Dann bekam ich einen Musterungsbefehl.«

»Warum bist du nicht abgehauen?«, wollte Jan wissen.

»Wegen meiner Eltern. Wir erhielten unser Haus zurück, Papa konnte wieder als Zahnarzt arbeiten und Mama wurde bei der Stadtverwaltung angestellt. Wäre ich untergetaucht, hätte man sie dafür verantwortlich gemacht und alles wäre umsonst gewesen.«

Ich protestierte: »Was heißt umsonst? Es wäre gut für Polen gewesen!«

»Mama versucht ja, in ihrer Stellung auf dem Gesundheitsamt polnischen Landsleuten zu helfen – soweit noch welche in Danzig leben – meist alten Menschen. Und Papa behandelt sie ohne Honorar.«

Ich zuckte die Schultern. Verständnis hatte ich für seine Haltung trotzdem nicht, aber das musste jeder für sich entscheiden.

»Ich wollte mich vor dem Militär drücken. Die vom Wehrbereichskommando sagten: entweder Soldat oder Lager. Mit viel Glück vielleicht Arbeitseinsatz in Deutschland. Da habe ich mich für das Militär entschieden.«

»Mensch Bronislaw, du kannst doch nicht als Pole auf Polen schießen!«, warf Jan ihm vor.

»Mach ich auch nicht«, sagte Bronislaw, »auf gar keinen Fall. Ich gehöre einer Fernmelde-Einheit an.«

Jan lachte bitter. »Du bist naiv. Meinst du, die lassen dich da nur Strippen ziehen? Von wegen!«

»Es gibt dann immer noch Möglichkeiten der Sabotage.«

Ich versuchte, ihn mit aller Überzeugungskraft zu beeinflussen: »Bronislaw, denk mal an unsere Aktionen in Danzig, du warst einer der Mutigsten. Erinnerst du dich, wie wir der HJ Beine gemacht haben? Weißt du noch,

214

wie sie uns beinahe geschnappt hätten mit unseren Pinseln und Farbtöpfen? Bronislaw! Du musst desertieren! Heute! Jetzt sofort! Wir verstecken dich! Du kannst bei uns mitmachen, wir kämpfen zusammen gegen die Deutschen!«

»Genau«, unterstützte mich Jan. »Außerdem können wir die deutsche Uniform gut gebrauchen.«

Bronislaw schwieg eine Weile, man konnte in seinen Gesichtszügen lesen, wie er mit sich rang. »Aber meine Eltern, was ist mit ihnen? Ich bringe sie in Schwierigkeiten.«

»Deine Eltern werden das bestimmt akzeptieren, jetzt, wo es bald dem Ende entgegen geht. Sie können von Glück sagen, wenn sie einen Sohn im Widerstand haben. Hitler hat den Krieg doch längst verloren.«

»Ich kann doch jederzeit zu den Russen oder Amerikanern überlaufen.«

»Bronislaw«, drang Jan in ihn, »du bist in Gefangenschaft für Polen verloren, wir brauchen jeden Mann.«

»Auf Desertieren steht die Todesstrafe.« Seine Augen flackerten. »Gestern musste unsere Kompanie antreten. Sie hielten über einen Kameraden, der desertieren wollte, ein Standgerichtsverfahren ab und erschossen ihn anschließend vor unseren Augen.« Er machte eine Pause, dann flüsterte er: »Er lag früher mit mir auf einer Stube. Ich habe Angst.«

Wir schauten im Treppenhaus nach, dass niemand Zeuge wurde, dass uns ein deutscher Soldat besucht hatte. Dann ließen wir ihn laufen. Jan schüttelte verächtlich den Kopf.

Ich nahm ihn in Schutz. »Er kann nicht aus seiner Haut. Außerdem stimmt es nicht, dass er früher besonders mutig war, ich wollte ihm das nur einreden. Wahrscheinlich hätte er uns sowieso nur Schwierigkeiten gemacht.«

Die Deutschen verloren an allen Fronten immer mehr an Boden, so langsam zog sich die Schlinge zu. Unsere Freude darüber war grenzenlos. Wir registrierten, wie erschöpfte, demoralisierte deutsche Truppen aus der Ukraine über Warschau nach Westen verlegt wurden, gefolgt von Flüchtlingstrecks Volksdeutscher aus den Gebieten östlich der Weichsel. Von Monat zu Monat verstärkten wir unsere Anstrengungen, die Heimatarmee auf die ›Stunde W‹ vorzubereiten, die uns vom Joch der Nazis befreien sollte. Die Exilregierung in London gab Anweisungen, der Warschauer Kommandeur der *AK*, Oberst Chrusciel, erstellte mit seinem Stab Pläne und Kapitan Tytus übte mit seinen Leuten den Häuserkampf.

Als ich den Auftrag erhielt, wieder einmal einen Beitrag für den ›Klabautermann‹ zu schreiben, wählte ich als Überschrift: »Pst! Feind hört mit!« Erneut ging es um eine Propaganda-Aktion der Nazis, die nach dem ›Kohlenklau‹ eine neue Figur erfunden hatten. Es handelte sich um eine schräg stehende männliche Gestalt als Symbol für einen Spion, der als Schattenmann ganz in Schwarz mit hochgeschlagenem Mantelkragen und Hut scherenschnittartig auf Plakaten abgebildet war. Unter der Figur stand die Warnung: »Pst! Feind hört mit!«

In meinem Text schrieb ich unter anderem:

»Richtig! Feind hört mit. Aber Vorsicht ist nicht mehr nötig, wir wissen bereits alles:

– Am 6. Juni 1944 begann in der Normandie die Invasion.

– Am 20. Juli 1944 fand ein Attentat auf Hitler statt.

– Am 25. Juli 1944 überschritt die Rote Armee die Grenze Polens bei Chelm.

Deutsche! Der Feind hört nicht nur mit – er ist überall!«

Unter meinen Artikel setzte die Redaktion des ›Klabautermann‹ einen Witz:

»Hitler steht vor seinem Bild, das an der Wand hängt, und hält Zwiesprache mit sich selbst: ›Was wird mit uns beiden nach dem Krieg werden?‹ Das Bild antwortet: ›Mich tun's runter und dich hängen's auf.‹«

Am 27. Juli rief der deutsche Gouverneur Ludwig Fischer über die öffentlichen Lautsprecher und mit roten Plakaten die Bevölkerung Warschaus zu Befestigungs- und Schanzarbeiten auf, es sollten sich 100 000 Frauen und Männer zwischen 17 und 65 Jahren melden. Und niemand ging hin! Besser konnte der offenbare Machtverlust der deutschen Besatzer nicht demonstriert werden.

Am 30. Juli stieß die 2. sowjetische Panzerarmee östlich von Warschau an die Weichsel vor, den Kampfeslärm konnte ich in der Stadt deutlich hören. Einen Tag später drangen erste russische Panzer in den Warschauer Stadtteil Praga östlich der Weichsel ein. Nun war es Zeit zum Handeln, denn es wurde von uns auch als eine Sache der Ehre aufgefasst, die Befreiung der eigenen Hauptstadt selbst in die Hand zu nehmen.

Über Nacht malte jemand auf das Schaufenster unseres Tabakladens das Zeichen des polnischen Widerstandes: Den Anker mit dem großen P. Das war ein gutes Omen. ›Polen kämpft! – *Polska walczy!*«

Der Aufstand

In den Tagen vor Beginn des Aufstandes waren die Offiziere der Sturmabteilung des Bataillons Tytus in der Marszalkowska versammelt. Die anderen Angehörigen der Einheit saßen abrufbereit in ihren Wohnungen. Ich kam in meiner Mittagspause, um beim Kochen zu helfen. Ab und an übernachtete ich auch dort, aber meistens ging ich abends nach Hause, besonders wenn Mama Nachtdienst versah.

Tag für Tag wurden jetzt in der Marszalkowska Waffen angeliefert, die wir dort vorübergehend lagerten. Es gab viele Methoden des Schmuggelns, ich erinnere mich zum Beispiel an Maschinenpistolen, die in einer alten Kommode transportiert wurden. Oder Gewehre in Kartoffelsäcken. Oder Pistolen in Einkaufstüten. Wir profitierten davon, dass sich im Parterre des Hauses das deutsche ›Café Preußen‹ befand mit Kronleuchtern, roten Plüschmöbeln und überwiegend deutschen Stammgästen, hauptsächlich Soldaten. Das war ein Schutz, denn in der ganzen Zeit fanden in dem Haus keine Kontrollen durch deutsche Polizisten statt.

Wir benutzten einen Küchenausgang, der auf den Hinterhof führte. Von dort gelangten wir durch einen

Mauerdurchbruch auf den benachbarten Hinterhof und durch das Nachbarhaus unauffällig auf die Straße.

Zahlreiche Deutsche verließen Warschau, um auf deutsches Reichsgebiet zu gelangen. Aber auch polnische Zivilisten flüchteten, wenn sie eine Chance sahen, denn dass eine bewaffnete Auseinandersetzung bevorstand, wurde in vielen Gerüchten verbreitet. Die meisten Warschauer hatten aber gar keine Ausweichmöglichkeit, denn außerhalb des Generalgouvernements illegal zu reisen, war wegen der Kontrollen fast nicht möglich.

Michels zog sich in das Sommerhaus von Henryka und Antoni zurück. Kapitan Tytus fand das besser, denn er konnte nicht garantieren, dass die angreifenden Polen immer in der Lage sein würden, zwischen anständigen Deutschen und Nazis zu unterscheiden.

Da ich in der Buchhaltung nicht Bescheid wusste, hatte ich einige Fragen an Miezi, die ein paar Tage krank war, und suchte sie in ihrer Wohnung auf. Sie wohnte im Deutschen-Viertel. Ich klingelte, sie öffnete und mir fiel auf, dass die Fenster mit Stoff verhängt waren. Während wir in einem Zimmer miteinander sprachen, bemerkte ich, wie ein Mann über den Flur ging. Miezi erschrak ein wenig, aber ganz spontan sagte sie dann: »Das ist mein Mann Levi, er ist polnischer Jude.«

Ich reagierte überrascht und tat so, als hätte ich das nicht gewusst.

»Was sollen wir nur machen?«, fragte sie bekümmert. »Werden wir von den Polen befreit, dann ist alles gut. Aber wenn die Deutschen die Oberhand behalten, sind wir verloren, denn sie werden alle Häuser und Wohnungen durchkämmen.«

»Ihr müsst auf jeden Fall aus Warschau raus«, war ich überzeugt. »Und zwar bald.«

Ich beriet mich mit Jan und fuhr am nächsten Tag wieder zu Miezi, um ihr unseren Plan zu erläutern: »Es muss wie ein Sonntagsausflug von Frauen aussehen, so können wir Levi in Henrykas Sommerhaus bringen.«

Durch unsere Kontakte zum Theater kannte ich einen Maskenbildner, der zum Untergrund gehörte. Er schminkte Levi ganz dezent, veränderte seine Augenbrauen und klebte ihm Augenwimpern an. Wäre es nicht um Leben oder Tod gegangen, hätte uns die Maskerade sehr belustigt, so aber war uns ganz und gar nicht zum Lachen zu Mute. Henryka besorgte den Pass einer kürzlich verstorbenen Polin, deren Foto allerdings kaum eine Ähnlichkeit mit dem verwandelten Levi aufwies. Aber uns fehlte die Zeit, das alles perfekter zu fälschen.

Dann fuhren Miezi, Levi, Henryka und ich mit dem Bus los. Wie so häufig verdrängte ich Gedanken an das Risiko, denn dann wäre ich unsicher geworden. Zwei Sperrposten der Feldgendarmerie stoppten den Bus auf der Pulawska, einer Ausfallstraße Warschaus, und kontrollierten die Insassen. Bei Frauen beschränkten sie sich auf die ›Gesichtskontrolle‹ und das Durchsuchen der Taschen und Koffer. Dann ging die Fahrt ohne Zwischenfälle weiter. Wir erreichten das Landhaus ohne Probleme und Miezi blieb mit Levi dort.

Auf der Rückfahrt setzten sich Henryka und ich in verschiedene Bankreihen. Bei der Einreise nach Warschau waren die Kontrollen strenger. Der Obergefreite der Feldgendarmerie drehte und wendete meinen Danziger Pass, er ahnte, dass etwas nicht stimmte, wusste nur nicht genau, wie er sein Misstrauen begründen sollte.

»Sie werden doch nicht einer deutschen Frau Schwierigkeiten machen«, herrschte ich ihn an. »Sie sehen doch, dass ich im deutschen Danzig geboren bin.«

»Wieso haben Sie dann einen polnischen Namen? Wieso wird Eva mit ›w‹ geschrieben?«

»Das müssen Sie meine Eltern fragen, nicht mich. Wir sind Volksdeutsche, Beutegermanen, wie ihr aus dem Reich sagt.«

Seine Geschichtskenntnisse über den Freistaat Danzig hatten offensichtlich Lücken, sonst hätte er anders argumentiert. Ich hakte nach: »Die Eindeutschung des Namens läuft, deswegen habe ich noch keinen anderen Pass. Es ist Krieg, guter Mann, die Behörden haben Wichtigeres zu tun. Wir müssten eigentlich längst Saalmann heißen.« Ich log ziemlich selbstsicher, aber noch immer war der *Szkop* nicht ganz überzeugt. »Schlimm genug, dass Sie einer deutschen Frau die Tasche durchsuchen«, versuchte ich ihn einzuschüchtern, »kümmern Sie sich lieber um die wirklichen Feinde des Reichs.«

Er gab mir mit irgendeiner Bemerkung, dass ich mich um den neuen Ausweis kümmern solle, und einem ›Heil Hitler‹ den Pass zurück. Eigentlich hätte ich mit ›Heil Hitler‹ antworten müssen. Ich brummelte halblaut etwas vor mich hin, um meine scheinbare Verärgerung zu demonstrieren.

Als der Uniformierte sich andere Personen vornahm, wechselte ich mit Henryka einen unauffälligen Blick: Das ist noch einmal gut gegangen.

Das Ehepaar Michel hatte mir, der Zwanzigjährigen, eine Vollmacht ausgestellt, das Geschäft so lange weiterzuführen, wie es sinnvoll erschien. Die beiden deutschen

Angestellten waren längst getürmt, sodass ich mit den beiden polnischen Mitarbeitern den Laden schmiss. Als sich die Informationen verdichteten, dass wir spätestens nach zwei Tagen losschlagen würden, musste eine Entscheidung getroffen werden, denn das Lager war halb gefüllt mit Zigaretten, die ja bis zum Verkauf Eigentum der Monopoldirektion blieben. Ich überlegte mir die Sache, hatte aber Bedenken: Wir konnten doch nicht einfach die Zigaretten klauen?

Jan aber meinte: »Noch besser wäre ein volles Lager.«

Ich rief beim deutschen Wirtschaftsamt an und behauptete dreist, wir hätten keine Zigaretten mehr und benötigten eine weitere Lieferung. Die Antwort lautete: »Die Militärkantinen werden ab sofort von uns direkt beliefert, es gibt keine Zigaretten mehr, auch nicht für Privatkunden.«

»Dann muss ich den Laden zumachen«, erklärte ich.

»Dann machen Sie eben dicht.«

»Können Sie mir das schriftlich bestätigen?«, fragte ich.

»Kein Problem, Fräuleinchen, kommen Sie vorbei«, lautete die Antwort.

Ich fuhr zum Distrikt-Wirtschaftsamt und erhielt auf einem von mir vorbereiteten Schild den Stempel und die amtliche Unterschrift, dass das Tabakwaren-Geschäft Michel bis auf weiteres geschlossen sei. Das Schild hängte ich hinter die Scheibe der Eingangstür. Auf die Idee, unser Lager zu überprüfen, kamen sie gottlob nicht. Ich machte den Kassenabschluss und zahlte das Geld auf der Bank ein.

Nun erhob sich die Frage, wie wir die Zigaretten rausbekommen konnten, denn gegenüber lag ja das Wehrmachtskommando mit einem Wachhäuschen am Eingang.

Ich ging mit einer Stange ›Juno‹ zum Wachhabenden, den ich als Kunden kannte: »Wir müssen das Geschäft liquidieren, private Großhändler erhalten keine Zuteilung mehr von der Monopoldirektion. Hier ist ein Abschiedsgeschenk unserer Firma, bevor wir jetzt die Lagerbestände zum Distriktamt abtransportieren.«

Der Wachhabende war hoch erfreut und bedankte sich mit einem zackigen »Heil Hitler!«

Ich überspielte das mit einem charmanten Lächeln und dachte: Heil Arschloch!

Dann holte ich vom nahe gelegenen Schlossplatz zwei Pferdedroschken und belud sie zusammen mit der polnischen Angestellten mit den Zigaretten. Die Pferdewagen mussten auf der stark befahrenen Krakauer Straße wenden, was der Wachhabende bemerkte. Dienstbeflissen eilte er auf die Straße und sperrte den Verkehr für uns. Brav, dachte ich und winkte ihm zu. Wir fuhren zu Mamas Wohnung und hielten direkt vor den Fenstern, um auszuladen.

Meine Mutter war misstrauisch und vermutete sofort etwas Illegales.

Ich sagte zu ihr: »Sei still, es muss schnell gehen, ich erkläre dir alles später.«

Als die Zigaretten verstaut waren, sagte ich: »Mama, die Deutschen haben uns enteignet und jetzt habe ich ein klein wenig die Deutschen enteignet. Mehr brauchst du nicht zu wissen.«

Dass es sich nach Lesart der Nazis um ein ›Kriegswirtschaftsverbrechen‹ handelte, auf das die Todesstrafe stand, kam mir erst gar nicht in den Sinn. Ohnehin fielen für mich alle unsere Maßnahmen unter den Begriff der Notwehr.

Wir hatten einen Schatz eingelagert, denn der Handelswert der Ware war hoch. Quasi in letzter Minute tauschte ich Zigaretten gegen Medikamente ein, um damit die Depots der *AK* zu füllen.

Am 1. August 1944 erreichte uns gegen 14 Uhr in der Marszalkowska die Nachricht aus London: »Achtung! ›Stunde W‹ heute, 17 Uhr!«

Der Aufstand sollte überall in Warschau beginnen. Hurra, wie hatten wir diesem Moment entgegengefiebert. Wir waren jung und ungeduldig, wollten unbedingt kämpfen. Die Rote Armee stand ja schon an der Weichsel, wir waren von dem Ehrgeiz beseelt, uns selbst zu befreien, um den Russen das befreite Warschau zu übergeben. Wir dachten an unsere Würde und an die spätere Geschichtsschreibung. Wir legten eine Platte auf das Grammofon, ich glaube, es war ein Walzer. Wir tanzten wild und ausgelassen, lachten und sangen – es war großartig.

Dann rückte der Uhrzeiger vor, die Soldaten mussten – Uniform und Waffe irgendwie verpackt – die Wohnung verlassen, um nach einem Alarmplan andere zu benachrichtigen und sich mit ihnen an Treffpunkten zu vereinen. Gewiss, das Unternehmen war nicht ungefährlich, aber wir hatten den Überraschungseffekt auf unserer Seite. Wir waren 23 000 Soldaten, die deutsche Garnison zählte 15 000 Mann. Die strategisch wichtigen Punkte sollten zuerst angegriffen werden, wenn unser Plan aufginge, hätten wir innerhalb von drei Tagen die Deutschen aus der Stadt vertrieben. Das sollte der Höhepunkt für mich als Widerstandskämpferin werden.

Ich verabschiedete mich von Jan, er drückte mich: »Ich

glaube, es wird alles gut gehen, mach dir keine Sorgen!«
Ich hatte nicht das Gefühl, ihn das letzte Mal zu sehen,
wir waren hoffnungsvoll und vertrauten auf die Zukunft. Wir wollten frei sein und sahen das Ziel greifbar
nah. Ich dachte: Das sind Helden, die gehen jetzt kämpfen. Und ich bedauerte, dass ich nicht wenigstens als Sa-
nitäterin eingesetzt war, um in vorderster Linie mit dabei
sein zu können.

Ich begleitete jeden einzelnen Soldaten im Treppenhaus nach unten und schaute dann auf der Straße nach,
ob die Luft rein war. Im ›Café Preußen‹ hingen deutsche
Landser rum und ich dachte übermütig: Wenn die wüss-
ten, wie wir den *Hitlerowcy* in einer Stunde Feuer un-
term Hintern machen werden!

Ich erhielt den Befehl, in der Marszalkowska die Stellung zu halten, um eingehende Nachrichten oder Anfor-
derungen von Leuten, Waffen oder Munition an Kapitan
Tytus weiterzuleiten, denn leider hatten die Einheiten
keine Sprechfunkverbindungen, sodass die Kommunika-
tion untereinander mittels Boten erfolgte. Nicht jeder unserer Soldaten trug eine Uniform, manche hatten keine
Waffe und leider war auch die Munition recht knapp be-
messen. Jan hatte mir anvertraut, dass auf Veranlassung
der Londoner Exilregierung weiteres Kriegsmaterial aus
der Luft abgeworfen werde, außerdem würden sie ja
Waffen erbeuten.

Was Jan vielleicht nicht wusste oder die *AK* nicht ausreichend beachtete: Östlich von Warschau standen fünf
deutsche Panzerdivisionen, darunter die SS-Divisionen
›Wiking‹ und ›Totenkopf‹ sowie die Elitedivision ›Hermann Göring‹.

Ich beseitigte in der Wohnung alle Spuren, versuchte

sogar, Fingerabdrücke wegzuwischen für den Fall, dass die Gestapo Verdacht schöpfte.

Gebannt schaute ich auf die Uhr. Schon vor 17 Uhr waren einzelne Schießereien zu hören, was mich irritierte. Jan sollte mit der Sturmabteilung des Bataillons Tytus im Stadtteil Wola verschiedene Objekte angreifen und das Gebiet unter Kontrolle bringen. Tatsächlich befreiten sie bereits in den ersten Stunden aus einem Gefängnis, das ›Gänschen‹ – *Gesiowka* – genannt wurde, über hundert ungarische und griechische Juden. Sie bedienten sich einer Kriegslist, denn sie benutzten zwei deutsche Uniformen, um in das Gefängnis einzudringen. Den ›falschen Deutschen‹ wurde der Eingang geöffnet, woraufhin sie die Wachen überwältigen konnten. Die Juden sahen deutsche Uniformen und dachten im ersten Moment erschrocken, sie würden erneut verschleppt. Jans Einheit eroberte danach deutsche Autos und einen Panzer.

Ich befand mich in einem Konflikt, denn ich fühlte die Verantwortung, mich auch um Mama und meine Geschwister zu kümmern. Ich nahm einige Packungen Zigaretten und Zloty-Scheine, um schnell noch Lebensmittel zu besorgen. Doch zu meinem Erstaunen waren die Geschäfte in den letzten Stunden alle leergekauft worden. Gottlob hatten wir zu Hause Brotvorräte, denn es wurde nie etwas weggeworfen, alles wurde getrocknet und aufbewahrt. Mir schoss der Gedanke durch den Kopf, dass dann doch auch die Deutschen etwas gemerkt haben mussten, wenn die Bevölkerung informiert war und Hamsterkäufe machte.

Auf dem Weg zu unserer Wohnung hörte ich hier und da Schüsse. Auf einmal sah ich auf dem Gehweg einen Toten liegen. Ich war erschrocken, denn erstmals wurde ich mit der Realität konfrontiert. Mit einem Mal verflog mein frohes Hochgefühl, ich bekam plötzlich Angst und dachte: Mein Gott, Jan kann auch sterben! Aber nun gab es kein Zurück mehr.

Der Stadtteil Wola wurde durch die Aufständischen weitgehend von Deutschen befreit. Überhaupt gelang es der *AK*, etwa die Hälfte der Stadt links der Weichsel zu besetzen. Der Jubel der Bevölkerung, die ihre Soldaten begeistert unterstützte, war groß. Es gelang aber nicht, die strategisch wichtigen Positionen zu erobern. Weder die Kommandanturen der Polizei und des Militärs, noch die Weichselbrücken oder den Flughafen konnte die *AK* einnehmen. Allerdings wurde das Regierungsviertel vom so genannten Polizeiviertel Mokotow abgeschnitten.

Am zweiten und dritten Tag setzten sich die Anfangserfolge fort. Das Rathaus, die Hauptpost, das Elektrizitätswerk und Lebensmittellager konnten erobert werden. Ich war davon überzeugt, dass wir es bald geschafft hätten, Warschau zu befreien. Ich hetzte zwischen der Marszalkowska und dem jeweiligen Standort von Kapitan Tytus hin und her, um Meldungen zu überbringen. Zwischendurch schaute ich bei Mama vorbei, die mit Kazia, Elzbieta und Krystina in der Souterrainwohnung relativ sicher war. Kazia konnte Kartoffeln auftreiben und etwas Brot.

Da die Bevölkerung unsere Kämpfer unterstützte und versteckte, war es oft ein Katz-und-Maus-Spiel, denn die Deutschen wussten nicht, wo sich die Angreifer befanden und wo sie wieder zuschlagen würden. Die Menschen öffneten ihre Keller, sodass die *AK*-Soldaten manchmal durch die Kellergänge von einem Straßenzug zum anderen wechseln konnten.

Die Stadtmitte war unter Kontrolle, welch ein Triumph! Im Siegestaumel verbrannten *AK*-Soldaten eine erbeutete Hakenkreuzfahne. Scharenweise meldeten sich polnische Männer, um die *AK* zu verstärken, sie erreichte bald eine Stärke von über 40 000 Kämpfern, die man an ihren rot-weißen Armbinden erkannte. Die Kirchen füllten sich zu den Messen, wir konnten wieder polnisch beichten, beten und Predigten in unserer Sprache hören. Am Ende jedes Gottesdienstes sangen wir unsere polnische Nationalhymne:

»*Jeszcze Polska nie zginela* ...
Noch ist Polen nicht verloren,
solange wir leben.
Was uns fremde Mächte nehmen,
mit dem Säbel holen wir's wieder.«

Inzwischen besannen sich die Deutschen auf ihre militärische Stärke. Panzer trieben polnische Bürger als lebende Schutzschilde vor sich her durch die Straßen. Auf Befehl Himmlers übernahm SS-Obergruppenführer Erich von Bach-Zelewski, der seine Sporen in der ›Bandenbekämpfung‹ verdient hatte, das Kommando. Himmler ordnete an, dass der Aufstand mit allen Mitteln niedergeschlagen werden müsse. Es sollten keine Gefangenen gemacht werden, *AK*-Soldaten waren sofort zu erschießen und auch auf die Zivilbevölkerung sollte keine Rücksicht genommen werden. Das Regiment Dirlewanger griff ein, eine SS-Einheit, die sich aus Kriminellen rekrutierte und keine menschlichen Regungen kannte. Selbst Frauen und Kinder wurden zu Abertausenden niedergemetzelt.

Tage später kämpfte das Bataillon Tytus am Evangelischen Friedhof. Durch die Kanalisation wechselten sie in die Altstadt. Hier wurden sie in heftige Gefechte verwickelt. Sie krochen in der Honigstraße/Ecke Langgasse in den Abwasserkanal und erreichten nach Stunden, fast erstickt in dem furchtbaren Gestank, den Napoleon-Platz. Dort befand sich ein Sanitätspunkt. Sie wurden ärztlich behandelt, konnten sich waschen, essen und ausruhen. Alle waren völlig erschöpft.

Als ich dort eintraf, waren sie wieder in den Kampf gezogen. Ich versuchte, Kontakt aufzunehmen, aber ihre Spur hatte sich verloren.

Ich suchte überall nach Jan und seiner Einheit. Durch die unterirdischen Abwässerkanäle, die immer mehr als Verbindungswege genutzt wurden, schlug ich mich, manchmal kniehoch in der Kloake watend, bis in die Piusstraße durch, wo sich unsere Druckerei befand. Das Hinterhaus war unversehrt, der Schlüssel am vereinbarten Platz. Aber ich konnte die Druckmaschine nicht einschalten, denn es gab in diesem Viertel keinen Strom. Doch hatten wir ein Vervielfältigungsgerät, das mit einer Handkurbel zu bedienen war. Ich erstellte eine Suchanzeige nach *Ksiaze* und zog mehrere hundert Exemplare davon ab. Wo ich ging und stand, hinterließ ich dann meine Handzettel.

Der Aufstand geriet in eine kritische Phase, denn der Feind setzte seine Mittel nunmehr planvoll und systematisch ein, während unser Kampf – nicht zuletzt mangels Fernmeldeverbindungen – chaotischer verlief. Trotzdem ließ Josef Stalin, der sowjetische Diktator, den mit ihm verbündeten britischen Premierminister Winston Churchill wissen, dass er den Aufständischen nicht helfen werde. Stalin betrachtete die polnische Exilregierung in London als Feind. Er hegte nämlich die Absicht, Polen nach Kriegsende seinem Sowjetimperium einzuverleiben, während die Exilregierung einen selbstständigen polnischen Staat anstrebte.

Die erhoffte Versorgung aus der Luft blieb weitgehend aus, denn nur wenige Flugzeuge erreichten Warschau. Der Weg von Italien aus war zu weit und die Verluste waren hoch. Zudem weigerte sich die Rote Armee, ihre Flugplätze zur Verfügung zu stellen. Dann wurden die Waffen- und Munitionslieferungen aus der Luft gänzlich gestoppt. BBC London sendete eine chiffrierte Meldung, indem der Sender das Lied ›Maciek ist gestorben ...‹ abspielte.

Es gelang mir in den folgenden Wochen nicht, zu meinem Bataillon und zu Jan Verbindung aufzunehmen. Vergebens wartete ich auf eine Nachricht. Ich war verzweifelt. Warum nur hinterließ er keine Mitteilung in der Marszalkowska?

Manche Bewohner bohrten in Hinterhöfen Brunnen, denn Mitte August fielen Strom- und Wasserversorgung gänzlich aus, wodurch sich die Lage weiter verschlechterte. In der Altstadt brachen Diphterie und Ruhr aus.

Ich schloss mich einer Pfadfindereinheit an und wir stellten Briefe zu. Der Weg zur Postzentrale in der Altstadt war schrecklich, wir mussten durch Kellergänge und Abflussgräben kriechen. Zwischendurch half ich beim Bau von Barrikaden, die wir mit umgestürzten Autos errichteten.

Immer wieder schlug ich mich zu meiner Familie

durch, die inzwischen im Keller hauste, denn nun setzten massive Bombardierungen durch Stukas, Artillerie und großkalibrige Mörser ein. Im Straßenkampf verwendeten die Feinde Flammenwerfer und Scharfschützen.

Inzwischen hatte ich fast alle Hoffnung verloren und ahnte, dass wir es nicht schaffen würden. Wir hatten den deutschen Feind unterschätzt. Vor die Morgenröte der Befreiung schoben sich finstere Wolken. Nun ging es nur noch darum zu überleben.

Anfangs konnte ich noch Zigaretten gegen Lebensmittel tauschen. Dann gab es zwei Monate lang weder Kartoffeln noch Nudeln. Mit viel Glück fand ich etwas Pferdefleisch. Unseren Soldaten ging weitgehend der Proviant aus, Brot gab es schon lange nicht mehr, wer hätte in diesem Chaos auch welches backen sollen?

Am 9. September sah ich erstmals sowjetische Jagdflugzeuge über der Stadt. Es keimte eine schwache Hoffnung auf. Ich wusste nicht, dass die Rote Armee wider Erwarten inzwischen die Landeerlaubnis auf ihren Flugplätzen erteilt hatte. Eine Woche später traute ich meinen Augen nicht: Ein amerikanisches Geschwader von über hundert B-17-Bombern brummte über die Stadt und überrumpelte offenbar die deutsche Flugabwehr. Nun schien sich alles doch noch zum Guten zu wenden, wenn auch die meisten abgeworfenen Behälter in die Hände der Deutschen fielen. Ein letztes Mal bäumten sich unsere erschöpften Kämpfer auf. Aber die Sowjets dachten gar nicht daran, endlich über die Weichsel zu setzen und in die Offensive zu gehen. Das Strohfeuer der Hoffnung erlosch.

Die Deutschen beherrschten immer größere Teile der Stadt, der Aufstand verfiel in Agonie. Tagelang saß ich nur in Luftschutzkellern. In Warschau hörte man entweder Kampfeslärm oder es herrschte gespenstische Stille. Zwischen diesen beiden Extremen gab es nichts, denn das ganze Leben spielte sich in den Kellern ab. In den Straßen lagen wochenlang Tote, die niemand beerdigen konnte. Und es herrschte eine fürchterliche Hitze, zwei Monate lang fiel kein Regen.

Geschossen wurde von allen Seiten. Wenn wir die Schutzräume verließen, mussten wir von Haus zu Haus springen. Deutsche Panzer fuhren in die Straßen hinein und benutzten uns als Zielscheiben. Zwölfjährige Jungen griffen die Panzer mit Molotow-Cocktails an, manchmal mit Erfolg.

Ich half weiter beim Bauen von Barrikaden und Panzergräben, beim Löschen von Bränden und beim Freischaufeln von Verschütteten. Völlig fremde Menschen stießen zu uns in den Keller und erzählten von Gräueltaten der russischen Wlassow-Armee, die auf deutscher Seite kämpfte.

Ob ich Angst hatte? In der einen oder anderen Situation schon. Dann wieder befand ich mich in einem Zustand der Betäubung, in dem mir fast alles egal war. Ich fühlte mich von äußeren Einflüssen getrieben und konnte nicht mehr über mich bestimmen, denn gegen die Angriffe aus der Luft konnte man sich nicht wehren. Und dann siegte wieder mein Überlebenswille, bis zur nächsten großkalibrigen Artillerie und den schrecklichen Mörserangriffen. Alle zehn bis fünfzehn Minuten explodierte eine Luftmine, die die Deutschen ›Kuh‹ nannten.

Tagelang konnte ich nichts anderes tun, als in Deckung zu gehen. Es ging um das nackte Überleben. Und Warschau verwandelte sich immer mehr in ein Trümmerfeld. Die Faust des Krieges zerschmetterte alles, was einmal schön und liebenswert gewesen war.

Viele AK-Kämpfer waren inzwischen gefallen. Der Rest kämpfte eine verlorene Schlacht. Es ging eigentlich nur noch darum, dass wir lieber kämpfend sterben wollten, als vor den Deutschen zu kapitulieren, um dann von ihnen erschossen zu werden. Ich versuchte den Gedanken, ob Jan noch lebte oder nicht, zu verdrängen. Die täglichen Gefahren halfen dabei.

Ich saß im Keller des Restaurants ›Boccaccio‹ am Napoleon-Platz. Es fielen Bomben, dann ein ungeheurer dumpfer Schlag, ein Volltreffer. Staub hüllte uns ein, unsere Karbidlampen verlöschten, es war stockdunkel. Es roch nach Rauch, ich musste husten. Panik brach aus. Ich dachte, jetzt ist alles vorbei, wir sind verschüttet und kommen hier nicht mehr raus. Irgendwann fanden wir einen Fensterschacht und eine Öffnung nach draußen.

Als die Nacht einbrach, wurde Warschau nicht mehr bombardiert, und wir wagten uns hinaus. Es war gespenstisch. Vom Nachbargebäude an war die gesamte Häuserzeile der Straße nur noch ein einziger Schutthaufen.

Am nächsten Tag erreichte ich endlich eine Sanitätsstelle der AK. Da ich einige medizinische Grundkenntnisse aus meiner Zeit im Lazarus-Krankenhaus besaß, konnte ich mich nützlich machen. Ich organisierte mehrere Flaschen Schnaps, die wir zur Desinfektion benutzten. Die Ärzte hatten kaum noch Medikamente und mussten ohne Narkose operieren.

Da ich inzwischen die Abwasserkanäle gut kannte, erhielt ich hin und wieder den Auftrag, einzelne Personen oder Gruppen durch die stinkenden Kloaken zu führen. Zwischendurch versuchte ich immer mal wieder, meine Familie aufzusuchen. Hierzu musste ich eine gefährliche Straße überqueren, die von deutschen Scharfschützen beherrscht wurde. Ich musste einen Tunnel benutzen, der unter der Straße hindurch gegraben worden war. Der Durchgang war so eng, dass sich eine Person nur mit Mühe durchzwängen konnte. Einmal stießen unglücklicherweise in der Mitte zwei Personengruppen aufeinander und ich war mittendrin. In der qualvollen Enge ging nichts mehr vor und zurück, ich erlitt Erstickungsanfälle, ein Ausbruch von Panik ergriff mich, ich war nahe daran, durchzudrehen.

Das Ohr entwickelte sich zu einem enorm wichtigen Sinnesorgan. Alle Geräusche hatten eine Bedeutung und mussten richtig bewertet werden. Das Heulen von Granaten, die Entfernung von Bombeneinschlägen, das Brummen von Flugzeugmotoren. Wir wussten genau, wann wir für einen Moment auf die Straße gehen konnten und wann nicht.

Die russische Armee stand vor den Toren Warschaus, wir hörten die Schüsse auf der anderen Seite der Weichsel. In einer Bombardierungspause stiegen wir auf das Dach des Hauses, von dort konnten wir Praga sehen. Es war sehr bitter für uns zu erleben, dass sich die Rote Armee nach wie vor nicht zum Sturm auf Warschau entschloss, um uns zu Hilfe zu kommen.

Niemand schien wirklich den Überblick zu haben. Manchmal fuhr ein Auto mit Lautsprecher durch eine von uns beherrschte Straße und übertrug BBC-Nachrichten. So erfuhren wir Neuigkeiten, wenn auch traurige: Die Russen erkannten die Exilregierung in London nicht an, sondern hatten im befreiten Lublin eine polnische Regierung unter kommunistischer Führung bilden lassen, also ein Konkurrenzunternehmen. Stalin und seine Militärberater bezeichneten den Aufstand in Warschau als ein ›Abenteuer‹, das militärisch unsinnig sei.

Die Russen schlugen mit ihrer Strategie zwei Fliegen mit einer Klappe. Sie warteten ab, bis wir einen Teil des Feindes vernichtet hatten, gegen den sie auf dem Weg nach Berlin noch kämpfen mussten. Und sie sahen es als Vorteil an, dass die Nazis wiederum die *Armia Krajowa* dezimierte, denn die *AK* würde sich wahrscheinlich nach einem Sieg über Deutschland gegen die Sowjetherrschaft in Polen auflehnen. Also sollten wir uns gegenseitig die Köpfe einschlagen, zum Vorteil der Sowjets, die als ›lachender Dritter‹ aus der Auseinandersetzung hervorzugehen gedachten. Diese Hyänen!

Die Gruppe von Kapitan Tytus war immer noch wie vom Erdboden verschluckt. Meine Angst, sie seien irgendwo verschüttet, für immer unter einem Haus begraben, lähmte mich. Damit überfielen mich auch wieder die Gedanken an meinen Papa. Schwarze Bilder krochen in mein Hirn, nisteten sich ein wie am ersten Tag und waren einfach nicht zu vertreiben. Wäre nicht der Kampf ums eigene Überleben gewesen, hätten mich die Verzweiflung und Depression wohl übermannt.

An Schlaf war nur selten zu denken. Meine Träume drehten sich ganz eindeutig um Stutthof, denn neben der Straße verliefen die Schienen der Schmalspurbahn. Ich saß eingezwängt zwischen Gestapo-Männern in einem Auto. Dann befand ich mich auf einem riesigen Platz mit unzähligen Menschen in Häftlingskleidung. Ein Appell. Über Lautsprecher wurden die Namen aufgerufen: Salewski, Bogdan; Salewski, Ewa; dann Salewski, Stanislaw. Ich wartete. Jan fehlte unter den Namen. Als ich aufwachte, war ich schweißgebadet. Das war sehr unangenehm, denn ich lag im Luftschutzkeller in meinen Kleidern, die ich schon seit Wochen auf dem Leib trug.

Ende September waren wir alle erschöpft und wie betäubt. Es herrschte Wassermangel und ich litt unter quälendem Hunger. Wir warteten nur noch darauf, dass die Kapitulationsverhandlungen Erfolg haben würden, und rechneten mit dem Schlimmsten, nämlich dass uns die Deutschen erschießen würden, wenn wir aus unseren Verstecken herauskämen.

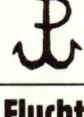

Flucht

Am 2. Oktober 1944 kapitulierten wir. Über Lautsprecher wurden wir aufgefordert: »Alle Polen legen die Waffen nieder und verlassen sofort Warschau. Wer als Pole nach 24 Stunden in Warschau angetroffen wird, wird erschossen!«

Mama wehrte sich. »Mein Gott, jetzt ist der Aufstand verloren und wir sollen wieder zurück zu den *Szkopy*. Ich will keine Deutschen mehr sehen. Ich kann nicht mehr, ich bleibe im Keller – lieber sterbe ich hier.«

Alle Versuche, sie zu überreden, misslangen. Da haben Kazia und ich sie zwischen uns genommen und gezwungen, mit uns zu gehen.

Der Feind hielt sich daran, dass uns aufgrund der Kapitulationsvereinbarung der Kombattantenstatus gewährt wurde. Damit galten wir als reguläre Soldaten, die in Gefangenschaft gingen – etwa 15 000 überlebende *AK*-Kämpfer, darunter 2000 Frauen. Auch die Zivilbevölkerung durfte nicht mehr getötet werden. Doch wurden 90 000 Menschen zur Zwangsarbeit gezwungen und 60 000 in Konzentrationslager verschleppt, der Rest über das Generalgouvernement verstreut.

Deutsche Soldaten und Uniformierte der Wlassow-Armee standen Spalier entlang der Straßen, die Karabiner auf uns gerichtet. Wir hatten besonders vor den Wlassow-Verbrechern Angst, aber es passierte nichts. Welch ein elender Flüchtlingszug von Hunderttausenden armseligen, zerlumpten, ausgemergelten Gestalten, ohne Hoffnung und ohne Perspektive!

Außerhalb Warschaus wurden wir auf Viehwaggons eines Zuges verladen. Wir befürchteten, dass das Ziel der Fahrt ein KZ sein werde, aber sie endete alsbald im Übergangslager Pruszkow, nicht weit von Warschau entfernt. Wir wurden von deutschen Rote-Kreuz-Schwestern und polnischen Hilfsschwestern empfangen, die Zwiebeln und Brot verteilten. Man schickte uns in eine große Fabrikhalle, wo wir mehrere Stunden warten mussten.

Ich suchte nach Jan. Aber ständig kamen auf den Schienen, die bis ins Lagergebiet führten, neue Züge an – das Nachforschen war aussichtslos unter den vielen Menschen.

Man führte uns auf einen großen Platz. In langen Reihen mussten wir vor einer Kommission antreten. Sie bestand aus hochrangigen SS-Männern, die eine Selektion vornahmen. Nach links wurden die Älteren mit Kindern geschickt, nach rechts junge Menschen. Ich sehe heute noch den einen SS-Mann vor mir, sein hartes Gesicht ohne jede menschliche Regung. Er verwies Mama und die siebenjährige Krystina nach links, mich, Kazia und Elzbieta nach rechts. Es war mir klar, dass uns die *Szkopy* zu Arbeitssklaven machen würden, ich dachte: Oh weh, unsere Familie wird getrennt! Außerdem war Elzbieta erst fünfzehn Jahre alt und mit ihren Händen behindert. Ich nahm meinen ganzen Mut zusammen, zog

Elzbieta, die gar nicht wusste, wie ihr geschah, hinter mir her und ging zu dem SS-Offizier.

»Schauen Sie sich die operierten Hände meiner Schwester an. Ich vermute, wir müssen arbeiten, aber das kann sie nicht, sie braucht die Hilfe ihrer Mutter.«

Der Uniformierte sah uns überrascht an. Es verschlug ihm die Sprache, dass es jemand aus den Reihen dieser armseligen Kreaturen wagte, ihn anzusprechen. Dann machte er eine herrische Bewegung mit der Hand in die linke Richtung – und Elzbieta lief zu Mama. Bald entschwanden sie aus meinem Blickfeld.

Von der Rampe in Auschwitz, dem Vernichtungslager, das nur ein paar hundert Kilometer weiter südlich lag, hatte ich zu diesem Zeitpunkt keine Ahnung. Es war die gleiche Szenerie: Auch dort trafen die Güterzüge mit unzähligen Menschen ein, die von SS-Schergen in Arbeitsfähige und nicht Arbeitsfähige selektiert wurden. Wer nicht arbeiten konnte, wurde sofort danach in eine der Gaskammern geschickt, die als Duschräume getarnt waren. Mein Gott – ich darf den Gedanken gar nicht zu Ende denken. Ich wäre meines Lebens nie wieder froh geworden, hätte ich mit meiner Aktion Elzbieta in den Tod getrieben.

Wir wurden in einer Baracke untergebracht. Kazia und ich waren deprimiert. Wir fühlten uns sehr allein, denn wir konnten nicht beurteilen, ob es sich um eine Trennung auf die Dauer von Monaten oder Jahren handelte. Ich machte mir Sorgen, ob meine Mutter ohne die Unterstützung durch Kazia und mich zurechtkommen würde. Ich dachte an Papa und dass ich jetzt nicht mehr in der Lage war, mein Versprechen zu erfüllen.

Nach der ersten Nacht waren Gerüchte im Umlauf,

dass wir in eine Munitionsfabrik nach Deutschland geschickt werden. Als unsere Personalien aufgenommen wurden, erkannte ich einen Jungen, der zwei Klassen über mir in das Polnische Gymnasium gegangen und jetzt als Dolmetscher beim Roten Kreuz eingesetzt war. Er nickte mir unauffällig zu, ich merkte, dass er sich nicht zu erkennen geben wollte. Doch besuchte er mich kurz darauf in unserer Baracke.

»Du bist Ewa, stimmt's?«

»Und du bist Piotr.«

»Du hast beim Jahressportfest 1938 den Hundertmeterlauf der Mädchen gewonnen.«

»Und du hast im Schülerorchester die Posaune geblasen.«

So ging das eine Weile hin und her. Wir tauschten Erinnerungen an eine Zeit, die zwar nicht sorglos gewesen war, aber doch ungleich besser als alles, was danach geschah.

»Meine Eltern haben die Volksliste unterschrieben«, erklärte er. »Mir kann eigentlich nicht so viel passieren, deshalb hole ich euch hier raus.«

»Wie bitte?«, riefen Kazia und ich elektrisiert und fast wie aus einem Mund.

»Lasst mich mal machen, ich muss nur einen bestimmten Kerl bestechen, der die Entlassungspapiere bearbeitet.«

Ich kramte aus meinem Gepäck eine Flasche Schnaps und eine Stange Zigaretten hervor, die ich für den Notfall aufbewahrt hatte. Piotr nahm die Flasche Schnaps und verschwand.

Am nächsten Tag überbrachte er die Nachricht: »Die Sache läuft. Die beiden Formulare sind ausgefüllt und liegen mit hundert anderen in der Unterschriftenmappe des SS-Sturmbannführers.«

»Kannst du nichts für meine Mutter und die beiden kleinen Geschwister tun? Ich habe noch die Zigaretten!«

Das war leider unmöglich, weil sie zu einer ganz anderen Abteilung des Lagers gehörten, in der Piotr niemanden kannte.

Zwei Tage später gingen Kazia und ich durch das Lagertor. Der Wachhabende prüfte die Entlassungs-Verfügung und grüßte mit ›Heil Hitler‹.

Wir beeilten uns, zur Bahnstation zu gelangen, und setzten uns in den nächstbesten Zug, der eintraf – nichts wie weg, bevor noch etwas dazwischenkam! Der Zug fuhr nach Lodz, das die Nazis in Litzmannstadt umbenannt hatten. Mir war das ganz recht, denn von hier stammten die Michels und ich hatte die Adresse ihrer Eltern, die dort am Wolnosci-Platz lebten.

Wir konnten nicht wissen, dass auch andere Warschauer auf die Idee gekommen waren, sich nach Lodz durchzuschlagen. Die Sicherheitspolizei war bestens darauf vorbereitet. Schon auf dem Vorplatz des Bahnhofs Lodz-Fabryczny gerieten wir in eine Kontrolle und befanden uns zwei Stunden später erneut in einem Lager. Ich verwies auf unser Entlassungspapier, das daraufhin einfach einkassiert wurde, denn das interessierte hier niemanden. Die Litzmannstädter Gestapo und SS waren besonders rigide und im Morden routiniert. Sie hatten das Lodzer Ghetto errichtet und in den letzten Jahren über hunderttausend Juden ermordet. Zuerst bis 1942 durch Hunger, Kälte und Krankheit und durch ihr Programm ›Vernichtung durch Arbeit‹. 1944 erfolgten bis kurz vor unserem Eintreffen Transporte in die Vernichtungslager, besonders nach Auschwitz, aber auch nach Chelmno ganz in der Nähe. Hätte ich vom Vernichtungslager Chelmno gewusst, das die Deutschen Kulmhof nannten und wo zu diesem Zeitpunkt systematisch Menschen vergast wurden, wäre ich aufs Höchste beunruhigt gewesen und hätte um unser Leben gefürchtet.

Zunächst wurden wir entlaust. Wir mussten uns nackt ausziehen und duschen. Es war erniedrigend, noch heute sehe ich rechts oben auf einer Treppe Männer in Uniform stehen, die uns begafften. Ich drehte ihnen stets den Rücken zu. Die Baracken waren immerhin sauber und ganz gut mit Tischen, Stühlen und Etagenbetten eingerichtet. Wieder wurden die Personalien aufgenommen.

Wir zeigten unsere Danziger Pässe vor und gaben uns als Danziger aus.

Am nächsten Tag mussten wir erneut vor einer Kommission antreten. In einem kleinen Saal saßen hinter einem Tisch Männer, teils in Zivil, teils in SS-Uniform. Wir mussten uns bis auf die Unterhose entkleiden und uns fast nackt vor eine Wand stellen. Es war schrecklich. Wir mussten uns drehen, etwas auf Deutsch sagen, wurden mit geilen Blicken angestiert. Bei der perversen Tortur ging es um die Frage, ob wir arische Merkmale besaßen und als ›gutrassige Polen‹ dem deutschen Volkskörper zugerechnet werden könnten, wie sie es bezeichneten. Man muss sich das einmal vorstellen: Keine hundert Kilometer ostwärts lauerte die Rote Armee, deren Vormarsch sich unter anderem wegen des Warschauer Aufstands verzögerte, sonst hätte sie längst Lodz überrannt. Und hier wurde der Rassenwahn praktiziert, als gäbe es kein Morgen.

Als ich an die Reihe kam, wurde ich gefragt:

»Wo hast du so gut Deutsch gelernt?« Für die Herrenmenschen war es ganz selbstverständlich, uns einfach zu duzen.

»In Danzig.«

Sie diskutierten meine körperlichen Vorzüge wie auf einer Pferdeauktion. Fehlte nur noch, dass so ein *Hitlerowiec* meine Oberlippe angehoben hätte, um mein Gebiss zu prüfen. Keine Plomben, ihr Schweine! Ich war empört. Ich musste mich aber beherrschen, zumal sie nichts davon wussten, dass wir in Danzig ausgewiesen worden waren. Sie verfügten ja glücklicherweise noch nicht über die Mittel der elektronischen Datenverarbeitung. Nicht auszudenken, was alles geschehen wäre, wenn die Nazis durch den Einsatz von Computern noch perfekter hätten arbeiten können. Nach einigem Hin und Her stellten sie fest, ich sei ein ›nordischer Typ‹, woran wahrscheinlich meine blonden Haare schuld waren. Früher wäre ich ihnen dafür an die Kehle gesprungen. Jetzt hielt ich den Mund, in der Hoffnung, dadurch das Kriegsende gesund zu erleben.

Mit Kazia fackelten sie nicht lange. Aufgrund ihrer schwarzen Haare wirkte sie kein bisschen wie eine Arierin. Sofort sagte jemand aus der Kommission: »Na ja, du bist eine Jüdin.«

Kazia protestierte sofort: »Ich bin keine Jüdin!«

»Doch, du bist eine Jüdin! Du bist eine von denen, die sich im Ghetto versteckt hielten, und jetzt willst du uns betrügen, das kennen wir schon!«

Erschrocken rief ich aus: »Das ist doch meine Schwester! Soeben haben Sie mich anerkannt, wie kann sie dann eine Jüdin sein!«

Wir legten unsere Danziger Pässe auf den Tisch. Erstaunt verglichen die ›Rassenexperten‹ unsere Daten und diskutierten verwundert, wie es sein konnte, dass wir so unterschiedliche Typen waren.

Erst nach dem Krieg ist mir klar geworden, dass diese Kommission über Leben und Tod entschied. Wer nicht anerkannt wurde, war ›lebensunwertes Leben‹, das ihrer Auffassung nach vernichtet werden durfte. Wir, die ›bessere Rasse‹, kamen zurück in unsere Baracke und blieben dort einige Tage. Andere, die bei der Prüfung nicht anerkannt wurden, waren nicht mehr unter uns. Über ihr Schicksal kann ich nur die schreckliche Vermutung anstellen, dass sie im Gas von Chelmno starben.

Erstmals seit Wochen erhielten wir sogar vernünftiges Essen. Bald sprach sich herum, wir würden Richtung Westen nach Breslau verlegt, wo wir in einem Industriebetrieb arbeiten sollten. Wir blieben Gefangene, hatten aber irgendwie einen gehobenen Status. Unsere Gruppe, etwa dreißig Menschen, wurde von nur vier Soldaten bewacht, als sie uns in einem normalen Personenzug nach Breslau transportierten. Wir sollten gegen Abend dort ankommen. Aber die Weiterfahrt verzögerte sich mehrmals, weil wir auf kleineren Bahnhöfen auf ein Nebengleis gestellt wurden, um Militärzügen Platz zu machen. Dann gab es plötzlich auf freier Strecke Fliegeralarm! Alle mussten den Zug verlassen und im Gelände Deckung suchen. Kazia und ich liefen etwa zweihundert Meter, weiter als die meisten anderen, fanden ein dichtes Dornengestrüpp und krochen hinein. Wir hörten nach einiger Zeit das entfernte Geräusch von Flugzeugen, die aber unseren Zug nicht beschossen. Inzwischen begann es dunkel zu werden. Etwa zwanzig Minuten später gab die Lokomotive zweimal ein Signal, was bedeutete, dass die Passagiere zurückkommen sollten, die Fahrt werde fortgesetzt. Kazia und ich blieben einfach liegen. Niemand hat nach uns gesucht, der Zug fuhr ab.

Ende Oktober 1944 kamen Kazia und ich in Danzig an. Wir hatten uns nicht mehr auf die Bahn gewagt und fast nur Nebenstraßen benutzt, zumal die Hauptstraßen entweder von Militärtransporten oder Flüchtlingstrecks aus dem Osten verstopft waren. Es waren ungeheuer viele Menschen auf der Flucht, das war unsere Chance, denn so fielen wir nicht auf. Wir schliefen in Scheunen von Bauernhöfen und wurden oft von Pferdewagen mitgenommen. Viele Bauern hatten mit uns beiden jungen Mädchen Mitleid und gaben uns zu essen. Wenn es sein musste, half ich mit einer Schachtel Zigaretten nach, und so schafften wir es bis nach Danzig.

Ich war glücklich, wieder durch die vertrauten Straßen zu gehen. In der Stadt herrschte relative Ruhe, fast so wie früher. Als wir Warschau verließen, war es durch die Kämpfe bereits zu einem Drittel zerstört. Hier dagegen waren noch fast alle Häuser heil, wenn man von den Schäden durch einige wenige Fliegerangriffe absah.

Meine Großmutter lebte noch in dem Haus im Zweiten Damm, in dem sich das Schuhgeschäft befunden hatte. Allerdings durfte sie nur einen Raum bewohnen. Bei unserer Ankunft war sie zwar nicht zu Hause, aber wir fanden ihr Zimmer unverschlossen vor. Oma betreute die zwei Kinder eines deutschen Metzgers, der sie regelmäßig mit Wurst und Fleisch versorgte, sodass sie keine Not leiden musste. Wir warteten, bis sie eintraf, und schlossen einander überglücklich in die Arme.

Jeder in Danzig wusste, dass das KZ Stutthof ein schreckliches Lager war, auch wenn Einzelheiten nur selten nach draußen drangen. Oma hatte mittlerweile erfahren, dass Opa im Lager die Schuhreparaturwerkstatt leitete, daran knüpfte sie die Hoffnung, dass es ihm vielleicht etwas besser ging als den meisten anderen Lagerinsassen. Zweimal konnte sie ihren Mann sogar kurz sprechen, als er mit einem Bewacher in die Stadt ausgeführt wurde, um Leder einzukaufen. Wir hofften alle, dass der Krieg bald zu Ende wäre und dass auch mein Papa in irgendeiner Baracke des Lagers, das inzwischen riesige Dimensionen angenommen hatte, überlebte.

Tagsüber hielten Kazia und ich uns im Zimmer von Oma verborgen. In Danzig lebte man nicht so anonym wie noch vor einem Vierteljahr in Warschau, hier wimmelte es von Deutschen. Erst abends, nach Einbruch der Dunkelheit, traute ich mich auf die Straße.

Ich schlich zu unserem Haus. Oma hatte erzählt, dass ein Major des Wehrbereichskommandos unsere Wohnung in Besitz genommen hatte.

Das Fenster der Küche war erleuchtet, die Vorhänge zugezogen. Ich hörte das Klappern von Geschirr. Vor meinem inneren Auge liefen Szenen meiner Kindheit ab. Tränen rollten mir über die Wangen, meine tiefe Traurigkeit erstickte vorübergehend sogar die Wut auf die Deutschen und auf diese Familie, die in unseren Räumen lebte, liebte und lachte. Aber nicht mehr lange!, dachte ich grimmig. Nicht mehr lange und ich werde höchstpersönlich hier erscheinen und unseren Besitz zurückfordern. Ich schwor mir, dass wir wieder in diese Wohnung und nirgendwo sonst einziehen würden. Die Aussicht auf eine baldige Wende tröstete mich etwas.

In Kolters Haus waren an allen Fenstern die Rollläden heruntergelassen. Ich wusste von Oma, dass Herr Kolter kürzlich nach Posen versetzt worden war und dass sich auch Frau Kolter dort aufhielt. Das Haus lag verlassen da. Ich ging durch den Vorgarten nach hinten und verweilte unter dem Fenster von Mariannes ehemaligem Zimmer. Das Loch in der Ligusterhecke war beinahe zugewachsen, was mich fast symbolisch anmutete. Und doch hatte Marianne entscheidend in mein Leben – oder eher: in mein Sterben – eingegriffen. Leider konnte ich unmöglich nach Posen schreiben, das war wegen der Postüberwachung durch den SD für mich und Marianne gleichermaßen gefährlich. Wo sich Marianne momentan wohl aufhielt? Hatte sie als Luftwaffenhelferin während des Aufstands eine Funktion? Fühlte sie sich als Siegerin? Oder hatte sie Angst vor dem Ende? Würde dann ich in der Rolle sein, ihr zu helfen?

Natürlich besuchte ich in den Abendstunden Jans Tante. Sie hatte keine Nachricht von Jan, was meinen schlimmsten Befürchtungen Nahrung gab. Es blieb allenfalls ein kleiner Funke Hoffnung, dass er zur Zwangsarbeit nach Deutschland verschleppt worden war und sich nicht melden konnte. Ich erzählte der Tante, was sich in Warschau zugetragen hatte, und versuchte ihre Antworten in der Gebärdensprache und den gutturalen Kehllauten zu verstehen.

Eines Morgens gegen sechs Uhr klingelte es. Bevor wir mit Oma etwas absprechen konnten, hatte jemand aus dem Haus geöffnet. Zielgerichtet näherten sich feste Schritte unserem Zimmer, die Türe wurde aufgerissen, das Licht eingeschaltet.

»Geheime Staatspolizei!«

Eine unheimliche Müdigkeit überdeckte meinen Schrecken – ging jetzt wieder alles von vorne los? Ich hatte keinen Antrieb mehr, war mutlos und resigniert, ich wollte einfach nicht mehr.

»Ewa und Kazimiera Salewski?«, fragte der eine.

Wir gaben keine Antwort.

»Wenn ihr keine Lust habt, werden wir euch schon zum Reden bringen. Mitkommen!«

Szkopy, murmelte Oma verächtlich und fast unhörbar. Couragiert stellte sie sich vor uns und blaffte die beiden an: »Nicht im Nachthemd!«

»Aber fix!« Das bedeutete, dass wir uns anziehen konnten, doch machten die beiden Herrenmenschen keine Anstalten, den Raum zu verlassen oder sich wenigstens umzudrehen. So zogen wir unsere Kleidung über das Nachthemd. Erst jetzt fingen sie an, in alle Ecken zu schauen, wahrscheinlich auf der Suche nach einem verbotenen Radio. Vor dem Haus stand die ›Grüne Minna‹ und nahm uns mit.

Bohnerwachs – wieder dieser ekelhafte Geruch. In den Fluren des Gestapo-Gebäudes Am Neugarten herrschte trotz der frühen Stunde emsiger Betrieb, es war die Zeit des Beutemachens.

Ich weiß nicht, ob ich zitterte, weil ich fror oder weil ich Angst hatte. Viele Danziger machten einen großen Bogen um die Gestapo-Zentrale, deren Gelände von hohen Mauern umschlossen war. Die Schüsse im Hof der Gestapo waren weithin zu hören und jeder wusste, dass in dem rückwärtig gelegenen Gestapo-Gefängnis gefoltert wurde.

Wir wurden in einen kahlen, fensterlosen Kellerraum geführt und mussten uns auf zwei Hocker setzen. Der eine Gestapo-Mann nahm an einem Tisch Platz, der andere blieb dicht neben uns stehen. Ich spürte seine Nähe fast körperlich. Ich wusste, er würde zuschlagen, sobald ich nur eine Antwort gab, die ihnen nicht gefiel. Auf dem Tisch warf eine schwarze Lampe den Lichtschein auf eine dünne Akte, daneben standen ein schwarzes Telefon und eine schwarze Schreibmaschine. An der Decke brannte eine Glühbirne in einem schmalen weißen Lampenschirm. Die Wände waren hellgrün gestrichen, alles wirkte steril. Ich fühlte mich ausgeliefert.

Der Polizist schlug die Akte auf. »Ihr seid am 26. Mai 1940 ins Generalgouvernement abgeschoben worden. Es besteht für Danzig Aufenthaltsverbot, was habt ihr hier zu suchen?«

»Wir mussten aus Warschau raus und wussten nicht, wohin«, antwortete ich.

Er blätterte in der Akte, schaute mich an. »Du warst im Untergrund, in der Heimatarmee.« Dann richtete sich sein Blick auf Kazia. »Und du bei den Pfadfindern ›Graue Reihen‹.«

Ich übernahm erneut die Antwort: »Das stimmt nicht. Wir haben gearbeitet und unserer Mutter geholfen, die kleineren Geschwister zu versorgen.«

Der stehende Polizist bewegte sich etwas, ich starrte vor mich hin und erwartete einen Schlag, der aber ausblieb. Ich wunderte mich, woher sie die Informationen hatten. Ich dachte, dass sie von unserer Warschauer Wohnung nichts gewusst hatten, sonst hätten sie uns abgeholt. Dann schoss es mir durch den Kopf, dass logischerweise niemand von unseren Warschauer Bekannten uns verraten haben konnte, der über unsere Wohnadresse Bescheid wusste.

»Wie seid ihr hierher gekommen?«

»Wir wurden im Lager Pruszkow entlassen.«

»Wieso?«

»Das wissen wir nicht. Vermutlich waren dort einfach zu viele Menschen.«

Misstrauisch fixierte er mich, denn ihm war klar, dass die Begründung falsch war. Mist, dass wir uns die Entlassungs-Verfügung in Lodz hatten abnehmen lassen.

»Und dann?«, fragte er.

»Sind wir nach Danzig gekommen.«

Der Stehende holte zum Schlag aus. Ich konnte mich nicht einmal ducken, denn dann hätte es die neben mir sitzende Kazia abbekommen.

Der Sitzende hob die Hand und gab ihm ein Zeichen. Er hielt inne.

»Also?«

»Wir kamen in das Lager Lodz.«

»Das heißt Litzmannstadt, zum Donnerwetter!«

Ich reagierte nicht.

»Und?« Er sah sich das letzte Blatt der Akte an.

»Wir sollten zur Arbeit nach Breslau gebracht werden. Unterwegs sind wir abgehauen.«

Ich kam mir elend vor. Was war aus der Freiheitskämpferin Janka geworden? Wäre es nicht besser, die Wahrheit aus uns rausprügeln zu lassen? Stattdessen sprudelte ich wie ein Wasserfall. Ich war mit den Nerven am Ende. Ich hatte keine Kraft mehr.

Der Stehende entspannte seine Haltung. Der Mann am Tisch zog die Schublade heraus, entnahm ihr zwei Formulare und hielt sie mir vor die Nase. »Weißt du, was das ist?«

Ich las: »Schutzhaftbefehl.«

»Ist doch klar, was mit euch Flintenweibern jetzt passiert.« Er sah mir direkt ins Gesicht, nicht drohend, nicht triumphierend, sondern ganz sachlich, so als würde er jetzt einen Kaufvertrag für ein Sofa ausfüllen.

»Stutthof.« Das eine Wort genügte und sagte alles.

»Meine Güte, wir haben doch niemandem etwas zuleide getan«, wagte ich zu erwidern.

»Halt's Maul!«, schrie er mich an.

Er öffnete nochmals die Schublade und entnahm ihr einen Bogen Blaupapier, den er sorgfältig zwischen die beiden Formulare legte. Dann spannte er die Blätter in die Schreibmaschine ein.

Ich hätte diesen Kerl am liebsten angespuckt. *Cholerne niemieckie Swinie* – du cholerakrankes deutsches Schwein! Das war unser schlimmstes Schimpfwort für Deutsche.

»Über Warschau reden wir gleich. Über die *AK* und die ›Grauen Reihen‹. Ich bin gespannt, was ihr mir zu erzählen habt.«

Nachdem klar war, dass uns jetzt das Konzentrationslager blühte und es nicht mehr schlimmer kommen konnte, fasste ich einen Entschluss: Lieber lasse ich mich totprügeln, als noch etwas zu sagen.

Der Gestapo-Mann an der Schreibmaschine fing an, meine Personalien zu übertragen. Dann sagte er zu seinem Kollegen: »Ludwig, geh schon mal zum Erkennungsdienst und sag Bescheid, dass wir gleich die ED-Fotos machen und Fingerabdrücke nehmen.«

Der Polizist verließ den Raum.

Ich war jetzt innerlich viel ruhiger geworden, nachdem ich wusste, was ich wollte. Ich nahm mir vor, meine Aussageverweigerung gleich bei der nächsten Frage anzukündigen, damit Kazia Bescheid wusste. Ich hätte so gern mit ihr gesprochen, denn sie schaute mich an und ich las ihre Ratlosigkeit aus ihrem Gesicht.

Jetzt war der Geheimpolizist bei der Spalte ›Begründung‹ angekommen. Während er schrieb, las er vor, was er in die Maschine tippte: »Die Salewski war Mitglied der Heimatarmee *Armia Krajowa*, hat sich durch konspirative Tätigkeit deutschfeindlich verhalten und aktiv gegen deutsche Sicherheitspolizei und Wehrmacht gekämpft. Trotz Aufenthaltsverbots hielt sie sich im Reichsgau Danzig-Westpreußen versteckt.«

Er spannte den Bogen aus und unterschrieb ihn. Ich überlegte, ob vielleicht Ludolf von Gleiberg die Gestapo informiert haben könnte, das hätte mich sehr enttäuscht. Aber das konnte nicht sein, er kannte ja meine Arbeitsstelle, wo die Gestapo mich jederzeit hätte festnehmen können.

»Das hätten wir.« Der Gestapo-Mann war sichtlich zufrieden und kam jetzt in Schwung: »Du hast am 11. Januar 1943 im Warschauer Kino ›Atlantik‹ Flugblätter verteilt. Fangen wir mal damit an: Wer waren deine Auftraggeber, wer dein Führungsoffizier, wo war die Druckerei, wer der Drucker, was stand auf den Flugblättern drauf, wer hat sie verfasst? Immer hübsch der Reihe nach. Erste Frage also: Wer hat dich beauftragt, wen kennst du von der *AK*?«

Jetzt fiel mir wieder ein, dass der Uniformierte damals meinen Namen aufgeschrieben hatte. Aha, dachte ich, die haben die Flugblätter gefunden, mich identifiziert und wegen meines Danziger Passes die hiesige Gestapo benachrichtigt. So wird es gewesen sein.

Ich holte tief Luft. Ich wusste, ich war an einem Wendepunkt meines Lebens angekommen. »Ich beantworte keine Fragen mehr.«

Er schaute mich fast entgeistert an. »Wie bitte?« Es war mir klar, dass ich mit einem Schlag vom Schemel geflogen wäre, hätte der andere Typ noch neben mir gestanden. Er wurde lauter. »Ich höre wohl nicht recht? Aber jetzt ganz schnell Butter bei die Fische, sonst überlege ich mir, ob ich dich nicht besser vor dem Sondergericht anklage.«

Todesstrafe. Der Schreck fuhr mir in alle Glieder. Die Todesstrafe verhängten die *Szkopy* bereits, wenn ein Pole einen Witz über den Oberschreihals machte oder im Gespräch den ›Endsieg‹ anzweifelte, erst recht also im Falle des Verteilens von Flugblättern.

In diesem Moment klingelte das Telefon.

»Kriminalsekretär Maibach.«

Er hielt den Hörer ans Ohr, ich registrierte den langen Redefluss einer dunkel getönten Stimme, konnte aber kein Wort verstehen. Nun wusste ich, dass er Maibach hieß. Kazia und ich schauten uns an, sie hatte Angst. Ihr Blick sagte mir außerdem, dass sie nicht wusste, wie sie sich verhalten sollte. Obwohl Maibach abgelenkt war, riskierten wir nicht, miteinander zu reden.

Ich beobachtete Maibach, irgendetwas ging mit ihm vor. Er fuhr sich mit der Hand mehrfach durchs Haar, atmete schwer. Seine Gesichtszüge veränderten sich. Es bildeten sich Stirnfalten, seine Lippen bebten. Er rutschte auf dem Stuhl hin und her. Auf seiner Oberlippe perlte der Schweiß. Seine Selbstzufriedenheit war gewichen, er wirkte plötzlich älter, Trauer umwölkte seine Augen. Er stotterte, brachte keinen Satz heraus, wirkte ganz eingefallen und sackte auf seinem Stuhl immer tiefer.

»Ogottogott«, sagte er und dann: »Oje.« Schmerzvoll
verzogen sich seine Züge, als er den Hörer auflegte. Sein
Kopf sank auf die Tischplatte, ich hatte das Gefühl, dass
er weinte. Nun entstand eine längere Pause, es war ganz
still.

Ich hatte keine Ahnung, was passiert war, empfand
auch kein Mitleid mit einem Mann, der gerade meine
Einweisung ins KZ unterschrieben hatte. Aber ich wit-
terte eine Chance, denn das war nicht mehr der stramme
Gestapo-Mann, sondern ein gramgebeugter Mensch.

Nach mehreren Minuten sprach ich ihn an. »Was ist
geschehen, Herr Maibach?« Jetzt, da er einen Namen
hatte, war er auch nicht mehr die anonyme Staats-
gewalt. »Ihnen geht es nicht gut, kann ich helfen?«

Er hob den Kopf, in seinen Augen standen tatsächlich
Tränen. »Ich habe gerade die Mitteilung erhalten, dass
mein einziger Sohn gefallen ist.«

»Das tut mir Leid.« Tat es mir wirklich Leid? Keine
Ahnung. Dieser Mann hat mich gerade ins KZ eingewie-
sen, hämmerte es in mir. Er nimmt meinen Tod in Kauf
und verzieht keine Miene beim Unterschreiben. Jetzt hat
es ihn erwischt. Schlimm für den Sohn. Nein, mit dem
Vater konnte ich kein Mitleid empfinden. Die letzten
Jahre haben mich hart gemacht, dachte ich. Eigentlich
bist du doch ein guter Christ. Irgendwo tief in mir rührte
sich doch ein Gefühl. Dann dachte ich an Papa, an Jan,
an Pater Mikos, an Jettchen und an Kazia neben mir,
die auch ins KZ gehen würde. Verdammt, ich habe mit
einem Gestapo-Schwein kein Mitleid! Ich will kein Mitleid haben!

Eine weitere Minute verging.

»Herr Maibach«, sagte ich schließlich, »meine Schwester und ich haben niemandem etwas getan. Trotzdem wurden wir mit Gewalt von unserer Familie getrennt. Mein Vater ist vermisst. Mein Verlobter ist vermisst. Mein Großvater ist vermisst, die Familien sind zerstört. Unser einziges Verbrechen ist, dass wir Polen sind. Dass ich hier in Danzig in einer polnischen Familie geboren wurde.«

Er blickte mich mit geröteten, wässrigen Augen an.

»Es ist ein großes Leid«, fuhr ich fort. »Ihr Sohn hat niemanden umgebracht und wir haben niemanden umgebracht. Der Krieg zerbricht die Familien, er zerbricht uns alle.« Nein, dachte ich, noch während ich sprach, nicht der Krieg, ganz allein die Nazis sind schuld. Aber das zu sagen wäre dumm gewesen, denn es trat genau das ein, was ich insgeheim gehofft hatte. Maibach zerriss den ›Schutzhaftbefehl‹. Er entnahm der Schublade zwei andere Formulare, spannte sie in die Schreibmaschine ein und füllte sie aus.

»Diese Überweisung an das Arbeitsamt, Ausländerabteilung, verpflichtet euch zur Zwangsarbeit in der Danziger Werft«, sagte er mit fast tonloser Stimme. »Außerdem habt ihr euch jeden Dienstag auf dem Polizeipräsidium An der Reitbahn zu melden. Kommt ihr den Auflagen nicht nach, erfolgt automatisch die Einweisung nach Stutthof.«

Er reichte mir das Papier über den Tisch. »Und jetzt haut ab.«

Ohne einen Gruß und ohne Danke zu sagen verließen wir den Raum. Als ich die Tür schloss, sah ich, dass Maibach wieder den Kopf auf die Tischplatte gelegt hatte.

Als wir außer Sichtweite des Gestapogebäudes waren, brach unsere Freude über die unverhoffte Rettung her-

vor. Kazia und ich machten auf dem Gehweg Luft-
sprünge wie junge Ziegen, lachten und umarmten uns,
sodass Passanten verwundert stehen blieben. Ich erinnerte mich an den Ausdruck ›dem Tod von der Schippe
springen‹. Genau das war uns gerade gelungen, wir waren dem Tod von der Schippe gesprungen, wie schon so
oft. Darüber hinaus jedoch hatten wir jetzt einen legalen
Aufenthaltsstatus für Danzig und ausgerechnet die Gestapo hatte uns dazu verholfen. Wir lebten, weil ein
anderer gestorben war – was war das für eine Zeit!

Meine Großmutter hatte inzwischen herausgefunden,
dass uns eine deutsche Nachbarin denunziert hatte. Wir
überlegten, wie wir uns rächen könnten. Aber bevor wir
einen Plan aushecken konnten, war sie mit ihren Kindern verschwunden. Immer mehr Deutsche reisten aus
Danzig ab. »Heim ins Reich«, höhnten wir.

Kurz vor Weihnachten trafen Mama, Elzbieta und
Krystina ein. So war wenigstens ein Teil unserer Familie
wieder vereint. Wir wohnten mit Oma zu fünft in einem
Zimmer und fühlten uns ein klein wenig glücklich.

Mama erzählte, wie es ihnen seit Oktober ergangen
war: Mit vielen anderen älteren Frauen und Kindern waren sie auf den Bahngleisen im Lager Pruszkow in einen
Viehwaggon verladen und abtransportiert worden. Der
Zug fuhr bis in die Gegend von Radom. Dort mussten
sie aussteigen und waren sich selbst überlassen, niemand
kümmerte sich um die zahlreichen Menschen. Sie hatten
nichts zu essen und wussten nicht, wo sie übernachten
sollten. Vorübergehend versorgte sie der Pfarrer eines
Dorfes, wo sie mit anderen in der Kirche schlafen durften. Dann flohen sie vor den anrückenden Sowjettrup-

pen nach Tschenstochau, bettelten hier um Nahrung und dort um eine Schlafstelle. Mama verkaufte ihre letzten Schmuckstücke. Sie schlossen sich dann einfach den Flüchtlingsströmen an und gelangten so nach Danzig.

In einer großen Halle der Schichau-Werft stand ich an einer Werkbank. Es war kalt, laut, und wir mussten immerzu stehen. Auf der Toilette durften wir rauchen. Wir waren mehrere hundert Arbeiterinnen und Arbeiter verschiedener Nationalitäten und wurden vom Werkschutz beaufsichtigt, der mit Gewehren bewaffnet war. Ich musste bestimmte Teile aus Messing drehen, die in U-Boote eingebaut wurden. Mein Vorarbeiter hieß Brockhaus und wurde von uns mit ›Meister‹ angeredet. Er war ein gutmütiger Mann, der viel Geduld aufbrachte, mich anzulernen. Ich stellte mir vor, dass die Messingteile in den U-Booten oder in Torpedos eine wichtige Funktion hatten. Wenn ich mich unbeaufsichtigt fühlte, bohrte ich Löcher an die falsche Stelle. Oder ich schuf zwischen zwei Kammern eine Verbindung, die nicht sein durfte. Ich suchte mir an dem Werkstück möglichst versteckte Stellen aus in der Hoffnung, dass der Schaden nicht auffiele, das Teil irgendwann eingebaut würde und eine größere Störung bewirkte. Manchmal schliff ich bestimmte Stellen ganz dünn, sodass sie früher oder später abbrechen mussten. Ich malte mir aus, dass so ein U-Boot dann manövrierunfähig liegen bliebe. Manchmal verursachten wir auch Störungen an den Drehbänken, warfen zum Beispiel Eisenspäne in den Elektromotor. Das erlaubten wir uns aber nur ein- oder zweimal, damit kein Verdacht aufkommen konnte.

Der Werkschutz verhängte Strafen, zum Beispiel bei

Disziplinlosigkeit 25 Stockhiebe. Wenn Sabotage nachgewiesen wurde, drohten eine Anklage vor dem Sondergericht und die Todesstrafe. Aber ich hatte vor Brockhaus keine Angst und glaubte nicht, dass er so schnell jemanden an die Gestapo ausgeliefert hätte.

Alles in allem war die Arbeit nicht angenehm, aber ich konnte damit leben. Beunruhigt hat mich allerdings das Gerücht, das im Januar 1945 aufkam, dass wir nach Deutschland evakuiert werden würden. Mit Kazia schmiedete ich Pläne, in diesem Fall rechtzeitig vorher unterzutauchen.

Am 21. Januar erlebte Danzig einen großen Luftangriff, unter den wichtigsten Zielen befand sich natürlich auch die Werft. Ich war in großer Sorge, denn Kazia hatte ausgerechnet diese Schicht getauscht, um einer Frau einen Gefallen zu tun. Als Entwarnung gegeben wurde, rannte ich sofort los, am brennenden Hauptbahnhof vorbei, wo ich bereits dicke Rauchwolken über der Werft und beim Näherkommen Flammen sah. Gottlob war Kazia nichts passiert. Allerdings hatte eine Wohnbaracke, in der italienische Arbeiter untergebracht waren, einen Volltreffer erhalten.

Obwohl ich schon so viele Tote gesehen hatte, konnte ich das alles nicht mehr ertragen. Ich merkte, dass ich mit meinen Nerven ziemlich am Ende war, die schrecklichen Bombardierungen in Warschau hatten an meinen Kräften gezehrt.

Nun zahlte sich aus, dass wir früher immer ein gutes Verhältnis zu unseren deutschen Hausangestellten gepflegt hatten. Schnell sprach sich herum, dass Mama wieder in der Stadt weilte. Unsere frühere Hausangestellte Elena lud uns sonntags ab und zu zum Essen ein. Der Mann unserer ehemaligen Waschfrau arbeitete in der Margarinefabrik ›Armada‹ und seine Frau versorgte uns regelmäßig mit Margarine. Von unserem alten Bäcker erhielten wir Brot auch ohne Brotkarte, außerdem gab es noch Omas Metzger, dessen Kinder sie hütete. Alles in allem brauchten wir keinen Hunger zu leiden.

Das war nicht selbstverständlich, denn die Ernährungslage verschlechterte sich in Danzig mehr und mehr. In den Geschäften waren sämtliche Waren ausverkauft. Die Stadt war voller Flüchtlinge, vor allem aus Ostpreußen. Trotzdem herrschte in Danzig eine scheinbare Normalität, die Straßenbahn fuhr wie immer und die Behörden arbeiteten, so als stünden die russischen Panzer im tiefen Ural und nicht vierzig bis fünfzig Kilometer vor der Stadt. Der Reichssender Danzig warnte vor selbstständiger Flucht und berichtete über den Polizeipräsidenten von Bromberg, der seinen Posten ohne Genehmigung verlassen hatte und ›wegen Feigheit und Pflichtvergessenheit degradiert und erschossen worden‹ sei.

Die Disziplin an meinem Arbeitsplatz ließ spürbar nach, es herrschte Endzeitstimmung. Immer mehr Deutsche – auch solche, die uns hätten beaufsichtigen sollen – verschwanden. Meister Brockhaus fragte mich:

»Willst du nicht besser mitkommen? Hast du keine Angst vor den Russen?«

Ich schüttelte den Kopf. Im Gegenteil, wir warteten auf die Sowjets, dass sie uns endlich befreiten.

Brockhaus und viele Verwaltungsangestellte der Werft begaben sich in Gdynia auf das KdF-Schiff ›Wilhem Gustloff‹, das am 30. Januar auf der Höhe von Kolberg durch einen Torpedotreffer aus einem sowjetischen

U-Boot versenkt wurde. Solche Ereignisse wurden nicht in der Presse publiziert, sprachen sich aber herum.

Kazia und ich meldeten uns weiterhin einmal in der Woche auf dem Polizeipräsidium, aber auch dort änderte sich der Ton, wurde desinteressiert bis freundlich. Nach dem 10. März, als die Luftangriffe immer heftiger wurden, gingen wir nicht mehr hin und auch nicht mehr zur Arbeit.

Alles war in Bewegung geraten: die Menschen, ihre Sicherheit und ihre Überzeugungen. Vieles geschah in diesen Wochen für die Deutschen zum letzten Mal: eine Kunstausstellung über westpreußische Malerei, das Läuten der Glocken der Marienkirche, das Erscheinen von Forsters Propaganda-Zeitung ›Danziger Vorposten‹. Das Musikkorps der Danziger Schutzpolizei löste sich auf und sollte dem Gauleiter nie wieder Märsche spielen. Forster konnte auch nicht mehr auf der Marienburg Fahnen weihen, denn seine ›Ordens-Burg‹ war schon am 9. März in die Hände der Roten Armee gefallen.

Im Endkampf um Danzig war die 2. deutsche Armee hoffnungslos unterlegen, ihr standen zehn sowjetische Armeen gegenüber. Ein sinnloses Blutvergießen setzte ein, das deutsche Militär verlor in fünf Tagen 10 700 Mann. Zwischen dem 9. und 18. März steigerten sich die Luftangriffe auf Danzig und richteten Großbrände an.

Am 24. März regnete es Flugblätter vom Himmel. Vor Omas Haus fand ich eins in roter Farbe, auf dem der russische Befehlshaber Rokossowski zur Kapitulation aufrief. Seine Truppen hatten inzwischen Zoppot erobert und das deutsche Heer zwischen Gdynia und Danzig gespalten. Trotz der aussichtslosen Lage erteilte Hitler gnadenlose Durchhaltebefehle. Forster wollte seine Möbel retten und auf ein Schiff verladen lassen, obwohl jeder Quadratmeter für die Flüchtlinge gebraucht wurde. Ein mutiger, junger Marineoffizier weigerte sich, den Befehl des egoistischen Gauleiters auszuführen, und erhielt sogar von seinem Befehlshaber Rückendeckung.

Meine Großmutter, meine Mutter und wir vier Geschwister verbrachten die überwiegende Zeit der letzten beiden Wochen im Luftschutzkeller, bis zum 26. März 1945 in Omas Haus, dann eine Nacht im Bunker am Fischmarkt und in der Nacht zum 28. März in der Polnischen Post.

Im Gedächtnis eingebrannt

Ewa Hofmeister schaute in die Runde. »Und in dieser Polnischen Post traf ich 57 Jahre später Nele, die mich fragte, ob ich euch hier in Bremen besuchen möchte. Vielen Dank fürs Zuhören.«

Als der lange Applaus ausklang, rief eine Schülerin aus der vorletzten Reihe: »Irre! Das war ein Heldenleben!«

Ewa Hofmeister wehrte ab: »Als Heldin habe ich mich nie gefühlt. Ich kämpfte in der Heimatarmee wie andere auch, jeder erfüllte seine Aufgabe, das war normal und selbstverständlich. Ein Held war für mich Jan, weil er in der Sturmabteilung gekämpft hat. Später bekam ich als Angehörige der *Armia Krajowa* eine bescheidene Rente, aber zuerst wollte ich gar keinen Antrag stellen, weil mein Beitrag so groß nun auch wieder nicht war. Freunde haben mich fast dazu genötigt und Kapitan Tytus, Henryka und andere unterschrieben Zeugenaussagen über meine Arbeit in der *AK*. Wichtiger als das Geld ist für mich aber die Anerkennung durch den polnischen Staat und besonders die Bestätigung, dass ich richtig gehandelt habe. Es gab ja auch Stimmen, die behaupteten, der Warschauer Aufstand sei leichtsinnig und überflüssig gewesen.«

262

Herr Claassen, der Klassenlehrer, hatte sich inzwischen neben Frau Hofmeister gesetzt. »Liebe Frau Hofmeister, Ihre Geschichte wird uns sicher noch eine ganze Weile beschäftigen und bestimmt gibt es viele Fragen. Eine Frage, die mich besonders interessieren würde, ist: Wie konnten Sie wieder Fuß fassen, nachdem der Krieg zu Ende war?«

»Eine polnische Einheit erlaubte uns, mehrere Tage auf dem Dachboden der Militärunterkunft zu kampieren«, erzählte Ewa Hofmeister. »Dann fuhren wir auf einem Militärlaster nach Karthaus in der Nähe von Danzig, denn dort wohnte Halina, Mamas ehemalige Friseuse, mit der sie gut bekannt war. Halina nahm uns in ihrer großen Wohnung auf. Im Parterre hatte sich polnische Miliz einquartiert, sodass wir uns vor russischen Soldaten einigermaßen sicher fühlen konnten. Wenn Kazia oder ich das Haus verließen, schminkten wir uns mit Ruß grau und hässlich. Oft litten wir Hunger, manchmal erhielten wir von Bauern Lebensmittel. Einmal lag eine tote Kuh auf dem Feld und meine Mutter schnitt ihr ein Stück vom Euter ab, das haben wir dann gegessen.

Eines Tages ging Kazia allein in die Stadt und kehrte nach zwei Stunden außer Atem zurück. Russen hatten sie aufgegriffen, zum Bahnhof verschleppt und in einen Waggon mit Deutschen eingesperrt. Die Fahrt sollte nach Sibirien gehen. Im letzten Moment gelang es ihr zu türmen. Es war unglaublich, wie häufig das Leben damals von irgendwelchen Zufällen oder glücklichen beziehungsweise unglücklichen Umständen abhing. Trotz allem fühlten wir uns sicherer als in Danzig, wo zu dieser Zeit Typhus grassierte. Erst als wir im Mai unsere vermisste Schwester Krystina wiederfanden, kehrten wir nach Danzig zurück und wohnten ein Jahr lang in einer Laubenkolonie, bis wir in eine richtige Wohnung einziehen konnten.«

»Was war mit Jan geschehen? Lebte er noch?«, fragte Basti.

Frau Hofmeisters Augen wurden traurig. »Ich hatte immer noch Hoffnung, doch Jans Tante erhielt einen Brief von Henryka, dass Jan am fünften Tag des Aufstands von einem Granatsplitter an der Halsschlagader getroffen wurde und sofort tot war. Das war ein Schock für mich, schrecklich.« Sie stockte einen Moment und fuhr dann fort: »Im Sommer 1945 bin ich nach Warschau gefahren. Es gab keine zuverlässigen Fahrpläne, die Züge waren überfüllt, meist saß ich auf dem Dach eines Waggons. Ich suchte gemeinsam mit Henryka die Stelle auf, wo er zu Tode gekommen und all unsere Träume von einem gemeinsamen Leben zerplatzt waren. Heute gibt es dort eine Gedenktafel. In Warschauer Straßen sind an vielen Stellen Gedenktafeln angebracht, an denen Menschen erschossen wurden, sei es während des Aufstandes, sei es durch Vergeltungsaktionen der Gestapo, der SS oder des SD.

»Und Ihr Vater? Gab es noch eine Nachricht von ihm?«

»Sehr bald hatten wir die traurige Gewissheit, dass mein Papa nicht mehr lebte. Ehemalige Stutthofer Häftlinge wussten Einzelheiten. Sie gaben erste Hinweise auf das Massengrab. Gefangene mussten 1942 eine Wasserleitung durch das Waldgebiet legen und dabei fiel ihnen auf, dass die Leitung um diesen Bereich einen Bogen machte. Darüber stand im März 1946 ein Artikel in der Zeitung, den die Waldarbeiterin las, die unfreiwillig Zeugin des 67-fachen Mordes geworden war. Sie meldete sich und führte die Polizei zu den drei Tannenbäumen, die sie 1940 neben dem Grab gepflanzt hatte. Die Skelette in dem Massengrab wurden exhumiert und mein Vater durch bestimmte Merkmale an den Schneidezähnen identifiziert. Nach dem Krieg erhielten wir eine Sterbeurkunde vom Standesamt Stutthof, die bereits am 22. März 1940 – also am Todestag – ausgestellt worden war. Nun beichtete ich meiner Mutter, dass an diesem Tag die deutsche Frau mit dem dunkelblauen Kopftuch und dem weißen Mantel die Nachricht überbracht hatte.

Für mich war das alles furchtbar. Der Krieg war zwar vorbei und die Nazis waren verschwunden, aber Jan und mein Papa lebten nicht mehr und auch mein Großvater war tot. Andererseits traf uns die Bestätigung der Todesfälle nicht unvorbereitet, wir mussten uns damit abfinden.

Trotzdem – ich habe mich oft gefragt, warum ausgerechnet mein Vater erschossen wurde. Anders als er wurden ja viele Danziger Polen als Arbeitssklaven nach Deutschland geschickt, wo etliche überlebten. Wenn ich dann nach dem Krieg solche Familien sah, reagierte ich manchmal verbittert. Einige Häftlinge haben sogar Stutthof überlebt. Wer hat ihnen geholfen? Warum hat niemand meinen Vater gerettet?

Es gab welche, die arrangierten sich erst mit den Nazis und dann sofort mit den Kommunisten. Ich war nach Kriegsende ziemlich radikal und habe das verurteilt. Jedenfalls erlebten wir 1945 sehr traurige Weihnachten.«

Frau Hofmeister gab sich einen Ruck, der ihren Augen wieder den alten Glanz verlieh. »Aber irgendwie ging das Leben trotz allem weiter. 1946 machte ich das Abitur und heiratete einen Zahnarzt. Später arbeitete ich beim polnischen Fernsehen.«

»Träumen Sie noch von der Zeit?«, fragte Nele.

»In den ersten Jahren habe ich häufig davon geträumt, heute gottlob nur noch selten. In der Zeit nach dem Krieg hielt ich mich im Traum immer wieder in unserer alten Wohnung auf. Sie war nur ein bisschen zerstört und ich lebte dort mit den Eltern und Geschwistern. Diese Wohnung verfolgte mich noch lange.

Dann hatte ich öfter den Albtraum, verschüttet zu sein. Ich erlebte immer wieder neu die Situation, als das Haus am Napoleon-Platz einen Volltreffer erhielt und ich hilflos im Keller saß. Oft wurde ich auch vom Geräusch der Stalinorgeln wach, saß im Bett und konnte es nicht fassen, dass alles um mich herum so ruhig war. Am schlimmsten waren aber die Erschießungsträume, die gefletschten Zähne des Schäferhundes, die Waffe im Genick, die Sekunde vor dem Abdrücken. Selbst am Tage überfiel mich noch jahrelang die Angst, wenn ich an den Krieg dachte. Ich glaube, jeder war auf seine Weise traumatisiert.

Ich fragte später einmal meine Mutter, wie sie es geschafft hatte, so gefasst zu bleiben. Wir haben sie selten weinen sehen, sie war energisch und hat jede Arbeit angenommen, damit wir etwas zu essen und ein warmes Zimmer hatten.

Sie hat geantwortet: ›Es war doch Krieg, es ging ja nicht mir alleine so. Außerdem hoffte ich, dass Papa noch lebte und dass wir eines Tages wieder alle zusammen sein würden.‹«

»Haben Sie Marianne je wieder gesehen?«, wollte Melanie wissen.

Frau Hofmeister schüttelte den Kopf. »Ihre Eltern sind in den letzten Kriegstagen in ihrem Wohnhaus in Posen bei einem Fliegerangriff ums Leben gekommen. Ich weiß lediglich, dass Marianne in Nürnberg in amerikanische Kriegsgefangenschaft geriet und später einen Amerikaner heiratete. Ihr Bruder Horst zog ebenfalls nach Amerika. Ich habe Marianne in den Staaten gesucht, schrieb an den Suchdienst des Deutschen Roten Kreuzes und an den Polish American Congress, eine Organisation der Polen in den USA. Leider konnte ich nie eine Spur von ihr entdecken. Auch Jettchen habe ich nicht gefunden. Ein Problem bei der Suche war, dass es in Amerika kein Einwohnermeldesystem gibt, wie wir es in Polen oder Deutschland kennen.«

»Sie könnten eine Suchmeldung ins Internet stellen«, warf Basti ein.

»Gute Idee!«, sagte Frau Hofmeister erfreut. »Leider habe ich vom Internet keine Ahnung, würdest du mir dabei helfen?«

Basti nickte. »Na klar. Wir können auch über die Suchmaschinen nach Jettchen, Marianne und Horst fahnden.«

Nele registrierte, wie Ewa Hofmeisters Augen strahlten. Sie dachte bewundernd, dass Frau Hofmeister fast achtzig Jahre alt war, aber nie aufgehört hatte, sich zu engagieren.

Hanna hatte eine weitere Frage: »Sie erwähnten, dass Sie beim polnischen Fernsehen arbeiteten. Sind Sie nach dem Krieg Schauspielerin geworden?«

»Unmittelbar nach dem Krieg war es nicht so leicht zu überleben. Irgendwie musste man Geld verdienen, viele Väter und Ehemänner lebten ja nicht mehr. Ich konnte mir deshalb auch nicht erlauben zu studieren. Polen wurde von einer Gewaltherrschaft in die nächste gestürzt. Die Nazis waren entmachtet, aber die Kommunisten errichteten das nächste Unrechtsregime. Viele Danziger Polen wurden zur Zwangsarbeit nach Russland deportiert, weil man ihnen einfach unterstellte, sie hätten mit den Deutschen paktiert. Früher waren es Gestapo und SD, jetzt der sowjetische Geheimdienst NKWD, der später zum KGB wurde, und der polnische Geheimdienst UOP, die jedermann bespitzelten. Wer begründet oder auch unbegründet in Verdacht geriet, ein Regimegegner zu sein, wurde ausgeschaltet, indem man ihn in ein Lager einsperrte oder in einem Schauprozess verurteilte, oft sogar zum Tode. Das war alles sehr deprimierend.

Nein, Schauspielerin war ich nie. Erst arbeitete ich im Standesamt, dann bei einer Ölfirma und schließlich beim polnischen Toto und Lotto. 1960 begann meine Laufbahn beim Fernsehen als Sekretärin des Intendanten. Das waren die Anfangsjahre des Fernsehens in Polen und für mich war es eine große Chance, in den beiden nächsten Jahrzehnten Karriere zu machen. Ich ›überlebte‹ drei Intendanten und war zuletzt Abteilungsleiterin der Programmkoordination.

Aber da ich 1980 am Aufstand der Gewerkschaft *Solidarnosc* teilnahm, wurde ich im Dezember 1981 kaltgestellt und durfte nur noch internationale Musikfestivals betreuen. Das machte sogar Spaß, ich organisierte zum Beispiel gemeinsam mit dem Musiker Paul Kuhn für den Sender Freies Berlin (SFB) Jazz-Konzerte in polnischen Städten. Aus politischen Gründen entzog man mir jedoch jeden Einfluss auf das Programm, zumal ich nicht Mitglied in der Kommunistischen Partei war. Eine mir unterstellte Mitarbeiterin sollte mich im Auftrag des

Staatssicherheitsdienstes bespitzeln. Doch obwohl sie mit einem Major des Geheimdienstes verheiratet war, verhielt sie sich loyal und schützte mich sogar.

Wieder holten sie mich zur Vernehmung und erneut roch ich in ihren Amtsstuben den Mief der Diktatur – Bohnerwachs. Sie hatten nicht wie die Nazis den Völkermord im Programm, wohl aber die Vernichtung eines jeden, von dem sie annahmen, dass er anders dachte als sie. Ich sollte mich in einer schriftlichen Erklärung dem herrschenden Regime unterwerfen. Diese Zumutung habe ich zusammen mit anderen Kolleginnen und Kollegen beim Fernsehen verweigert. Wer nicht unterschrieb, wurde entlassen.« Frau Hofmeister hielt inne und blickte fast erschrocken in die Gesichter der Klasse. »Ich merke, ich rede schon wieder zu viel.«

»Keineswegs«, widersprach Herr Claassen. »Das ist alles sehr spannend. Können Sie uns etwas über den Aufstand der Gewerkschaft ›Solidarität‹ erzählen?«

»Es gab in Polen keine persönlichen Freiheiten, unser Leben wurde vom Staat reglementiert und überwacht, davon hatten wir bereits unter den Nazis die Nase voll. Als es dann noch wirtschaftlich bergab ging, wurde die Unzufriedenheit immer größer. Unter dem Gewerkschaftsführer Lech Walesa kam es im August 1980 in der Danziger Lenin-Werft zu einem Aufstand, der bald auf andere polnische Städte übergriff. Da sich innerhalb kürzester Zeit rund zehn Millionen Menschen der *Solidarnosc* anschlossen, wagten es die Machthaber nicht, den Streik einfach zusammenzuschießen. Vielmehr mussten sie klein beigeben, es kam zu einem Führungswechsel in Partei und Staat, Streikrecht und unabhängige Gewerkschaft wurden anerkannt. Wir hatten uns ein Stück Frei-

heit erkämpft, was von den Regierungen anderer Ost-
blockstaaten mit großem Misstrauen verfolgt wurde.
Deshalb blieb das Risiko groß, dass die Sowjetunion mit
ihren Panzern eingreifen würde. Das politische Tauwet-
ter war denn auch bald vorüber, auf Druck des Warschauer Paktes wurde am 13. Dezember 1981 in Polen
der Kriegszustand ausgerufen ...«

Nele unterbrach sie: »Die Deutschen haben in Polen
so viele Verbrechen begangen. Und sie haben den Krieg
verloren. Trotzdem ging es ihnen nach dem Krieg immer
besser und den Polen immer schlechter. Dabei hatten sie
den Krieg gewonnen. Das ist doch ungerecht!«

»Du hast den Nagel auf den Kopf getroffen.« Frau
Hofmeister nickte nachdenklich. »Während des Kriegs-
rechts wurden unsere Protestkundgebungen von der
Miliz gewaltsam aufgelöst, 1983 wurde die *Solidarnosc*
verboten. Der Gewerkschaftsführer Lech Walesa war elf
Monate in Haft und durfte dann wieder als Elektriker
auf der Danziger Werft arbeiten. Wie haben wir gejubelt, als ihm im Oktober 1983 der Friedensnobelpreis
verliehen wurde. Das war eine Ohrfeige für den Militär-
rat, der inzwischen das Land regierte.

Erfahrungen mit der Untergrundarbeit hatte ich ja
schon bei den Nazis gemacht, das kam mir jetzt zugute,
denn nun ging ich in die Untergrund-*Solidarnosc*. Den
letzten Anstoß gab das Verbot des polnischen Schriftstel-
lerverbandes. Ich schloss mich dem Team von Lech Walesa an und wurde seine Beraterin in Kunst- und Kultur-
fragen. Wir trafen uns regelmäßig im ersten Stock der
Nicolai-Kirche. Am gleichen Ort hatten sich früher immer mein Vater und andere polnische Patrioten versammelt, um ungestört reden zu können, ohne dass der Si-

cherheitsdienst der Nazis mithören konnte. Ich organisierte in Danzig und anderen Städten Konzerte in Kirchen für Musiker, die von der Kommunistischen Partei verboten waren, und veranstaltete Gemälde- und Fotoausstellungen, Dichterlesungen und Filmvorführungen für verbotene Künstler. Einerseits handelte es sich um eine moralische Unterstützung dieser Intellektuellen, die offiziell geächtet waren und deren Ideen ich verbreiten wollte. Andererseits sammelten wir Geld, um ihr Überleben zu sichern. Die Kirchen waren Freiräume, an die die Machthaber sich nicht heranwagten. Die katholischen Pfarrer unterstützten mich, wo immer sie konnten. So brachte ich die Künstler, die in Hotels der Überwachung ausgesetzt gewesen wären, regelmäßig in Klöstern unter.

Die Geheimpolizei erhöhte den Druck immer mehr. In Danzig war die *Solidarnosc*-Zentrale und es kam fortwährend zu Verhaftungen politischer Freunde. Meine Schwester Kazia war mit meinen Aktivitäten nicht einverstanden. Sie fand, dass ich mich und vielleicht die ganze Familie in Gefahr brachte. Und ich muss zugeben, dass sie damit nicht so Unrecht hatte. Nach einem Telefonat mit mir hatte man sie für einige Tage festgenommen. Mein Mann war zu dieser Zeit bereits schwer erkrankt, was zusätzlich an meinen Nerven zerrte. Dass ich im Visier des polnischen Geheimdienstes stand, darüber gab es keinen Zweifel. Die Überwachung war plump und oft nicht zu übersehen, umso leichter konnte ich mich mit Tricks der Observation entziehen. Dass das Telefon abgehört wurde, war ohnehin klar.«

»Wie macht man das, die Bullen ... also, die Polizisten abzuhängen?«, wollte Basti wissen.

»Indem man zum Beispiel ein großes Kaufhaus betritt,

das mehrere Ausgänge hat, oder im letzten Moment auf eine abfahrende Straßenbahn aufspringt. Oder indem man das eigene Auto stehen lässt und sich von einem Freund ein anderes leiht.«

»Cool!« Basti lachte.

Frau Hofmeister hob abwehrend die Hand. »Ehrlich gesagt, es macht keinen Spaß, wenn man sich bedroht fühlt. Meine Mutter ermahnte mich, ich solle mehr an mich und meine Gesundheit denken und mich nicht immer nur für andere aufopfern. Nach außen spielte ich immer die Starke, die durch nichts zu beeindrucken war und immer Rat wusste und Hilfe organisierte. Das war die Rolle, die ich freiwillig auf mich genommen hatte. Aber in Wahrheit fühlte ich mich oft schwach und elend, einfach nur noch müde vom ständigen Kämpfen. Ich hatte doch wirklich schon genug mitgemacht und wollte so gerne mal in Ruhe und Frieden leben. Dann starb auch noch mein Mann, den ich sehr liebte. Das gab mir vermutlich den Rest.« Frau Hofmeister atmete schwer, als spürte sie noch einmal die ganze Last jener Jahre. »Im Oktober 1985 wurde bei Thorn der Priester Jerzy Popieluszko, ein Sympathisant unserer Bewegung, vom Geheimdienst entführt und ermordet. Die Autopsie ergab, dass man den Geistlichen nach schwerer Folter erwürgt und ins Wasser geworfen hatte. Eine halbe Million Menschen gingen auf die Straße und protestierten. Zwar wurden vier Polizisten zu hohen Freiheitsstrafen zwischen 14 und 25 Jahren verurteilt, aber die Hintergründe des Verbrechens wurden trotzdem nicht aufgedeckt.

Dieser grausame Mord setzte mir unwahrscheinlich zu. Ich hatte psychische Probleme, der Geheimdienst machte mir Angst. Wenn ich abends bei Dunkelheit nach Hause ging und beschattet wurde, fürchtete ich mich. Ich stellte mir vor, dass ich einfach verschwinde. Dass niemand eine Spur von mir finden und ich irgendwann aus der Mottlau gezogen würde. Einmal konnten wir alle die Nicolai-Kirche nicht verlassen, weil sie von Panzern umstellt war. Es passierte allerdings nichts weiter, das Regime wollte uns nur einschüchtern.

Ein andermal erlebte ich eine wilde Verfolgungsfahrt mit dem Auto. Die Miliz hatte sich an uns gehängt und wir mussten sie abschütteln, denn einer meiner Begleiter wurde gesucht. Eines Tages warteten in meiner Wohnung Geheimdienstleute auf mich. Zufällig wollte Kazia mich besuchen und merkte es. Sie konnte mich rechtzeitig warnen, daraufhin schlief ich mehrere Wochen bei einer Freundin. Es war ein einziger Albtraum und ich musste irgendwann einsehen, dass ich dieses Leben so nicht weiterführen konnte. Ich würde dabei kaputt gehen oder im Gefängnis landen, was im Ergebnis dasselbe war.

Ich kehrte nicht mehr in meine Wohnung zurück. Ein deutscher Mann verhalf mir zur Flucht und kümmerte sich darum, dass ich in Deutschland als politischer Flüchtling anerkannt wurde. Das war kurz vor Weihnachten 1985. Zwei Jahre später habe ich ihn geheiratet.«

»Mann«, rief Basti dazwischen, »einen Deutschen?«

Frau Hofmeister sah ihn lächelnd an. »Ich habe mich oft gefragt: Was würde mein Vater dazu sagen, dass ich einen Deutschen geheiratet habe, wo er doch durch die Deutschen so viel gelitten hat und von den Nazis ermordet wurde. Ich glaube, er würde einen Unterschied machen zwischen den Verbrechern damals und den Menschen heute. Er war auch damals in Danzig sehr tolerant gegenüber Deutschen, hatte deutsche Geschäftspartner, es gab sogar Deutsche in unserer weitläufigen Verwandtschaft.«

»Wie fühlen Sie sich denn in Deutschland?«, fragte Melanie.

»Ich lebe abwechselnd in Danzig und in Deutschland. In meinem Kopf kann ich die Besetzung Polens nicht auslöschen. Das merke ich zum Beispiel, wenn jemand auf Deutsch schimpft. Dann tauchen gleich all die Bilder vor mir auf, wie die Deutschen uns Polen beschimpft haben. Wenn mein Mann unseren Hund rüffelt, dann bitte ich ihn immer, auf Polnisch mit ihm zu schimpfen. Ich kann deutsches Schimpfen einfach nicht ertragen. Ich kann auch die deutsche Nationalhymne nicht anhören, selbst wenn nur die dritte Strophe gesungen wird. Wenn das mal im Fernsehen kommt, greife ich automatisch zur Fernbedienung und schalte den Ton aus.«

»Aber jedes Land hat doch eine Nationalhymne«, warf Hanna ein.

»Das sagt mir mein Verstand auch, aber gegen mein Gefühl komme ich nicht an. Ich kann nicht vergessen, dass ich in Danzig in der Schule gezwungen wurde, die Nationalhymne der verhassten Deutschen zu singen, und dass man mich geschlagen hat, weil ich nicht den Arm zum Hitlergruß gehoben habe. Das sitzt tief, auch wenn ich heute mit Deutschland in Freundschaft verbunden bin.«

»Aber Danzig ist Ihre große Liebe«, stellte Nele fest.

Ewa Hofmeister schloss kurz die Augen. »Ja, du hast Recht. Deutschland hat mich vor Verfolgung gerettet und mir eine Ersatzheimat geboten, als ich in Not war. Ich habe viele deutsche Freunde, die ich nicht missen möchte. Aber Danzig – das ist etwas völlig anderes. An

Danzig hängt mein Herz, es ist meine Heimat. Auch unter den Deutschen war die Mottlau-Stadt für mich Geburtsort, Vaterland, polnische Heimat, das Gegenteil von Fremde. Dieses Heimatgefühl hat sich auch dann nicht geändert, als die Nazis und später die Stalinisten die Stadt für ihre Zwecke missbrauchten. Danzig, das waren eben nicht nur die Straßen, Plätze und Häuser, es waren auch meine Eltern und Geschwister, die Großeltern, Jan, Marianne, Pater Mikos und Jettchen. Es war mein Zuhause und wird es wohl immer bleiben.«

Daheim beim Mittagessen war Nele ungewöhnlich still. Erst als die Mutter fragte, was los sei, platzte sie heraus: »Sag mal, wie war das eigentlich hier in Bremen in der Nazizeit? Ich meine, was haben Oma und Opa da gemacht? Habt ihr je darüber gesprochen?«
Die Eltern sahen sich überrascht an, der Vater räusperte sich: »Ach weißt du, Nele, das ist ein weites Feld ...«

Kleines Wörterbuch schwieriger Begriffe, Namen und Abkürzungen im Text

Alliierte
Gegen Deutschland verbündete Staaten, insbesondere Frankreich, Großbritannien, Sowjetunion, USA.

Bach-Zelewski
Erich von dem Bach-Zelewski, geboren 1899, war an den Morden des ›Röhm-Putsches‹ beteiligt (siehe auch Stichwort SA). 1941 wurde er höherer SS- und Polizeiführer im Bereich der Heeresgruppe Mitte, 1943 Chef der ›Bandenkampfverbände‹ und ab August 1944 kommandierender SS-General bei der Niederschlagung des Warschauer Aufstandes. 1962 wurde er zu lebenslanger Haft verurteilt und ist 1972 gestorben.

BBC
British Broadcasting Corporation. Englischer Radiosender.

Bratniak
Brüderschaft. Polnischer Studentenverband.

Danzig
Die Freie Stadt Danzig wurde 1920 durch den Versailler Friedensvertrag geschaffen, um Polen durch den Danziger Hafen einen Zugang zum Meer zu garantieren. Die

Stadt zählte etwa 400 000 Einwohner, mehr als 90 Prozent davon waren Deutsche. Die Mehrheit der Deutschen hat den Status von Danzig nie akzeptiert und forderte die Wiedervereinigung mit dem Reich (»Heim ins Reich!«). Der Freistaat verfügte über eine eigene Regierung (Senat) und ein eigenes Parlament (Volkstag) und stand unter der Aufsicht des Völkerbundes. Letzter Völkerbundkommissar in Danzig war Carl Jakob Burckhardt. Polen genoss Hoheitsrecht in Danzig (z. B. Post, Zoll, Eisenbahn, Schulen) und unterhielt auf der Halbinsel Westerplatte eine Garnison. Der Danziger Gulden entsprach in etwa der Reichsmark (1935 um 42,3 Prozent abgewertet).

Bereits 1930 war die NSDAP zweitstärkste Partei, ab 1933 hielt sie die absolute Mehrheit und weitete ihre Macht stetig aus. Die letzte Wahlen zum Volkstag fanden 1935 statt. Am 1. 9. 1939 wurde Danzig in das Deutsche Reich eingegliedert, am 28. 3. 1945 durch die Rote Armee befreit.

Die heute selbstständigen Nachbarstädte Gdansk/Danzig, Gdynia/Gdingen und Sopot/Zoppot werden in Polen oft als Dreistadt *(Trojmiasto)* bezeichnet.

Danziger Welttreffen
Das I. Welttreffen der Danziger fand in der Zeit vom 24. bis 26. Mai 2002 in Gdansk statt.

Dirlewanger
Oskar Dirlewanger, geboren 1895, war seit 1940 Kommandeur des ›SS-Sonderbataillons Dirlewanger‹ (später SS-Sturmbrigade), einer Kampfeinheit aus Abenteurern und Kriminellen. Diese war berüchtigt wegen grausamer

Exzesse, zum Beispiel bei der Niederschlagung des Warschauer Aufstandes. Dirlewanger starb 1945 in französischer Haft.

Forster
Albert Forster, 1902 geboren, war von 1930 bis 1945
Gauleiter und selbst ernanntes Staatsoberhaupt von
Danzig, Reichsstatthalter und Reichsverteidigungskom-
missar im Reichgau Danzig-Westpreußen. 1949 wurde
er in Danzig zum Tode verurteilt und 1952 in Warschau
hingerichtet.

Gauleiter
In der NS-Zeit war das Reichsgebiet in 41 Gaue einge-
teilt; die Auslandsorganisation der NSDAP zählte als
42. Gau. Gauleiter konnten nur von Hitler ernannt bzw.
entlassen werden und trugen ihm gegenüber die Gesamt-
verantwortung für den Gau. Sie besaßen das Aufsichts-
recht über die Partei und die Untergliederungen der
NSDAP. Im Nürnberger Kriegsverbrecher-Prozess wurden Gauleiter als verbrecherische Gruppe verurteilt.

Generalgouvernement (GG)
Das nach dem Polenfeldzug geschaffene ›koloniale‹ Ge-
biet (formell nicht Teil des Deutschen Reichsgebietes)
bestand aus den Distrikten Krakau, Radom, Warschau,
Lublin und (nach dem Angriff auf die Sowjetunion)
Galizien. Generalgouverneur war Reichsminister Hans
Frank. Die deutsche Besatzungspolitik war auf radikale
Unterdrückung, Ausbeutung, Deportation und Völker-
mord ausgerichtet.

Gestapo
Abkürzung für ›Geheime Staatspolizei‹. Politische Polizei, die die Aufgabe hatte, politische Gegner des Nazi-
staats ausfindig zu machen und auszuschalten, sowie
Juden und andere der Rassenideologie zufolge ›minderwertige‹ Personen zu verfolgen und zu vernichten.

Goebbels
Joseph Goebbels, geboren 1897, war ab 1933 Reichs-
minister für Volksaufklärung und Propaganda sowie
Präsident der Reichsschrifttumskammer. 1944 wurde er
Generalbevollmächtigter für den totalen Kriegseinsatz.
Freitod 1945.

Göring
Hermann Göring, geboren 1893, wurde 1932 Reichs-
tagspräsident, 1933 Reichsminister für Luftfahrt, 1934
Reichsforst- und Reichsjägermeister, 1938 Feldmarschall, 1940 Reichsmarschall. Freitod 1946.

Graue Reihen
Szare Szeregi. Polnische Pfadfinder-Untergrundorgani-
sation.

Heydrich
Reinhard Heydrich, 1904 geboren, war die ›rechte
Hand‹ des Reichsführers SS. Ab 1936 war er Chef der
Sicherheitspolizei und des SD, die 1939 zum Reichssicherheitshauptamt zusammengefasst wurden. Heydrich
wurde mit der Durchführung der so genannten ›Endlösung‹, der Vernichtung der Juden, beauftragt. Ab September 1941 war er stellvertretender Reichsprotektor

von Böhmen und Mähren. Am 20.1.1942 leitete er die Wannsee-Konferenz, wo die ›Endlösung‹, der Völkermord an den Juden, beschlossen wurde. Am 27.5.1942 fiel er einem Attentat zum Opfer, an dessen Verletzungen er am 4.6.1942 in Prag starb.

Himmler
Heinrich Himmler, geboren 1900, war ab 1936 Reichsführer SS und Chef der Deutschen Polizei. 1939 wurde er Reichskommissar für die ›Festigung deutschen Volkstums‹, 1944 erhielt er den Befehl über das Ersatzheer. Freitod 1945.

Hitlerowiec
(Plural: *Hitlerowcy*) ›Hitler-Mensch‹ oder ›Hitler-Mann‹, ›Hitlerist‹. Polnisches Schimpfwort für deutsche Nazis.

Kalaschnikow
Sowjetisches automatisches Schnellfeuergewehr AK 47, nach seinem Konstrukteur Michail T. Kalaschnikow benannt.

KdF
›Kraft durch Freude‹, Freizeitorganisation der ›Deutschen Arbeitsfront‹ mit einem umfangreichen kulturellen und touristischen Freizeitprogramm, eigenen Schiffen, Ferienheimen u.Ä. Ziel war die Stärkung der Arbeitskraft und damit die Erhöhung der Produktionsleistung bei Arbeitern und Angestellten. Außerdem diente KdF besonders propagandistischen Zwecken.

KGB
Komitet Gossudarstwennoj Besopasnosti. Komitee für Staatssicherheit – ab 1954 Name des bekanntesten sowjetischen Geheimdienstes.

Molotow-Cocktail
Mit Benzin und einem Lappen gefüllte Flasche. Nach dem Anzünden des Lappens ein explosives Wurfgeschoss, das vor allem im Straßenkampf Verwendung findet.

Niemieckie Swinie
›Deutsche Schweine.‹ Polnisches Schimpfwort für deutsche Nazis.

NKWD
Volkskommissariat für Innere Angelegenheiten. Sowjetischer Inlandsgeheimdienst, Vorläufer des KGB.

NSDAP
Nationalsozialistische Deutsche Arbeiterpartei. Die Nazi-Einheitspartei.

Programm ›Vernichtung der polnischen Intelligenz‹
Im Rahmen dieses Programms wurden im Reichsgau Danzig-Westpreußen zwischen 52 794 und 60 750 Menschen ermordet. Bis auf wenige hundert erfolgten die Gewaltverbrechen in den Monaten September bis November 1939. Für den Völkermord verantwortlich waren in erster Linie der ›Selbstschutz‹ unter Leitung der SS, Einsatzgruppen unter Leitung der Gestapo und Spezialeinheiten, wie der ›SS-Wachsturmbann Eimann‹. Nach

dem Krieg wurden durch deutsche Strafverfolgungsbehörden 1701 Personen als Täter namentlich ermittelt, aber lediglich 10 Angeklagte wurden verurteilt.

SA

Sturmabteilung. Paramilitärische Parteitruppen der NSDAP, deren Hauptaufgabe zunächst die Bewachung staatlicher und parteieigener Dienststellen war. Ab 1933 war die SA Teil der Hilfspolizei, sorgte für die vormilitärische Ausbildung der HJ und war maßgeblich am Terror gegen die Juden (Reichspogromnacht) beteiligt. 1934 wurde im Verlauf eines Machtkampfes innerhalb der NS-Führung u. a. auch der SA-Führer Röhm ermordet (Röhm-Putsch).

SD

Sicherheitsdienst des Reichsführers SS. Geheimdienst der Nazi-Regierung, der politische Gegner im In- und Ausland bespitzelte und wesentlich an den Planungen zur wirtschaftlichen Ausbeutung der besetzten Gebiete beteiligt war. Einsatzgruppen des SD beteiligten sich direkt am NS-Völkermord.

Sejm

Polnische Volksvertretung (Parlament).

Sexta/Untersekunda

Frühere Bezeichnungen der Klassenstufen in Gymnasien. Die Sexta war die 1., die Untersekunda die 6. Gymnasialklasse.

Shalom
Frieden. Jüdische Begrüßungsformel (auch: Schalom).

Solidarnosc
poln.: ›Solidarität‹. Name der ersten unabhängigen Gewerkschaft Polens und der polnischen Freiheits- und Un-
abhängigkeitsbewegung in den Achtzigerjahren.

SS
Schutzstaffel. Die nationalsozialistische Elite-Einheit mit
dem Anspruch eines Ordens unterstand der Führung
Himmlers und war maßgeblich an der Planung und
Durchführung des NS-Völkermords an den europäi-
schen Juden, aber auch Sinti und Roma, Behinderten,
Polen und anderen missliebigen Gruppen beteiligt.

Stutthof
Konzentrations- und Vernichtungslager in der Nähe von
Danzig mit 146 Außenkommandos. Von etwa 110 000
Gefangenen unterschiedlicher Nationalität wurden
65 000 ermordet, davon 18 000 auf den Todesmärschen
im Januar 1945. Der erste Lagerkommandant Max
Pauly wurde nach dem Krieg durch ein britisches Mili-
tärtribunal zum Tode verurteilt und 1946 hingerichtet.
Sein Nachfolger als Kommandant, Paul Werner Hoppe,
wurde 1955 zu neun Jahren Gefängnis verurteilt und
starb 1974.
  Die Verbrechen der etwa 2500 SS-Funktionäre des
Lagers wurden durch die deutsche Nachkriegsjustiz in
41 Strafverfahren untersucht. Lediglich fünf Angeklagte
wurden verurteilt.

Szkop
(Plural: *Szkopy*) Wörtlich: Melkeimer. Polnisches Schimpfwort für Deutsche. Bedeutet: Befehlsempfänger, der ohne eigenen Verstand blinden Gehorsam leistet und die Pflichterfüllung zum obersten Prinzip erhebt.

UOP
Urzad Ochrony Panstwa. Ab 1990 polnischer Staatssicherheitsdienst.

Volksliste
Die so genannte Volksliste diente der Eindeutschung (auch ›Germanisierung‹ oder ›Umvolkung‹ genannt) der polnischen Bevölkerung. In die Liste 1 und 2 wurden Deutschstämmige aufgenommen, die vor dem 1.9.1939 ›aktiv für ihr Volkstum eingetreten waren‹. In Liste 3 gehörten Deutschstämmige und Mischehen, ›die zwar einer gewissen Polonisierung erlegen waren, ohne sich antideutsch zu betätigen‹. Liste 4 war für Menschen bestimmt, ›die voll im Polentum aufgegangen waren und sich gegen das Deutschtum betätigt hatten‹.

Die Gruppe der Liste 3 erhielt die deutsche Staatsbürgerschaft auf Widerruf, solche der Listen 1 und 2 wurden als deutsche Staatsbürger anerkannt.

Gauleiter Forster strebte an, mit Hilfe der Liste 3 den Gau möglichst ›polenfrei‹ zu machen und außerdem Soldaten und Arbeitskräfte zu rekrutieren.

Warschauer Aufstand
Der Warschauer Aufstand begann am 1.8.1944 durch die *Armia Krajowa* (Heimatarmee). Im Verlauf der Kämpfe wurde die *AK* von anderen Untergrundgruppen

unterstützt, etwa der kommunistischen *Armia Ludowa* (Volksarmee). Nach dem 3. Tag begannen deutsche Kräfte von SS und Militär unter SS-General Bach-Zelewski die Oberhand zu gewinnen. Die Rote Armee stand am gegenüberliegenden Weichselufer, ohne einzugreifen. Am 2.10.1944 wurde der Kapitulationsvertrag unterzeichnet. Alle polnischen Bewohner Warschaus wurden zwangsevakuiert. Der Aufstand forderte 16 000 Tote unter den Aufständischen und fast 150 000 Tote unter der Zivilbevölkerung. Auf deutscher Seite zählte man 25 000 Tote, Verwundete und Vermisste. Auf Hitlers Befehl wurde die menschenleere Stadt systematisch zerstört.

Warschauer Ghetto-Aufstand
Angesichts der Massendeportationen von 300 000 Juden aus dem Warschauer Ghetto in das Vernichtungslager Treblinka entschloss sich die ›Jüdische Kampforganisation‹ ZOB unter Mordechai Anielewicz am 19.4.1943 zum verzweifelten bewaffneten Widerstand, um den Abtransport der verbliebenen knapp 60 000 Juden zu verhindern. Unter dem Kommando von SS-Gruppenführer Jürgen Stroop wurde der Aufstand bis zum 16.5.1943 blutig niedergeschlagen. Himmler gab den Befehl, das Ghetto dem Erdboden gleich zu machen.

Warschauer Pakt
Von der UdSSR geführtes Bündnis kommunistischer Staaten Europas, gegründet 1955 in Warschau.

Winterhilfswerk (WHW)
Sammelte seit Oktober 1933 Geld- u. Lebensmittelspen-

den, Kleidersammlungen oder Eintopfessen zugunsten ›bedürftiger Volksgenossen‹, vom Reichsbeauftragten für das WHW geleitet und von der NS-Volkswohlfahrt organisiert.

Wlassow-Armee
General Andrei Andrejewitsch Wlassow geriet 1942 in deutsche Gefangenschaft und stellte sich als Anti-Stalinist der deutschen Propaganda zur Verfügung. Wlassow erhielt den Oberbefehl über zwei Infanteriedivisionen, die aus Kriegsgefangenen und Ostarbeitern aufgestellt wurden. Er wurde 1945 an die Sowjetunion ausgeliefert, dort zum Tode verurteilt und hingerichtet.

Zloty
Polnische Währung. 1 *Zloty* = 100 *Groszy* (Groschen). 1942 verdiente ein Lehrer etwa 200 *Zloty* im Monat. Ein Brot kostete 60 bis 80 *Groszy*, 1 Kilo Fleisch mit Knochen 1,50 *Zloty*, eine Fahrt mit der Straßenbahn 20 *Groszy*.

ZOB
Zydowska Organizacja Bojowa. Jüdische Kampforganisation in Polen.

Inhalt